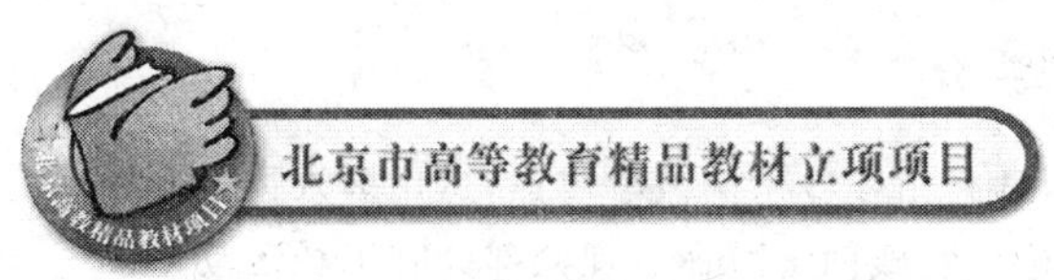

田径技术教学程序与设计

席凯强　李鸿江　主编

北京航空航天大学出版社

内容简介

本书依据对体育专业学生的培养目标与要求，结合田径技术的教学特点，运用多媒体技术教学的优势，力求教材创新。全书共分十章，包括理论与实践两个方面。理论部分有田径运动的新发展，技术与教学的新理念；田径教学的基本原则；主要教学内容与方法；田径教学设计等。实践部分是本书的重点，详尽阐述了短跑、跨栏跑、跳高、跳远、推铅球、掷标枪六个项目的技术教学程序与方法、手段，并配以技术教学影片光盘，影文并茂地展示了各项目技术，基本教学步骤，主要练习方法、手段，教学重点、难点，教学注意事项等。

本书旨在为体育专业学生更好地学习、掌握田径技术和理论知识，提高实践能力提供实用的教材，也为广大教师不断提高田径技术的教学质量提供参考。

图书在版编目(CIP)数据

田径技术教学程序与设计 / 席凯强，李鸿江主编. --北京：北京航空航天大学出版社，2011.10

ISBN 978-7-5124-0602-5

Ⅰ. ①田… Ⅱ. ①席… ②李… Ⅲ. ①田径运动—运动技术—教学设计—高等学校 Ⅳ. ①G82-42

中国版本图书馆 CIP 数据核字(2011)第 193497 号

田径技术教学程序与设计

席凯强　李鸿江　主编

责任编辑　周华玲

*

北京航空航天大学出版社出版发行

北京市海淀区学院路 37 号(邮编 100191)　http://www.buaapress.com.cn

发行部电话：(010)82317024　传真：(010)82328026

读者信箱：goodtextbook@126.com　邮购电话：(010)82316936

北京市媛明印刷厂印装　各地书店经销

*

开本：787×960　1/16　印张：11.25　字数：252 千字

2011 年 10 月第 1 版　2011 年 10 月第 1 次印刷　印数：3 000 册

ISBN 978-7-5124-0602-5　定价：26.50 元(含光盘一张)

前　言

田径课程是体育术科专业的必修课程，是主要的专业课程之一，在其专业课程体系中占有重要地位。通过田径课程学习，重点使学生掌握田径跑、跳、投部分项目的基本技术与技能；提高专项身体素质与运动水平；掌握田径运动的基本理论和知识；学会运用正确的教学方法与手段；培养学生的专业实践能力。《田径技术教学程序与设计》一书的撰写，意在依据体育术科专业田径教学的任务与要求，继承以往田径教材的优秀成果，吸纳同类教材内容的精华，从体育术科专业实际需要出发，紧密结合田径技术的教学特点，突出专业特色，努力紧跟多介质、多媒体的技术教学发展方向和趋势，力求有所创新与改进。

本书分十章，包括理论与实践两个方面。理论部分在汲取以往教材内容精华的基础上，结合当前发展，重点在田径运动的新发展，技术与教学的新认识、新理念，田径教学的基本原则，主要教学内容与方法，以及田径教学设计等方面，进行了深入浅出的论述，旨在使学生开扩眼界、创新思维、学习掌握田径教学的基本原则和方法。实践部分是本教材的重点内容，详尽阐述了六个田径必修或重点项目的技术教学程序与方法、手段，同时配以技术教学影片，通过语言阐述和实践影像，影文并茂地展示了各项目技术、基本教学步骤、主要练习方法手段、教学重点、难点及教学注意事项等，进一步体现了教材的可读性与可视性相结合的特色，突出了教学的直观性和程序性，提高了教材的操作性和实用性，为加快学习、掌握正确的田径技术创造了有利条件。同时，教材也给教师和学生在教学过程中留出了一定的思考空间，以利于培养学生学习的主动性与探究性。

本书的编写，旨在为体育术科专业田径技术的教学提供更加丰富、更加实用的参考，为不断提高田径技术的教学质量、丰富田径教材、加强课程建设贡献力量。由于主客观条件及编写水平有限，缺点与不足在所难免，敬请谅解与指正。

参加本书编写的有（以章序排列）：第一章，徐佶（广州体育学院）；第二章，佘涛（安徽师范大学体育学院）；第三章，朱立新（哈尔滨师范大学体育学院）、席凯强（首都体育学院）；第四章，刘建通（首都体育学院）；第五章，王港（首都体育学院）；

第六章，王宏（首都体育学院）；第七章，宫新清（首都体育学院）；第八章，冯晓东（首都体育学院）；第九章，席凯强（首都体育学院）；第十章，尹军、李鸿江（首都体育学院）。在此还要感谢参与教学影片拍摄制作的相关人员和首都体育学院学生对本书的大力支持。

编　者

2011 年 4 月

目　　录

第一章　田径技术教学概述

本章提要：本章重点介绍田径运动技术的最新进展和我国田径教学理念的变革与发展。第一节介绍田径运动技术的最新进展与发展趋势，目的是使大家在了解田径运动技术发展历程的基础上，明确田径运动技术的传承与发展是田径运动实践的重要组成部分，也是田径教学内容的重点与核心之一。田径运动技术在田径运动成绩的不断提高中发展完善，随着现代科学技术的迅猛发展及由此带来的先进的体育科研手段和方法的不断出现和应用，人们对田径运动技术基础理论的认识在不断深化。第二节通过回顾中国田径运动的发展历程，从历史的变迁中梳理出中国田径运动的教学理念，目的是使大家了解我国田径运动的教学发展历程与方向；明确我国田径运动技术的教学理论与方法从无到有、不断发展，始终是围绕着贯彻国家不同时期学校体育教学指导思想的要求，遵循田径运动技术教学的自身特点和教育学规律进行的；把握住田径教学理念的形成不仅仅是田径自身教学实践经验的简单总结，同时也是不同历史时期不同教育思想和体育思想的撞击和影响的结果。通过学习本章内容，要树立田径技术教学必须坚持围绕田径运动技术的特点、为学校教育目的服务、不断与时俱进的观念。

第一节　田径运动技术的最新进展与发展趋势

田径运动技术是指人们合理地利用自己的运动能力，创造田径运动各项目成绩的方法。随着现代科学技术的迅猛发展及由此带来的先进的体育科研手段和方法的不断出现和应用，人们对田径运动技术基础理论的认识在不断深化，通过应用正确、合理的运动技术来提高运动成绩已成为人们的共识。

一、短跑技术的进展与趋势

短跑技术的发展以途中跑技术为核心。20 世纪 70 年代以前，短跑途中跑技术强调的重点是后蹬，所以在技术训练与教学中特别强调支撑腿后蹬时髋、膝、踝的充分伸展。随后塑胶跑道开始普及。由于塑胶跑道具有弹性大的特点，如果过分强调后蹬，则必然会造成后蹬动作的用力方向过分向上，增加腾空时间，反而影响跑速的提高，因而塑胶跑道的出现使传统的短跑技术理论发生了变化。许多研究认为，除后蹬之外，摆动也是使人体产生位移的动力之 ，进而提出了蹬摆配合、以摆促蹬的技术概念。

20 世纪 80 年代中后期，涌现出刘易斯、乔依娜、伯勒尔、克里斯蒂等一批短跑名将，其技术的共同特点为伸髋速度快、幅度大，脚着地积极，他们均采用了减小蹬离地面时支撑腿大腿的后伸角和膝角(160°左右),蹬离地面瞬间脚踝不充分伸展,即"屈蹬"式后蹬的短跑技术。这种技术的下肢运动学特点是较高的大腿角速度即屈和伸髋的速度,离地时支撑腿较小的伸髋幅度与伸膝幅度。就在伸髋与积极着地的观念在短跑教学训练中日益为人们所认同的时候,又有人提出:短跑的技术关键是两大腿以髋为轴的剪绞——制动。人体的下肢在一个单步中经历了两次剪绞,支撑过程中人体两大腿以髋为轴的剪绞——制动,是人体水平加速的动力之源,而腾空过程中的剪绞则为下一个支撑过程开始于一个合理的准备状态创造了条件。支撑腿膝、踝关节的主要作用是坚固支撑而不是传统技术理论中通过缓冲——蹬伸减小前支撑段的阻力并为后蹬阶段创造动力。研究表明,在高速跑进中,身体质量中心速度损耗的减少是由髋关节的伸展力矩所决定的,膝关节的伸展速度越小则跑速越快。因此,现代短跑技术理论认为,髋是人体水平加速的关键环节,而膝、踝起坚强的固定作用,把支撑阶段产生的髋动力传达到地面,伸膝是伸髋的随动动作。由此有人提出:在短跑教学训练中,快速的跨步跳应取代后蹬跑成为短跑的专门练习。

21 世纪以来,人们更充分地认识到现代短跑技术正由传统的后蹬型技术向快摆型技术发展,跑动中更加重视摆动技术,认为摆动是短跑技术中的重要环节,强调"以摆为主、摆蹬结合",技术规格上要求蹬摆动作协调配合,臂腿摆动速度快、幅度大、跑的向前性好。为了提高摆动效果,现代短跑技术十分注重臂与臂、腿与腿、臂与腿的摆动与配合在高速运动中整体运动环节的协调性,强调高速跑动中的肌肉放松技术,认为只有具有很好的放松能力的肌肉才能在较长时间内以最高速度进行工作,不仅有利于提高步频,而且能提高肌肉、关节的灵活性和柔韧性,可加大运动幅度,增加步长,达到提高短跑成绩的目的。

现代短跑技术的另外一个主要特征是全程跑的有序节奏。全程跑的有序节奏主要指运动员短跑全程的各段速度变化有明显的节奏和规律,使运动员在全程跑中以最少的能量消耗,最佳的步频、步幅的配合,最短的时间,获得最佳的效果,即获得全程整体最佳化。目前,世界短跑运动员全程速度变化均表现出有序的节奏和规律。它有利于运动员动作放松,减少能量的过分消耗,节省体力,发挥速度,提高速度耐力,使全程跑形成步幅与步频的最佳匹配。

二、跨栏跑技术的进展与趋势

跨栏跑技术进展的典型代表为 110 米栏。110 米跨栏跑技术的进展主要体现在"直线性、节奏性、摆动腿技术、腿臂配合技术"等方面。跑跨技术动作在高速中完美结合是提高跨栏跑成绩的关键,其核心是减少跨栏步的腾空时间与加快栏间跑的步频密切结合,因此,跨栏步技术应与平跑技术更接近。从完整技术来看,现代跨栏跑的跨栏步和腾空动作幅度略有减小,使跨栏步与栏间跑的步子接近,从而使每个跨栏周期各步均匀化,呈现出"跑"与"跨"融于一体的倾向。跨栏步的缩短,主要通过摆动腿过栏后的积极下栏技术来实现,而过去摆动腿在栏上伸直—滑动—直腿下栏的技术,由于过栏腾空时间过长,损失水平速度过多,跑与跨的技术结构相差较大,已逐渐被淘汰。从身体重心的运动轨迹来看,过栏和栏间步身体重心的高、稳、移动快、上下起伏小，接近直线性运动，技术体现为快而平稳的高支撑起跨和高重心下栏技术以及高重心高频率的栏间跑技术。从摆动腿技术来看，屈膝高摆攻栏技术是跨栏发展的新热点。屈膝高摆使摆动腿的膝盖最大限度地接近并高于栏板，摆动腿超过腰部高度，人体以较高的体位带动同侧髋积极前移，两腿夹角加大，形成了整个身体集中向前攻栏的姿势。从起跨腿技术来看，由于栏前的一个短步，使身体重心投影点较近，这使起跨腿能迅速经垂直转入后蹬，并使身体重心沿着距地面较高的"平直轨迹"向前移动。蹬地结束后，摆动腿迅速向栏攻摆，从而使人在无支撑阶段快速移动。当摆动腿下扒着地时，起跨屈膝外展，大腿高抬，脚尖朝外，大小腿夹角小于直角，以大腿带动小腿的姿势迅速经体侧向前提拉，在空中与下压的摆动腿形成一个有力的剪绞动作。这是现代跨栏技术的一个明显的特点，在技术结构上被称之为"起跨腿主动提拉过栏"，与1980年以前为"跨腿侧平拉被动过栏"形成鲜明的对照。从跑跨的连续性技术来看，主要向加快栏间跑频率、缩短跨栏时间、提高平跑速度、增强专项耐力和提高跑跨结合的专项速度方向发展。在跨栏节奏方面，合理的跨栏跑节奏表现为动作连贯、速度连续和在此基础上所表现出来的良好技术，过栏自然、简洁、快速、实效性强，过栏与栏间跑衔接自然、紧凑。

三、竞走技术的进展与趋势

决定竞走速度和成绩的主要因素是步长和步频，两者相互依存又相互制约。步长与技术动作结构密切相关，具备合理稳定的步长是竞走的关键技术之一。步频是合理稳定步长的重复次数，在合理稳定步长的条件下，步频不会改变竞走正确技术动作的结构，只能改变正确技术动作的重复次数。因此，固定合理稳定的步长、加快步频是现代竞走技术的发展方向。如今，小步高频走及大步低频走的技术已少见，更多的是两种技术的融合。现代竞走技术正向着步长大、步频快、身体重心上下起伏不大、前倾角、着地角适中、两大腿夹角日趋变大、髋关节灵活性较高、摆动积极的方向发展，表现为步速高，身体重心平稳，强调摆动腿的低平摆动，以缩短脚的摆动路线，减少腾空时间，支撑腿着地角比过去略有减小，后蹬角也较小。概括而言，竞走技术的总体发展趋势是：技术规范、结构合理、动作柔和、形态舒适。

四、跳跃项目技术的进展与趋势

在跳远项目方面，为了顺利实现在助跑结束阶段尽可能地达到平跑时的最大速度和在达到最大跑速的同时，能准确地踏板完成起跳动作、获得最佳的起跳效果的目标，现代跳远的助跑技术表现出助跑距离进一步延长、助跑水平速度较快平、助跑最后3步步长差距和身体重心下降幅度相对缩小的特征。而在起跳技术方面则主要表现为起跳幅度较大、起跳速度快、腾起角度适当加大和踏板准确性高的特点。

在三级跳远项目方面，人们习惯把三级跳远技术分为"高跳型"、"平跳型"和"混合型"，这只是从外观上进行分析得出的结论。随着爱德华兹打破男子三级跳远世界纪录，又出现了"跑跳型”技术，即在单足跳和跨步跳时，着地角度变小，身体重心在每跳中的上下波动差减少，能有效保持最后一跳的助跑速度，减少水平速度损失，保证起跳方向的向前性，减轻腿在落地时的支撑负荷，缩短支撑缓冲时间，加快起跳速度。由于“跑跳型”技术是在很大水平速度下进行的，在起跳的制动和偏心推力作用下，人体必然会在腾空后产生前旋，为此运动员采用了加强摆臂和摆动技术以及肩臂相交叉转动与相互补偿的新技术，很好地起到了防止身体前旋、保持身体平衡的重要作用。现代三级跳远完整技术特点表现为：快速助跑及合理的助跑节奏，快速积极上板，快速有力起跳，支撑阶段富有弹性的缓冲和加快身体重心前移的速度，腾空阶段自然平衡的交换腿动作和落地前的积极扒地动作，最后落地时双腿高抬向前远伸的技术动作。其技术发展趋势：(1)加强助跑速度，减少水平速度的损失；(2)减少单足跳、跨步跳的起跳角度，加快双臂和摆动腿快速大幅向前摆动的起跳技术，以缩短起跳时间，加快起跳速度，减少水平速度的损失；(3)采用落地支撑脚在身体重心投影点之下的落地技术，以减少支撑腿的负荷强度，最大限度地保持助跑获得的速度。

在跳高项目方面，其技术经历了跨越式、剪式、俯卧式、背越式的演变，最后定格在背越式技术上。而背越式跳高经历了正心起跳与偏心起跳的争议，空中转体与地面转体的区分，速度型与力量型的比较，技术日臻成熟。目前，背越式跳高技术根据运动员的特点分为“速度型”与“力量型”两种类型。从“速度型”背越式跳高技术的特点来看，其助跑速度约为 7～7.84 米/秒，助跑距离约为 8～9 步，起跳时间约为 0.13～0.18 秒；助跑时始终以前脚掌着地，直至最后一步，且跑时蹬地腿离地后在恢复阶段摆得较高，尤其在倒数第二步和最后一步；在最后两步和起跳时，一般多做有控制的、快速的单臂摆动作，最后一步几乎不减速；身体重心比较偏前且重心位置较高，起跳点通常距横杆较远；腾空后，上肢和下肢动作一般比较少；起跳后，摆动腿似乎是无意识地上提，并自动、非常快的靠近身体；很少做“甩头”动作，为了比较自然地形成背弓姿势，通常向下看着横杆。从“力量型”背越式跳高技术的特点来看，其助跑速度约为 7～8 米/秒，助跑距离约为 10～12 步，起跳时间约为 0.17～0.21 秒；助跑前半程多以前脚掌着地，后半程(包括最后一步)多以全脚掌着地；助跑时蹬地后腿在恢复阶段摆得较低，尤其在倒数第二步和最后一步；通常在起跳时运用双臂摆动作，幅度较大，两臂间距较宽，在起跳期间双臂摆动作比较主动；在最后一步速度损失较大，身体重心下沉得较低，重心位置比较偏后，或者位于支撑脚正上方，一般不偏前；起跳点离横杆较近，通常在腾空后摆动腿上提动作比较主动(脚跟向臂部方向摆)，上肢动作亦比较主动；起跳后，摆动腿动作速度一般较慢，故不得不有意用力将其向上提，以便能继续做随后的拉背弓动作；多有向后“甩头”的动作，不反身向下看横杆。

撑杆跳高项目的技术随着竿质的变化而变化。早期的木质撑竿沉重且不便握，所以当时的撑竿跳高技术特点是持竿助跑时两手宽握，助跑缓慢，准备起跳与起跳时，下手没有向上滑的动作，过杆时大多用坐式或身体侧向过横杆。竹竿的出现，使得撑竿跳高技术有了很大的改进与发展。不仅持竿助跑技术有了明显改进，使助跑速度不断提高，而且在准备起跳与起跳时，采取了持竿下手向上手滑竿的动作。这不仅使起跳和起跳离地后两手靠近，有助于起跳时加大竿与地面的夹角，加大摆体幅度，而且在引体转体时便于双臂集中用力，并产生了向横杆上方升起的补充力。从而也促进了悬垂、摆体、后仰举腿、引体转体、弓身过杆等技术环节的出现。到了铝合金竿撑竿跳高时期，技术上的主要变化是：由于竿子太硬，为了保证撑竿向横杆方向摆动，要求起跳更有力，用力方向稍偏上；在不强调后仰和团身动作的情况下，整个身体大幅度摆动，并强调大振幅摆体的所谓"长摆"技术；两臂的拉引也比竹竿技术稍早些，以此来弥补金属竿弹性差的缺点。当然，坚硬的金属竿也为有力的拉引和过杆时有力的推竿创造了有利条件，使身体可腾越过杆，即"腾起式"过杆技术。尼龙竿的出现与使用，又使撑竿跳高技术及其训练方法发生了很大的变化。由于尼龙竿有很强的弹性和韧性，其技术上的变化是：(1)可提高握竿高度 80～90 厘米；(2)可以使抛射过杆的高度高过握竿点 1 米以上；同时插穴起跳、悬垂、摆体等技术相应地发生了一些变化；肩后倒以后，运动员的团身变化很大，而且两臂拉引前增加了沿竿子向上伸展的环节，从而能更有效地利用竿子的反弹来提高身体重心，使人体具有向横杆上方抛射的动力。

综上所述，跳跃项目的技术发展有以下共同趋势：

(1) 助跑速度不断提高。在跳跃技术进步的过程中，我们可以发现一个规律，这就是随着跳跃项目技术的不断演进，助跑速度得到了很大的提高。20 世纪 50 年代世界优秀跳高选手助跑速度的最高值为 7 米/秒(俯卧式)；1968 年出现的背越式技术的最大优点便是能充分发挥助跑速度；80 年代朱建华三破世界纪录，助跑速度已达 8.73 米/秒；当今世界纪录保持者索托马约尔(2.45 米)的助跑速度更是已达 8.90 米/秒。再如跳远，鲍威尔在东京创 8.95 米跳远世界纪录时，其助跑最后一步达到 12 米/秒左右的极高速度水平。三级跳远助跑速度的获得及其在三跳中保持率的大小依然是影响其成绩最为关键的因素。爱德华兹创造世界男子三级跳远纪录时，其每跳脚放置的位置在身体重心投影点的正下方，从三跳动作外观上看很像"三跑"，人们称这种技术为"跑跳型"技术。即使是撑竿跳高的技巧性很强，成绩在很大程度上取决于撑竿的质量，但其助跑速度也是影响其成败的重要因素。加强助跑速度，减少水平速度损失，加强腿部力量负荷承受能力是当今跳跃技术发展的重要途径。

(2) 助跑与起跳的过渡更自然，动作结构变化较小，放脚起跳更加积极快速，以适应较快的助跑速度。从跳远、三级跳远的"跑过"起跳板，到撑竿跳高的跑进竿下，从俯卧式跳高到"力量型"背越式跳高再到"速度型"背越式跳高，无一不体现着上述特点。

(3) 强调摆动腿在助跑最后一步支撑及其后继摆动过程中的作用。如今，起跳的内涵不再只是从起跳脚着地到离地的这一过程，摆动腿最后一步支撑以及后继的整个摆动过程，对起跳效果的重要性已为人们所认识，并成为起跳技术中的一个重要组成部分。助跑的最后一步及起跳全过程中都要求两大腿的快速剪绞，起跳积极伸髋着地，与之相配合，摆动腿积极快速前摆的时机要早，幅度要大，速度要快。

五、投掷项目技术的进展与趋势

投掷技术是以适宜的动作使器械获得最大的水平位移。完整的投掷技术包括四个阶段：准备阶段、预加速阶段（助跑）、最后用力阶段和结束阶段（或称器械出手后的身体平衡）。

推铅球是一项速度、力量性的投掷项目，以力量为基础，以速度为核心。纵观铅球技术的演变，从最原始的垫步推铅球—侧向滑步推铅球—半背向滑步推铅球—背向滑步推铅球，直到今天背向滑步与旋转式推铅球多极鼎立的局面，从中不难看出，初速度始终是推动铅球技术变革与发展的基本动因。基于这一点，铅球技术的发展趋势是：(1)加长铅球出手前的做功距离；(2)提高滑步时铅球的移动速度。目前旋转式推铅球和背向滑步推铅球是最有争议的两种技术类型。虽然它们的技术特点不同，但均创造了22米以上的好成绩。背向滑步的技术与侧向滑步和半背向滑步技术相比，铅球运行的路线加长；滑步过程中，右脚内扣45°，并与推球反方向成135°左右，这样加大了身体扭紧的程度，加长了最后用力的工作距离，提高了铅球的出手初速度。而旋转推铅球技术上背对投掷方向，像掷铁饼一样进入旋转，共旋转540°后将铅球推出，动作舒展、自然连贯、加速路线长，能够形成良好的蓄力状态，突出了人球合一、连续加速的技术特点。有学者认为，旋转式要优于背向滑步推铅球技术，具体表现为：(1)旋转推铅球器械加速路线长；(2)旋转过程使投掷动作舒展流畅，体现了连续加速的技术特点；(3)器械的预给速度较大；(4)身材和力量相对较小的运动员利用旋转过程较长的加速路线，也可以达到较高水平，具有广泛的通用性；(5)旋转结束后，可以形成良好的超越器械动作。

掷铁饼自被列为正式比赛项目以来，在技术方面不断地发展演进，先后经历了原地投技术、侧向上步投技术、侧向旋转投技术和背向旋转投技术，在背向旋转投技术方面又出现了波浪式、踏跳式和背饼式等动作，最终形成今天被人们广泛采用的宽站立、大幅度、低腾空、快速度的背向旋转技术。背向旋转技术要求预摆动作协调，上下肢、腰、髋要扭转拉紧，为进入旋转创造一个良好的起动条件；旋转扣髋时，充分发挥髓关节的主导作用；在整个旋转过程中，持饼臂始终与身体形成一体，手指、腕、肘、肩各关节要尽量放松拉长，形成大幅度的超越器械动作，以便获得更大的离心力；旋转最后用力时的预备姿势形成背向，特别是头部右脚和膝关节一定要背对投掷方向，形成较大的超越器械和较长的用力距离；最后用力除发挥腿、髋的用力作用外，要用腰带动胸、臂做鞭打动作，左腿要做牢固的支撑。除此之外，当代掷饼技术发展还特别强调：(1)重视投掷臂动作的最后用力，强调投掷臂的放松。良好的投掷臂动作要求在获得尽可能大的旋转速度上，保持饼与投掷臂的离心自然状态。(2)重视头部动作在整个技术结构中的作用。优秀运动员的头部动作都有一个共同点，就是他们在旋转中不是简单地随同肢体运动，而是在方位变化的过程中采用“摆头”的方式，即在肢体完成旋转后再迅速把头回摆至相应的方位，尤其是在铁饼将出手的瞬间摆头的动作更明显，以利于运动员最后“振胸”、“甩臂”良好动作的出现，从而加大铁饼出手时的初速度。(3)重视最后用力阶段非投掷臂的作用。超越器械的好坏直接影响着投掷成绩的好坏，而超越器械的好坏与非投掷臂肩的动作有密切的关系。超越器械要求下肢运动的速度快于上体的运动速度。在掷铁饼最后用力时，有意识地把左肩向右收紧，使非投掷臂向右后方贴近身体，直至在最后出手瞬间将左肩突然制动，较易形成掷铁饼所要求的超越器械动作。这样做还可以更好地使上体与下肢形成扭紧状态，从而有利于发挥人体的旋转速度，进而可以提高铁饼出手瞬间的初速度。

掷标枪是一项技术比较复杂的多轴旋转的投掷项目。掷标枪技术经历了自由发展、趋于统一、逐渐完善和稳定发展等阶段。目前，掷标枪专项技术的宏观定性技术特征已得到广泛认同，高度专项化和技术发展的精细化程度，越来越成为决定比赛成功与否的主导因素。随着技术的深入发展，国内外优秀标枪运动员呈现出不同的技术风格，根据最后用力的典型特征可以将其分为两大类：一是以投掷步速度快，助跑与最后用力衔接紧密，但最后用力动作幅度相对较小为主要特征的“速度型”技术风格；二是以投掷步速度稍慢，最后用力时躯干转动幅度较大和身体重心较低为主要特征的“力量型”技术风格。当前掷标枪技术发展的基本趋势是：进一步提高助跑速度，突出投掷步加速的节奏；缩短交叉步步长以减小交叉步右脚着地时的制动；进一步强调身体重心快速前移，形成对器械的超越动作；最后用力时间提前，转体幅度加大，注重整体用力；加长最后用力的工作距离，最后出手爆发力强，沿标枪纵轴用力好，获得合理的标枪冲击角；更加重视个人技术风格，讲究技术的实效性，争取人-器械运动系统的最大效益。

早期的链球运动员多采用一圈或二圈的旋转方法，20 世纪 20 年代以后才逐渐开始采用三圈的旋转方法。当时的旋转技术是以左脚尖为轴进行转动，在旋转过程中两脚有腾空跳转动作，所以不利于维持人球一体的平衡，更不利于身体快速连贯地旋转完成超越器械动作从而为最后用力做准备。20 世纪 30 年代初，出现了三圈旋转技术，主要特征为：左脚旋转从左脚跟外侧开始向左脚外侧转动过渡到脚掌转动，继而再过渡到左脚跟转动，两手放在体前拉住链球旋转，以使左脚一直保持与地面的支撑，因而能够在旋转中很有效地维持身体平衡，并且左脚可以沿直线向投掷方向运动，从而使旋转动作更加连贯流畅、速度更快。同时手臂放在体前充分伸直的方法，可以有效地加大旋转半径，从而有利于加大链球的出手速度。20 世纪 70 年代以后，链球技术更趋向快速旋转，出现了右脚晚抬、早落技术。这种技术延长了双脚的支撑时间，从而使支撑更加稳固，同时也更容易掌握身体平衡，现已为大多数优秀运动员采用。从链球技术的发展历程来看，高速旋转是掷链球技术的主要发展方向，更加重视第一圈的旋转技术，四圈旋转技术将普遍被优秀运动员采用。

第二节　我国田径技术教学的理念

田径运动技术教学是现代田径运动实践的重要组成部分。我国田径教学理论与方法的发展，自始至终围绕着我国学校体育实践发展的要求，按照田径运动教学实践的特点，遵循着现代教育学、生理学和心理学的原理而逐步建立和发展起来的。田径教学理念的形成不仅仅是田径自身教学实践经验的简单总结，同时也是不同历史时期、不同教育思想和体育思想的撞击和影响的结果。因此，在研究田径技术教学理念的过程中，对历史的研究是不可或缺的。

各个时期的学校体育思想都孕育了不同的田径教学理念，我国田径教学的历史可追溯到20世纪20年代，但我国田径教学理论与方法体系的初步形成，并成为一个专门的研究领域，则是新中国成立以后的事情。回顾中国田径运动的发展历程，从历史的变迁中梳理出中国田径运动的教学理念，才能把握我国田径运动的教学发展方向。

一、解放前我国的田径运动教学

（一）我国早期的田径运动

据文献记载，我国近代田径运动教学活动的开展，最早出现在清末民初的福建省莆田县的培元书院，“一开始就有美国传教士教授学生们练习跳高、跳远、赛跑、扔铁球等”游戏活动。另据记载，我国洋务派经办的北洋水师学堂在1884年以前开设的训练科目中有“跳高、跳远等田径项目”。虽然在当时“洋务派”开设的学校中“田径活动”得到了初步发展，但我国体育史学工作者大多认为，“正规的田径、球类教学项目多起始于基督教青年会的体育活动”，如上海圣约翰书院早在1890年就开始举办以田径为主体雏形的运动会，尔后田径竞技活动经教会学校得到进一步推广。随着洋务运动和维新思想的兴起，晚清于1904年颁布了《奏定学堂章程》，“体育”开始被正式列入学校教育课程，但以传授体操为主，真正意义上的田径教学理念在此阶段还尚未形成。

（二）“五四运动”前后的田径运动

“五四运动”前后，随着西方近代自然体育和自由教育思想在我国的广泛传播，开始出现了以田径、球类等课外竞技娱乐活动方式为内容的学校体育现象。学校田径竞赛活动的兴起，促进了田径教学内容和方法的发展。由于20世纪20年代以前的学校仍将体育称为“体操课”，并且这一时期在大多数中小学校的田径运动仍是以“竞技游戏”的形式在课外活动中开展，所以真正意义上的田径教学还未起步，田径教学理念与方法也缺乏完整的体系。

（三）民国时期的田径运动教学思想

1922年公布了《学校系统改革令》，即“壬戌学制”，“体操课”正式改名为“体育课”，田径运动开始被列入各级各类学校体育课程，田径教学进入到了一个新的历史阶段。“壬戌学制”的确立，就其目标、内容、形式等深受美国“自然体育思想”的影响。这一时期在介绍田径运动教学理论与方法方面的专著有：王怀琪编写的《走步、体操、游戏三段教材》，它对后来“三段教学法”的流行产生了广泛的影响；而吴蕴瑞编写的《体育教学法》和《田径运动》等专著，标志着我国现代体育教法和田径理论建设所取得的重要成果。这些专著以介绍欧美教材、教法为主，其理论观点也受欧美体育思想的影响。这一时期，在田径教学理论与方法层面，缺少对田径教学原则、田径教学过程的组织与课程安排，以及专项技能教学手段与教学方法方面的专著论述。该阶段我国的田径教学实践的专门研究仍十分薄弱，对田径教学方法的认识多停留在经验水平上，系统性和理论研究还未见起步，田径教学理念仍旧是一片空白。

二、建国后我国田径技术教学理念的发展

1949—1978年，我国教育理论界主要是学习、借鉴苏联的教育理论，凯洛夫教育理论风靡全国。它所提出的自觉性和积极性、直观性、巩固性、理论联系实际、系统性和连贯性、通俗性与可接受性、个别指导教学原则和强调三基教学的课程与教学理念，对我国当时的教育学理论田径教学实践都产生了广泛、深刻的影响。

当然，在此阶段中，我国田径运动的发展也受到了大环境的一时影响，田径运动教学一度产生了偏离，在教学中片面追求练习强度与负荷，忽视了动作技术的重要性和质量要求，田径教学理论研究也一度停滞不前。

三、改革开放以来我国田径技术教学理念的发展

1978年至今的三十多年里，我国学校体育思想处于百花齐放、百家争鸣的蓬勃发展时期，是我国学校体育改革取得实质性进展的阶段。这三十多年先后出现了以“增强体质”为主的学校体育思想、传授“技能为主”的学校体育思想、“快乐体育”思想、“成功体育”思想、以及新课标实施后的“健康第一”的体育思想。田径技术教学理念在这几种学校体育思想的影响下迅速发展。

（一）“增强体质”为主教学思想下的田径技术教学理念

解放后，党和国家一直期待通过加强学校体育的工作来促进学生体质的提高，这种期待也很自然地转移到体育学科上。1960年的体育教学大纲中明确了“增强体质”的任务。但是，由于体质的增强与多方面因素有关，在体育课上完成增强体质任务还受到时间和空间的局限，通过体育课锻炼身体的方法论也不够完善，加上体育教学过程受技术教学的影响，虽然自1960年后“增强体质”一直是体育学科的首要任务，但在实践中并没有形成相应的教学内容和教法体系。因此在改革开放的初期，体质教育的教学指导思想以比较“激烈”的形式和多方的渠道被提出来，从体育教学大纲中安排了“身体素质练习”教学内容，到体育教学实践中追求“汗”与“乐”的结合，从“课程练”的教学尝试，到后来“真义体育”理论的形成，使得体质教育的教学指导思想的体系日趋明确。这种思想从“体育(PE)”与“运动(Sports)”的本质区别的视点出发，追求体育在教育中的真实意义和价值，这种教学思想体系具有增强学生体质的强烈的责任感，在内容上主张以简朴的身体练习内容和锻炼原理为主；在方法上提出“竞技体育手段化、教材化”的概念；主张实施运动处方式的体育教学过程；评价则以锻炼身体的效果为主要方面。该时期学校体育思想的理论基础是巴甫洛夫条件反射学说和凯洛夫的教育学原理，在对“增强体质”的理解上，停留在对学生的身体进行生物学改造这一层面，可以说该时期的学校体育思想从理论基础到实践的方法手段都具有单纯的生物体育观特征。

在体质论这一教学理念的指导下，田径技术教学以增强学生体质为己任，以练习代替学习，以练习促进学习，课堂教学以练习为主，形成了课课练、天天练的教学思想。例如，在跑的教学中不注重技术，只强调反复的跑，负荷量和强度都很大，体育失去了教学、育人的本质，学

生失去了兴趣,甚至反感。田径技术教学教法因为运动量大,周期性运动项目比较枯燥,加之一直沿用传统、陈旧的教学模式与方法,往往事倍功半,出现了"学生学不会、学不好、学不懂,也学不乐"的现象。

(二)"技能为主"教学思想下的田径技术教学理念

改革开放以后,充分肯定了建国十七年的教育理念,体育教育工作回到了原来正确的工作道路上,并继承和发扬了建国初期的体育思想,我国自建国初期全面学习苏联的教育思想和教育制度以后,以系统主义教育和以学科为中心、教师为主体的教学思想深刻地影响了中国的教育和教学思想。在这种形势下,作为技能学科的体育学科很自然地把运动技能的掌握作为了教学法的主要目标和内容,运动技能一直是体育最现实、最具体的目标和内容。

在这一教学理念的影响下,田径教学理念把运动技术学习这一显性教学活动推在前面,利用较为成熟的运动训练学的理论解释体育教学现象,将训练过程加以简化和改造成为教学过程,将身体练习手段转变为教学方法,把运动练习技能掌握的原则当做重要的体育教学原则。在对学生进行评价时,主要以技评和与技能有密切关系的所谓"身体素质"(其实很多就是技能,如跳和投的内容)来进行评价,教材的分析基本上是从运动技术角度等来进行的。

这一时期突出的教学理念是"三基教学",它是以技能形成的规律来作为教学规律,以"会"为主要教学任务,重视传授运动技术技能,使学生掌握"基本知识、基本技能、基本技术"。在这种理念下,田径技术教学以标准的一成不变的技术动作来教育学生,使学生掌握的田径技术尽量标准,强调通过按标准技术动作规格反复练习形成正确的运动动力定型。在练习过程中学生通过教师的示范讲解、观察技术图片等,从感觉开始,以心理活动为中继,以肌肉的效应活动而告终,形成运动条件反射。为了强化这种条件反射,提出了"时时想"、"经常练"的教学方法,以建立起巩固的运动条件反射系统,使动作准确而优美。这种严格规定动作的教学方法使体育课教学有据可依,课堂组织规范,体育课看起来规规矩矩,学生练习有模有样,但主要围绕提高学生的运动技能,过于重视技术指标,忽视了培养学生在田径课教学中的终身体育意识,及传授健身知识、健身技能及健身方法、法则,激发学生的学习兴趣,培养创造、创新能力为主的教学能力。这必然会导致在田径课的教学中,练习内容简单,重复动作较多,运动量较大,与学生追求时尚、休闲、娱乐、挑战心理的需求有着较大差距,使学生产生枯燥无味的感觉。这种教学理念与教学模式不符合学生的体育价值取向而容易受到学生的抵制。

(三)"快乐体育"教学思想下的田径技术教学理念

快乐体育教学思想在20世纪90年代中后期受到广泛的重视,在国内体育课中出现了所谓"快乐体育教学法",它是指在体育教学的过程中,教师为了激发学生和培养学生对体育课的兴趣,尝试运用将"游戏性、竞赛性、技术性和趣味性"融为一体,寓教于乐的一种愉快式的教学方法。它从体育教学的特点出发,充分挖掘体育教材中的趣味性素材,遵循学生心理发展的规律,采用学生喜爱的、灵活多样的教学方法,提高学生兴趣,让学生愉快地学习、思考,在愉快轻松的气氛中获得知识和技术技能,成为学习的主人。快乐体育实施的最终目标是将死板的、固定模式的体育教学转变到全面培养人的素质上来,它的产生和流行是体育教学改革的需要。

在“快乐体育”的学习指导方法上，体育技术教学把原来不是游戏的教材变为游戏化的教材；把非竞技性的项目加工为竞技性的项目，并通过体验运动的快乐感来达到热爱体育、追求美好而丰富人类生活的教育目的。在田径技术教学方面，强调运动参与，弱化技术技能，学生们在游戏和比赛中学习、体会运动技术，以追求学生学得快乐，教师教得开心。但是快乐田径技术教学法在实践中存在一些问题，即快乐田径技术教学法容易使一些教师在实施快乐体育的过程中，过分强调学生的主体作用，而偏颇了教师的主导作用，突出了兴趣的培养而忽视了艰苦体育实践的体验和良好意志品质的培养，许多耐力跑、投掷等苦、难的技术教学被排除到田径技术教学之外。而学生此阶段正处在世界观初步形成时期，对体育的认识和期望也不稳定，必须有教师的启发和引导。在实践操作中，如把握不住原则，一味地追求“快乐”的气氛，不能正确处理好快乐与严格、快乐与刻苦、快乐与质量的关系，就会使快乐体育的教学发生偏差。

（四）“成功体育”思想下的田径技术教学理念

“成功体育”脱胎于“成功教育”。其倡导者认为：“从广义来说，就是体育要为成功地培养21世纪所需要的人才服务”，从狭义来说，就是体育要使学生获得‘成功’的体验”。而“成功”的体验，不仅仅是“快乐”，在追求“成功”的道路上，既充满着友谊和欢乐，更充满着艰辛和苦涩，乃至挫折与失败。它要求教师在体育教学中通过丰富多彩的教学方法和教学手段，为学生提供成功的机会，使学生在充满兴趣与快乐、努力与拼搏、挫折与成功的交替中，不畏艰险、克服困难，登上成功的顶峰，真正领略到体育的全部乐趣。通过“成功体育”教学，培养学生的参与意识，团队精神，顽强拼搏之意志品质，使学生身心得到全面发展。

“成功体育”思想是以我国体育教学改革十几年的成果为基础，试图在新的阶段上进行包括目标、内容、方法的整体改革的体育教育思想，是一个比较完整的体育教学改革的思想体系。它主张教育的最终目标是追求学校体育成功地为培养21世纪的合格人才服务。在目标的层次性上，要求每一次教学、每项教学内容、每种教学方法都要立足成功地让学生体验体育的乐趣，使学生在一点一滴的成功中培养兴趣，增强意识，养成习惯，提高能力，增进身心健康。“成功体育”评价体育教学思想、教学内容、教学方法的最终标准，是看能否成功地为社会发展和人类的发展服务。在具体的教学实践中，把学生能否获得成功的体验，能否扎扎实实地得到发展作为比较具体的评价标准，为教学评价提供了新的视角。

在这种理念下，在田径技术教学中出现了将技术难度降低来让学生感受成功的倾向。例如，跳高课将横杆高度降低，投掷课改投远为既投远又投准，在短跑项目中将水平相当的分为一组，等等，这样学生面对田径课要达到的目标是既可望又可及，学生能体会到学习田径技术带来的成功感受。此外，教师在教学中应重视及时鼓励和良好的保护、帮助对学生克服困难、掌握技术、提高成绩的重要作用；教学中对个别身体不适的学生，及时给予关心与帮助；对能完整、正确、优美地完成练习的学生，适时地用掌声、手势或语言给予赞许或表扬，使学生获得成功的心理体验，使其在精神上产生愉悦感，从而提高再学习的兴趣。

（五）新课程标准“健康第一”思想下的田径技术教学理念

21世纪初我国开始了中小学体育与健康课程标准的制订与实施。新课程标准强调体育课程是突出健康目标的一门课程，其基本理念为：坚持健康第一的指导思想，促进学生健康成长；激发运动兴趣，培养学生的终身体育意识；以学生发展为中心，重视学生的主体地位；关注个体差异与不同需求，确保每一个学生受益。新课程标准将课程目标分解成“运动参与、运动技能、身体健康、心理健康、社会适应”五个学习领域目标。在教材的选择上，强调“以目标的达成来统领教学内容和教学方法的选择”，根据具体情况和学生的身心发展、年龄和性别特征，选择简单易行的内容以达成课程的学习目标。在教学方法上，强调教学过程是师生交往、共同发展的互动过程，教师是学习的指导者，学生是学习的主体，提倡注重学生的学法研究，引导学生学会学习，发展学生自学、自练的能力。

在这种教学理念下，田径运动技术教学改变了传统的田径教学中以老师为中心、“重教轻学”的倾向；改变了传统采取灌输式的教学方法，重视对学生自主学习能力的培养，注意探索学生的好奇心；在教法上提倡采用启发式、探究式教学方法，注重应用教育，鼓励学生享受学习的自由与轻松愉快。新课程标准不再只是要求学生掌握运动的技能，而是以促进学生身心健康发展为核心。因此，田径教学不是简单的只为追求学生的运动强度和密度，不再是仅仅衡量有多少学生掌握了技术动作，而是以有多少学生参与了运动，教师在教学过程中激发和保持了多少学生的运动兴趣为目的。在新课标的教学理念下，中小学田径技术教学出现了简单趣味化的倾向，强调田径技术教学的目的不是为培养运动员，而是通过教学增进学生健康。因此在田径教学实践中，对于某些难度高、技术复杂的项目，许多教师认为只需通过挂图、影像、书籍等途径让学生对其了解，懂得其基本知识和如何练习就可以了。基于这一点，教师通过改革体育器材，考虑体育器材的一物多用，创编一些有趣而又贴近儿童生活的活动进行教学，如：投掷教学创编了“老鼠过街人人喊打”、“轰炸敌人碉堡”等故事情境来引导学生持轻物投准、投纸飞机、投纸团等等代替原来的铅球、实心球作为投掷器材。教学形式上以投准来代替投远等。此外，通过模仿各种动物跳，如兔子跳、袋鼠跳、青蛙跳等情节来代替立定跳远、立定多级跳等。通过转变形式和方法从而使田径技术的教学方式、手段丰富多样，活跃了田径课堂的气氛，提高了学生的练习兴趣。

综上所述，各个时期的学校体育思想都有自己的特点，都符合当时的社会需要，不同学校体育思想下的田径教学理念自然各不相同，但不管什么教学理念，都是为了社会，为了人的全面发展，是造福社会、造福个人的行为。各个时期的田径技术教学理念都有其不足，需要当代教师继续努力创造出更好的更适合当代人的教学理念。

思考题：

1. 田径运动技术有哪些最新进展？
2. 如何理解田径运动技术发展的基本趋势？
3. 如何理解我国田径技术教学理念的形成与发展规律？

第二章　田径技术的教学原则

本章提要：本章根据体育专业学生的实际需要，对田径课程教学的目标与任务、田径技术教学的发展趋势以及田径课程的考核与评价等问题进行了着重论述；对田径运动教学应遵循的基本原则进行了较详尽的阐述。通过学习本章，使学生明确田径运动课程的目标和教学任务，树立现代田径运动教学新理念，明确田径运动教学各阶段的教学目标，田径运动课堂组织教学方式，以及考核评价方法。本章的学习重点是了解田径运动技术教学的指导思想和发展趋势；难点是在教学中如何熟练掌握并合理运用田径运动技术教学的基本原则。

第一节　田径技术教学的指导思想

一、现代田径运动教学的新理念

（一）田径教学理论与方法的发展概况

最早的体育教学可以追溯到19世纪初，随着体育分科教学的出现才开始有了体育教学法。在早期的体育教学中，田径只是体育教学中的一项内容，至19世纪末期，经过70余年的发展，田径运动教学理论与方法才逐步走向成熟。

我国田径运动教学理论与方法的建立是在新中国成立以后。20世纪50年代初，在学习和引进前苏联田径教学理论的基础上，我国田径教学理论与方法开始逐步建立和发展起来。20世纪60年代初、中期，我国田径运动教学研究曾经出现过一段热潮。20世纪60年代末期至20世纪70年代中期，田径教学理论的研究受到了极大的阻挠和危害，直到20世纪70年代末期，我国田径运动教学理论研究才得以恢复，在20世纪80年代以后的10余年，我国田径运动教学理论与方法得到了全面充实的发展。以中老年教师和攻读田径运动教学理论与方法的硕士生为主体，在田径运动的教学规律与教学原则的运用、新的教学理论与方法的引进和实验研究、国内外田径教学理论与方法的比较、学生个性学习特征的探索、教学效果的测量与评估等广大领域，进行了大量的、富有深度的研究。

（二）现代教学论为田径运动教学理论与方法的发展奠定了基础

田径运动教学理论的发展，自始至终都遵循着教育学、心理学的原则。

近代教学论基础是捷克教育学家夸美纽斯的《大教学论》，他提出的关于建立学年制和分班、分科授课教学制的主张，以及所提出的直观教学、循序渐进等诸多教学原则，为后来的体育分科教学奠定了基础。随着体育分科教学的出现，体育教学法应运而生。

(三)田径运动技术的发展赋予田径运动教学以新的内容和要求

百余年来,现代田径运动经历了项目创造、成形、发展和不断完善的过程。20 世纪 60 年代末期以来,世界田径运动进入了以速度为核心、改进和完善技术的时代,它的发展速度很快,一些新理论和新技术也应运而生。

(四)学制、学时和教学手段的改革,促进了田径教学理论与方法的发展

随着现代体育教育的发展和我国客观上的需要,各种学制的教育对田径教学提出了新的要求,采用的田径教学理论、手段、方法必须符合各学制的特点,因此围绕着这种学制而进行的教学研究和教法改革,也促进了田径教学理论与方法的发展。科学技术的高速发展和应用手段的现代化,对田径运动教学理论的发展也起到了积极的作用。

二、田径课程的目标与任务

(一)田径课程的目标

田径课程是以走、跑、跳、投等多种身体练习为基本手段,以竞技性、健身性和实用性的练习项目为主要内容,以发展人的基本运动能力和生活、生存能力、促进身心健康全面发展为主要目标的基础性体育实践课程。

课程的总目标是:掌握田径课程的基本理论与知识、基本方法与技能,达到一定的运动技能水平;具备田径课程教学的基本能力和指导课外田径健身锻炼的组织管理能力,形成良好的专业素养和心理素质,提高社会适应能力。

课程的具体目标是:

(1) 全面发展走、跑、跳、投等基本运动能力和生活、生存能力,提高体能,为田径课程和其他技术课程的学习奠定基础。

(2) 掌握田径课程主要项目的基本理论知识和基本技术,从而达到一定水平的运动技能。

(3) 具备田径课程的基本教学能力、主要项目的竞赛组织与裁判的工作能力及田径健身的指导与管理能力。

(4) 充分认识田径课程的竞技性、健身性和实用性等属性,了解田径运动的文化特点,理解田径课程对人的生活和工作的重要性,培养终身体育的观念。

(5) 培养良好的意志品质、创新能力和合作精神,发展个性,提高道德修养,促进身心全面发展,以适应社会发展的需要。

(二)中小学田径课程的教学目标

在中小学体育课中,学生通过田径教学应达到以下教学目标:

(1) 运用田径项目作为锻炼身体的手段,提高身体素质,促进身体的生长发育,增强体能,全面发展走、跑、跳、投的基本运动能力。

(2) 使学生掌握田径运动的基础知识、基本技术和技能,并且能运用这些知识和技能科学地从事体育锻炼,养成坚持锻炼的良好习惯,形成健康的生活方式,培养积极进取、乐观开朗的

生活态度。

（3）培养学生良好的思想素质，养成不怕困难、顽强拼搏的良好心理品质，形成良好的合作精神、体育道德和社会适应能力。

根据中小学生的年龄阶段，可以将其划分为小学阶段、初中阶段和高中阶段的田径教学目标。

1. 小学阶段的田径教学目标

对田径运动项目表现出学习兴趣，乐于参加各种田径游戏，具有积极参与田径运动的态度和行为，乐于学习和展示简单的跑、跳、投运动动作，主动观察和评价同伴的技术动作。

应重视学生对基本的田径运动知识和运动技能的掌握与应用，不过分追求运动技能传授的系统性和完整性，不苛求技术动作的细节；能了解和说出所练习的田径项目术语，学会观看田径比赛和表演；初步掌握两三项田径运动技能；懂得安全地进行田径活动。

基本保持正确的身体姿势和正确的走、跑姿势，能指出坐、立、行、跑时正确和不正确身体姿势的区别；发展柔韧、反应、灵敏、协调、平衡和速度能力；了解进行田径运动时必须注意的营养卫生常识。

体验从事不同田径项目时的心理感受，体验身体健康发生变化时，自身的注意力、记忆力、情绪、意志等方面的不同表现；正确理解田径运动与自尊、自信的关系，通过积极的体育活动消除因田径运动能力较弱而产生的自卑感；体验田径运动能力的进步或成功时的心情；体验田径运动能力的退步或失败时的心情，观察并简单描述同伴成功或失败时的情绪表现，了解如何通过田径运动等方法调节情绪；通过田径运动逐步形成克服困难的坚强意志品质。

体验集体性田径活动和个体性田径活动的区别，帮助学生了解一般的游戏规则，学会在游戏和田径运动中尊重、关心他人，特别是关心和爱护运动能力较弱的同伴，知道在集体性田径活动中如何与他人合作。

2. 初中阶段的田径教学目标

具有积极参与田径活动的态度和行为，自觉参加田径项目的学习，积极参与课外田径活动，充分利用各种条件改进田径运动技术。

掌握田径运动的基础知识，了解所学田径项目的竞赛规则，懂得欣赏田径比赛和表演；基本掌握几项主要的田径运动技能；用较为科学、安全的田径手段和方法进行练习。

发展速度、有氧耐力和灵敏性。通过短距离跑和重复跑发展位移速度；通过定时跑、定距跑、越野跑、跳绳等发展有氧耐力；通过各种游戏和多种移动、躲闪、急停、变向跑、蛇型跑、障碍跑、跳跃等，发展反应速度和灵敏性；认识和理解田径运动对身体形态发展和身体机能发展的影响。

了解田径运动对心理健康的作用，了解心理健康对身体健康的促进作用，进而认识身心之间的关系；通过设置适宜的目标使学生在田径运动中不断获得成功并体验成功的感觉，逐步增强自尊和自信；学会肌肉放松的方法、自我暗示的方法、呼吸调节法，通过田径运动等方法控制情绪；通过耐力跑、障碍跑、跳跃等较为艰苦、剧烈、危险，以及具有挑战性的运动项目来体验困难环境下的运动感知觉，逐步形成克服困难的坚强意志品质。

结合田径项目的特点，培养良好的体育道德和合作精神，正确处理田径运动中竞争与合作的关系；学会尊重和关心他人，建立起对自我、对群体和对社会的责任感，建立和谐的人际关系。

3. 高中阶段的田径教学目标

积极参加田径运动，养成良好的田径锻炼习惯，懂得田径锻炼手段的基本原理和作用；根据自身情况制定个人锻炼计划，按计划坚持锻炼，并学会评价田径运动锻炼效果的主要方法。

在掌握田径运动基本知识的基础上，学会安全地进行田径运动，并获得在野外环境中生存的基本技能；懂得竞技田径运动和健身田径运动的区别，认识各种田径项目对身体健康、心理健康和社会适应的价值；应充分尊重学生的不同需要，引导学生根据自己的具体情况选择1～2项运动项目进行系统的学习，提高其运动能力，并能较熟悉地掌握1～2项田径运动技能。

发展肌肉的力量和耐力。通过多种练习手段发展上下肢和躯干的肌肉力量；通过定时跑、定距跑、间歇跑、有氧耐力跑、越野跑等提高心肺功能和有氧耐力；认识和理解田径运动对身体健康的影响，理解身体健康在学习、生活中的重要意义，树立良好的健康意识。

通过对田径课程的学习，使学生在和谐、平等、友爱的运动环境中感受到集体的温暖和情感的愉悦；在经历挫折和克服困难的过程中，提高抗挫折的能力和情绪调节能力，自觉地运用所学的知识、技能促进身心协调发展，培养坚强的意志品质；在不断体验成功的过程中，增强自尊心和自信心，培养创新精神，形成积极向上、乐观开朗的生活态度。

通过对田径课程的学习，提高学生的交往能力，增强学生的社会适应能力，建立起对自我、群体和社会的责任感，形成现代社会所必需的合作与竞争意识，学会尊重和关心他人，建立和谐的人际关系，培养良好的体育道德和集体主义精神，学会获取竞技田径运动和田径健身的知识与方法。

（三）田径教学的任务

1. 开展田径各项技术教学

通过田径技术教学使学生了解和掌握田径的各项技术。田径运动项目较多，在教学课时有限的情况下，选择主要项目进行技术教学，使学生通过学习初步掌握主要项目的一般技术。尽量避免面面俱到、收效甚微的做法。通过对田径技术动作的反复练习，严格的要求和训练，从而提高学生的体育技能。对田径专业学生应按田径各项目的学习要求进行，使学生对田径运动技术了解和掌握得更加全面。

2. 提高学生的身体素质和健康水平

田径运动是最能够体现身体素质的运动，通过对技术动作的反复练习，能有效地提高学生的各项身体素质，达到增强体质、增进健康的目的。

3. 提高学生的田径知识和认识能力

通过对田径运动理论的学习，使学生进一步认识田径运动，提高田径运动理论水平，在体育领域里培养和发展学生的认识能力。

4. 加强学生的素质培养

在学习田径运动的各项技术过程中，会遇到很多困难和阻力。通过严格要求，应让学生在学习中克服困难，勇于吃苦，勇敢果断，严守纪律；并做到互相帮助，互相学习，尊师爱生；充分利用田径项目的特点，培养学生的优秀品质。

5. 传授各项技术的教学方法

对于田径专项的学生，通过田径课的教学，还要求学生掌握田径教学的理论与各项技术的教学方法，学会田径教学文件的制定，以便在今后的实践中能熟练地运用，更好地推动田径运动的广泛开展。

(四) 田径技术教学的发展趋势

1. 突出田径运动竞赛

与其他竞技体育项目相比，田径项目的历史最悠久，田径运动的发展也为其他项目的发展奠定了基础。因为任何竞技体育项目大多都需要进行走、跑、跳、投等基本动作的训练，也都需要发展速度、力量、耐力、柔韧和灵敏等身体素质，而田径运动恰恰能够有效、全面地发展各项身体素质。因此，很多竞技体育项目都把田径运动作为体能训练的重要手段，田径运动能力已成为提高各项竞技运动能力的基础。

田径竞技运动的功能在于推动田径运动的普及，增进国内与国际间的交往，提升国家形象，振奋民族精神。作为一种体育文化，竞技田径运动可成为人们观赏、消遣和娱乐的对象。此外，田径运动的训练条件要求相对较低，参加人数多，而且大多是个人项目，项目投资的规模较小，因此田径一直被列为开展竞技体育的重点选择项目。据此，在田径技术教学中应注重竞技田径运动的训练和对裁判能力的培养。

2. 注重大众健身的指导

田径运动的走、跑、跳、投等运动形式和身体练习与人的基本生活、劳动、工作能力高度相关，是简单、便捷、实用并易于实施操作的健身方法和锻炼手段，不仅能提高人的走、跑、跳、投等基本活动能力，而且能促进人体的正常生长发育和各器官、系统机能的发展，还能全面提高人的运动技能和体能，培养坚强的意志品质。由此可见，田径运动是一项普及性强、实用性高、健身价值高的项目，是人们增强体质、增进健康、延缓衰老、延年益寿的重要手段。因此，在田径技术的教学中要注重健身知识和方法的指导，针对不同的对象、不同的学习目的，要采用不同的教学方法。

3. 增强田径技术教学的趣味性

通过近 20 年对身体素质的调查发现，国民的身体素质不断下降，尤其是青少年的身体素质下降幅度更大，造成这一结果的原因是多方面的，但是体育课的教学情况却是一个重要影响因素。尽管田径项目较多,但是由于田径技术比较枯燥乏味,不能很好地吸引青少年的学习兴趣,因此,在田径技术的教学中就应该利用相关资源和现代教育教学技术,改进教学方法和手段。例如,采用情景模拟教学,变换教学器材教学、录像即时反馈教学、田径游戏等,活跃课堂气氛,增强田径技术教学的趣味性。

4. 通过拓展运动和定向越野等形式开展田径技术教学

传统的田径技术教学往往局限于田径场,但是田径运动起源于户外运动,需要一定的活动空间。因此,在田野、公路、公园、广场、草地、沙滩等地,就可以开展田径技术教学,使人体能更多地接受日光、空气等自然条件的刺激,提高人体适应外界环境的能力。

拓展运动是一种户外体验式培训方式,它是素质教育在职业素养教育方面的一个分支。拓展运动的所有项目都是以体能活动为引导,在活动中引发出人的认知、情感、意志和交往等活动,拓展运动有明确的操作程序和过程,为了达到预定目标,要求团队中每名学员均应全身心地投入。定向运动是一项非常健康的智慧型体育项目,是智力与体力并重的运动。它不仅能强健体魄,而且能够培养人独立思考、独立解决问题的能力,尤其是在体力和智力受到压力的情况下,能够迅速做出反应,培养果断决定的能力。拓展运动还有助于在世界范围内建立起强大的社交网络。上述两项运动都包含了田径运动的基本技能,教师可以在这两项运动中开展田径技术教学,并提高田径运动的技术水平。

(五) 田径成绩的考核与评价

考核是田径教学过程中不可缺少的重要环节,通过考核可以反馈教学信息,及时发现问题和不足,以便调整教学方案,改进教学方法,从而使教学过程组织得更科学、有效。通过考核还有助于培养学生自我评价的能力,使学生了解自己掌握田径基本知识、技术和技能的程度,鞭策学生不断进取。

田径成绩的考核与评价内容是教学目标的缩影,考核必须体现学习内容和课程目标的范围与属性。在田径成绩的考核中,应把学生的基本知识、基本技能、基本技术、学习态度和情意表现等方面,全面地纳入学习成绩考核与评定的范围。

1. 田径成绩考核与评价的基本要求

从田径成绩的考核与评定内容来看,基本知识与达标成绩的评定容易量化,属客观性评价范围;而学习态度、情意表现、基本技术的评定则较难量化,属定性的、主观性的评价。因此,在田径成绩的考核与评价中,应注意以下四方面的结合:

(1) 学生评价与教师评价相结合。教学是在教师与学生共同参与下所进行的一项双边活动,在教学系统中教师起主导作用,学生则是教学的主体。在成绩评价中,如果单纯地由教师进行成绩评价,难免会有不准确之处,甚至带有主观偏见性,这在一定程度上会挫伤学生学习的积极性,甚至会使学生产生厌倦田径课程的逆反心理。因此,在田径教学中,从课程设计到学生成绩评价的各个环节,始终要把学生放在一个重要的位置来看待。在注意发挥教师主导作用的同时,要特别强调学生学习的主体地位,充分发挥学生的主观能动性,利用评价手段,因势利导，指导和帮助学生正确地进行自我评价和相互评价，让每个学生都能参与到教学中来。通过自我评价和相互评价更好地看到自身的进步与不足，从而激励和鞭策自己更有效地学习。当然，在强调学生评价的前提下，并不否认教师的评价，应该将学生自评、学生互评、教师评价有机地结合起来。

（2）形成性评价与终结性评价相结合。终结性评价是我国各级学校在田径运动教学中普遍采用的成绩评价方法。由于这种“一锤定音”的评价方式往往是在阶段学习或学期、学年结束时进行，因而在很大程度上失去了评价的反馈功能，对激励学生学习，帮助和改进教与学的方法，以及提高教学效果成效不大。由于终结性评价其着眼点更多的是甄别，目的在于对学生的学习成绩进行优、良、中、差的等级评定，因而这种评价方法往往导致考试成绩好的学生沾沾自喜，不求进步；考试成绩差的学生则容易产生畏难情绪，最终失去学习的信心。

目前，世界上很多发达国家在体育课程中已普遍采用形成性评价，其着眼点在于学习的整个过程。通过各种评价方法和工具，经常对学生的学习态度、情意表现、技能掌握程度、体能锻炼效果等方面进行评定，并将结果及时反馈给学生，以便及时得到强化。尽管终结性评价方法简便易行，而形成性评价比较烦琐，不易操作，但形成性评价方法更有助于学生有效地学习和教师做出客观准确的评价。因此，在教学中应将形成性评价和终结性评价有机地结合起来。

（3）相对评价与绝对评价相结合。所谓相对评价是指根据个人在学习中进步的幅度进行评价；绝对评价则是指在评价中不考虑个体差异，均采用统一的评价标准进行评价。目前，在我国各级、各类学校中，对田径课程的学习成绩评价普遍采用绝对评价方法，即以学生最后成绩达到的程度为依据进行评分。但由于每个学生的身体条件不同，学生基础各异，往往造成身体条件差的学生无论怎样勤学苦练，也得不到高分；相反，基础好的学生并不需要努力却可轻而易举地得到高分。所以，绝对评价方法在应用上固然方便，但并不能反映学生学习成绩的变化及教学效果的优劣，这在一定程度上影响了学生学习的积极性。

近年来，美、日、德、俄等国在体育课程的学习评价中，往往将绝对评价与相对评价结合起来，特别是对体能和运动技能的评价，更多地运用相对评价方法，重视对学生“努力程度，进步幅度”的评价。相对评价有助于学生看到通过自己努力所取得的进步，并得到强化和肯定，从而激发进一步学习的愿望。当然，在肯定相对评价方法的同时，也不能完全否定绝对评价的作用，在教学中应将两种评价方法合理、科学地结合起来。

（4）主观性评价与客观性评价相结合。在学习成绩的考核中，达标成绩、身体素质、体能等可测量性的指标较容易量化，所以一般采用客观性评价方法就能有效地测评出所要评价的内容，但学生的学习态度、心理、情意表现、自信心、意志品质、行为等则难以准确量化，所以一般采用主观性评价方法。在主观性评价中，由于评价者的角度不同，学识水平不同，评价的侧重点也不尽相同，也许就会有不同的倾向性，导致评价结果的“三性”受到一定的影响。因此，在对学生的学习态度、兴趣、努力程度、意志品质等方面的内容进行评价时，可将定性评价和定量评价相结合，主观评价和客观评价相结合，将定性评价的有关内容合理量化。例如，对学习态度的测评，除了可采用态度量表的形式外，还可对学生课中、课外参加练习的次数、表现等进行记录和统计，以此反映学生的参与程度，为客观性评价奠定基础。

2. 田径运动教学成绩考核与评价的内容、方法

田径运动教学的考核内容应包括理论、技术、技能、学习态度与情意表现；技术考核包括技术评定和成绩达标。

(1) 田径运动基本知识的考核与评定。对田径运动基本知识的考核，一般采用笔试、口试等方式进行。在具体操作上可采用开卷与闭卷相结合的形式，主要考查学生对田径运动基本知识的掌握程度。

(2) 田径达标成绩的考核与评定(成绩达标)。各校应该根据各自的实际情况确定田径考核的项目或内容，测试的手段、要求一般按田径竞赛规则进行。

达标成绩的评定应考虑学生的个体差异、努力程度和进步幅度等因素，可将绝对成绩与相对成绩(进步成绩)结合起来进行评分，进步成绩(教学结束时的达标成绩—教学初始时的达标成绩)依据相对评价标准进行评分。达标总成绩＝绝对成绩 * 50％(绝对成绩、进步成绩所占的比例可根据实际情况进行调整)。

(3) 学习态度与情意表现的评定。对学生学习态度的评价指标可包括以下几个方面：在田径课中能否全身心地投入；能否积极思考，为达到教学目标而反复练习；能否认真接受教师的指导；田径课的出勤情况；课外能否积极地进行练习；运动成绩与运动技术的进步幅度等。

对学生情意表现的评价指标可包括以下几个方面：能否战胜胆怯、自卑心理，充满自信地进行学习与练习；能否敢于和善于克服各种主观、客观的困难与障碍，挑战自我，战胜自我，坚持不懈地进行学习与练习；能否善于运用各种心理调节手段调控自己的情绪(平静地面对挫折和失败)，排除干扰，心静如水地进行学习与练习等。

第二节 田径技术的教学基本原则

田径技术的教学属于有计划、有组织、有目的地传授知识技能的教育过程，因此，应在教学中贯彻执行教育学理论中所倡导的各项教学原则。

教学原则是教学中必须遵循的基本要求，它是根据教学目的和教学过程的规律提出的，是教学实践的总结。目前，在我国教育学理论中提出的的教学原则主要有：科学性和思想性统一原则、理论联系实际原则、直观性原则、启发性原则、循序渐进原则、巩固性原则、因材施教原则，共七个教学原则。

教育学提出的七项原则在许多教育学的书中都做了详细的阐述，其中直观性原则、循序渐进原则、巩固性原则、从实际出发的理论联系实际原则均与田径教学关系紧密，因此，对这几项教学原则在田径教学中的贯彻执行尤为重要。

此外，田径运动教学在遵循上述原则的基础上，根据田径教学的特点又提出三项原则：即自觉积极性原则、身体协调匀称发展原则、慎重掌握合理负荷量原则。

一、田径教学中运用教育学理论倡导的主要教学原则

(一) 直观性原则

直观性原则是根据学生认识事物的特点提出的,是指充分利用学生的多种感官,通过各种形式的感知,使学生学习和掌握知识的原则。这一原则在田径教学中尤为重要。在教师的示范、讲解和学生学习技术动作反复练习及相互观摩的教学过程中,学生通过看、听、想、练等运用多种器官的感知,学习和掌握技术。因此,教师应该充分利用学生已有的知识和经验,尽量通过多种形式的教学,如采用录像、图片、教具、示范等多种手段,让学生直接感知技术知识,建立生动的表象,从而较快而又较准确地学习和掌握技术。

(二) 循序渐进原则

循序渐进原则是指在田径教学中针对不同项目的技术,采取由慢到快、由浅入深、由易到难、由简到繁、由分解动作到完整动作,循序渐进地安排教学内容和练习的原则。田径运动技术教学在上课时要根据学生的实际情况安排教学、进行练习、布置课后作业,逐步要求学生加深对技术的理解,有计划地指导学生掌握各项技术。由于田径技术项目较多,各项技术的难易程度不一,教学进度安排、程序设计、方法选择都不可能一样,因此在教学中应根据各项目的特点,区别主次,分清难易,突出重点,才能够贯彻好这一原则。

(三) 巩固性原则

巩固性原则是指在田径教学技术中让学生在学习理解技术的过程中反复加强练习,重视复习,以达到技术熟练和巩固的原则。田径技术教学有其自身的特点,它不仅需要学生用大脑去记忆各种技术动作的理论要求,而且更需要学生用身体肌肉的本体去感觉正确技术的空间和时间节奏,而这种感觉比单纯记住理论知识的难度要大,必须通过肌肉本体一次次反复练习,不断巩固,并通过课堂提问,运用正误技术对比分析、参加模拟比赛、课后作业、技术考核与评定等手段来贯彻执行巩固原则。

(四) 理论联系实际原则

从实际出发的理论联系实际原则是田径技术教学中必须贯彻的教学原则。由于田径教学课的性质不同,教学时数不同,教学对象不同,身体素质不同,技术基础和接受能力不同,教学环境不同,场地设备教学条件不同等,因此在田径教学中就必须根据各方面的具体情况来安排教学。田径教学应从学生的实际情况和教学的具体条件出发,提出切合实际的要求,以利于完成教学任务和取得好的教学效果。对各项田径技术的掌握是以一定的身体素质为基础的,在教学中应避免追求过高而不现实的技术要求。

二、根据田径运动技术教学的特点和规律提出的教学原则

根据田径运动技术教学的特点提出的教学原则,是依据学生学习掌握田径技术的实际情

况提出的。

（一）自觉积极性原则

自觉积极性原则是指学生在学习田径运动各项技术时，应保持高度的自觉积极性。由于田径运动的各项技术包括了人体走、跑、跳、投的基本动作，初看有些项目的技术并不复杂，初学者会感到技术动作简单无味，没什么可学；有的学生还会认为反复练习太枯燥，缺乏兴趣；有的学生还会产生怕苦、怕累的思想，学习起来缺少主动性和积极性。对一些难度较大的项目，如跨栏、撑杆跳高等技术，学生又会认为太难或无法掌握而失去信心。这些认识和思想情绪对学习掌握田径技术很不利。而且带着这种思想情绪去练习，注意力不集中还容易出现伤害事故。因此，教师必须给学生讲明田径课的意义、作用，使学生充分认识到田径项目的锻炼价值，明确田径项目作为各项运动基础的主导地位以及在教学中树人、育人的积极作用，使学生能够自觉积极地投入学习，才能保证教学任务的完成。也可以用优秀田径运动员刻苦训练、勇于拼搏、为祖国荣誉献身的事例来教育学生，激发学生为提高田径运动技术水平而刻苦练习。

（二）身体均衡协调发展原则

身体均衡协调发展原则，是指在田径教学中应该使学生身体素质得到全面的发展。由于田径项目多，在教学过程中应充分考虑到投掷项目发展上肢和躯干力量，跑、跳等项目发展下肢和躯干力量的特点，合理地安排它们的练习比例，使学生上下肢和全身能够均衡协调发展。不均衡的发展会使学生某种素质太突出，其它方面又太差，不利于学生的身体向健康方向发展，也不符合体育美育的观点和要求。例如：有的学生只喜欢练习力量项目，不喜欢耐力性项目，这样就会导致肌肉的块大、力量足，但心肺功能很差，身体并不健康；有的学生只喜欢长跑，不愿意进行上下肢和躯干力量的练习，结果心肺功能较好，下肢肌肉发达，但上肢无力，身体发展不平衡。因此，在田径教学中要教育学生不能只凭兴趣出发，仅练习个人喜欢的某一个项目，要避免身体发展不均衡。要使学生懂得，只要安排得当，各项身体素质的发展会相互促进，各项技术的掌握会产生动作迁移的效应，对增强体质，更好地掌握其它项目技术都有好处。

（三）慎重掌握合理负荷量原则

慎重掌握合理负荷量原则，是指在田径教学中要根据学生的具体情况，合理地安排运动负荷量的原则。田径课的运动量和强度会给学生带来一定的生理负荷量，对学生的体质产生一定的影响。运动量太小，达不到锻炼的效果，掌握不了技术。运动量太大，学生身体受不了。而对一些有先天隐形疾病的学生，不合适的运动负荷量还会引起意外事故，影响身体健康。因此，合理地安排田径课上的跑、跳、投等项目练习的次数、距离、组数和强度是十分重要的。运动负荷的大小取决于练习的数量和强度，教师可以根据学生的自我感觉、呼吸深度、面部的气色、排汗量、疲劳程度、控制动作的能力、血压、脉搏、呼吸频率等方面的情况来适当调整和安排运动量。课上运动量的大小要从学生的实际情况出发进行安排，必要时及时进行调整。根据多年的教学经验，在教授学生技术时，一般应安排中小强度的运动量；在检查技术时则要求达到中上强度等。

对以上各项教学原则，教师应该深刻地理解其内在的含义，清楚地了解田径教学的整个环节和过程，认真贯彻执行每条教学原则的各项要求，并且掌握在实际运用中的具体做法，使各项教学原则在教学中有机地结合在一起，以保证田径教学任务的顺利完成。

思考题：

1. 谈谈你对现代田径运动教学观念和发展趋势的认识。
2. 田径技术教学应遵循哪些基本原则？
3. 田径运动教学的目标和任务是什么？
4. 在田径技术教学中应如何运用循序渐进原则？
5. 什么是合理负荷量原则？在中小学田径课教学中应注意什么？

第三章　田径技术的教学内容与方法

本章提要：田径运动技术包括走类、跑类、跳跃类和投掷类技术项目。根据体育专业田径运动教学的实际需要和任务要求，本章对田径运动技术教学的主要内容，各项类技术的共性特点和教学基本要求进行了阐述，全面深入地论述了田径技术教学的基本方法，以及新的教学法在田径技术教学中的应用等。通过本章学习，应重点明确田径跑、跳、投各项类技术教学的共性特点和基本要求，掌握田径技术教学的基本方法，及其在教学中的正确运用。同时，了解近年来较为新兴的教学方法，以及在田径教学中的应用和发展。

第一节　田径技术的教学内容

田径运动技术是人们在田径运动实践中，正确合理地发挥自身的运动能力，合理有效地进行走、跑、跳、投的动作方法。走、跑、跳、投是人类活动的基本技能，它是各项体育运动项目的基础。在我国各级、各类学校体育的教学中，田径运动教学历来都是重要的教学内容之一。

田径运动技术教学是学生在体育教师有目的、有计划、有组织的指导下，比较系统且正确地掌握田径的基本知识、基本技能、基本技术，发展学生身体素质和培养学生良好思想品德的教育过程。

在我国体育院校术科专业中，田径技术教学占有相当大的比重，其意义不仅在于掌握各项田径运动技术技能，同时也是为其他体育项目的学习打下良好的素质与技能基础。就目前来看，我国高等体育院校术科学生田径课的教学内容基本分为田径理论知识和多项田径技术教学两大部分。多项田径技术教学比例要占到整个田径课程的70%以上。因此可见，田径技术教学是体育院校术科专业的主要的教学内容之一。

作为一名体育术科专业学生，一名未来的体育教师，必须较好地掌握田径运动的基本理论与知识，具备良好的田径多项技术技能，学会田径运动技术的教学方法与手段，熟悉各级、各类学校田径运动教学的特点。

一、田径运动的基本技术理论教学

在我国体育院校中，田径运动技术教学通常包括跑、跳、投多个不同项目。尽管各项目的技术结构、动作形式与方法等各有不同，表现出鲜明的个性特点，但是，从其力学原理和技术本质上来看，跑、跳、投各类项目又有着诸多的共性特点，遵循着同样的力学原理和规律。因此，正确认识与掌握田径运动的基本技术理论是学习掌握各项目技术技能的重要基础，应将其贯穿和运用于整个技术教学过程中。

(一)跑的基本技术理论教学

跑是人们生活中最基本的运动技能之一。田径运动跑的动作特点是单脚支撑与腾空相交替、蹬与摆紧密配合、动作协调连贯,是典型的周期性运动。在跑的基本技术理论教学中应重点突出以下方面:

(1) 田径运动跑的完整技术的组成,及其各阶段之间的关系;

(2) 跑的动作周期划分,以及每个周期各阶段的特征;

(3) 充分认识与深刻理解决定跑速的两大要素,即步长与步频的关系,及其影响因素;

(4) 从运动学的角度深刻理解影响途中跑的各种力的作用和关系;

(5) 认识理解起跑动作技术的力学特点;

(6) 从运动生理学角度认识理解不同距离跑的项目的供能特点等。

(二)跳跃运动的基本技术理论教学

田径跳跃运动包括两类:一类是为克服垂直障碍的高度项目,如跳高、撑竿跳高;另一类则为克服水平障碍的远度项目,如跳远、三级跳远。目前我国多数体育院校普遍开设的是跳高、跳远项目的技术教学。跳跃项目属于非周期性运动,是快速力量性项目。跳跃运动符合抛物运动原理。在跳跃运动基本技术理论教学中应重点抓住以下方面:

(1) 深刻认识决定抛物体抛射远度和高度的力学原理,充分理解水平速度与垂直速度的关系;

(2) 了解远度项目与高度项目的成绩构成;

(3) 充分认识不同跳跃项目完整技术组成的共性,及其各阶段之间的关系;

(4) 强调跳跃项目起跳技术的重要作用,理解不同项目起跳动作的特点和技术要求;

(5) 认识与理解跳跃项目空中技术的基本原理,及各项目的技术要求等。

(三)投掷运动的基本技术理论教学

田径运动投掷项目包括铅球、铁饼、标枪和链球。投掷运动是典型的快速力量性项目。由于器械形状的差异、场地规格的区别,以及器械出手要求的不同,使得各投掷项目技术外观不尽一致。然而,各投掷项目所追求的目的是相一致的,即力争把器械投得更远。因此,在进行田径投掷运动基本技术理论教学时,应重点注意对以下方面的学习与掌握:

(1) 深刻理解投掷项目所遵循的抛物体的抛射基本原理,明确决定投掷远度的主要因素,同时正确认识实际投掷运动与经典抛物运动原理的差异所在;

(2) 正确认识人体运动链动量传递的生物力学原理,明确正确的投掷用力动作顺序、动量依次传递与叠加、高速至末梢的投掷性鞭打用力形式;

(3) 了解投掷远度与成绩的构成;

(4) 充分认识不同投掷项目完整技术组成的共性,及其各阶段之间的关系;

(5) 认识与区分不同投掷项目技术动作的特点和技术要求,包括准备阶段、预加速阶段、最后用力阶段、结束阶段的形式与方法等；

(6) 了解不同投掷项目的器械特点，及空气动力学对其飞行的影响等。

二、田径运动技术技能教学

根据现代田径运动分类，田径运动所包含的项目很多。每一类或每一个项目都有其技术技能规律、特点和要求，都是田径技术教学的内容。然而由于教学学时、场地器材等各方面主、客观原因，田径技术教学只选择部分常见和普及的项目进行。虽然各体育院校术科专业所开设的田径技术教学项目大同小异，但都包括了田径跑、跳、投三类中的常见的运动项目。因此，以下就田径跑、跳、投类中最普及、最常见的运动项目的技术教学为重点进行介绍。

(一) 跑类项目技术技能教学

跑类项目是人体运用自身能力，以最快的速度跑完规定距离(其中或跨越规定障碍)的运动项目。目前我国多数院校跑类项目的教学主要包括短跑、中长跑和跨栏跑等。尽管不同距离跑的项目有不同的技术要求，但从其完整技术结构来看，都包括起跑、起跑后的加速跑、途中跑和终点跑四个阶段。其中，途中跑距离最长、速度最快，对整个跑的速度和成绩影响最大。因此，跑类项目应该有以下技术共性要求。

起跑阶段：

起跑的任务是迅速摆脱身体静止状态，为起跑后的加速跑创造有利条件。因此，积极正确的起跑姿势和听到枪声后迅速完成起跑动作是跑类项目的共性要求。

起跑后的加速跑阶段：

在此阶段，上体逐渐抬起，步频逐渐加快，步长逐渐增大，为顺利进入途中跑形成良好的速度与节奏创造条件。

途中跑阶段：

途中跑是跑的主要阶段，尽管不同项目对速度的要求有所不同，但是保持身体移动平稳，摆蹬动作连贯协调，全身动作自然放松，向前实效性强等都是共同的要求。

终点跑阶段：

各项目都要求最后阶段积极冲刺，加强摆臂与后蹬，减少速度下降，尽量保持高速，终点前瞬间以躯干前倾撞线通过终点。

在跑类项目技术教学中，要树立跑的动作技术具有实效性、经济性、自然性的指导思想和理念，突出技术协调放松和始终如一。要根据项目的特点和学生的实际情况，正确处理好步频与步长的关系，形成合理的步频步长比。在教学中要强调跑的直线性、平稳性，强调身体上下肢及左右侧动作的协调配合。在教学中还应充分认识不同跑的项目的特点，注重项目的特殊技术要求。

1. 短跑技术教学

短跑技术教学的主要任务是使学生学习掌握短跑的基本技术，形成正确合理的跑的姿势；

增强神经、运动系统及内脏器官功能，发展速度、灵敏等运动素质，提高快速奔跑能力，培养竞争意识和顽强拼搏的心理品质。

短跑技术教学主要有以下内容：

(1) 直道途中跑技术；

(2) 弯道途中跑技术；

(3) 蹲踞式起跑技术；

(4) 起跑后的加速跑技术；

(5) 终点跑技术；

(6) 接力跑技术；

(7) 常用短跑专门性辅助练习等。

在短跑技术教学中，应始终将增强学生体质、掌握短跑技术、发展速度素质、培养思想与心理品质等有机结合起来，突出途中跑这一重点技术的教学，加强其练习的锻炼价值。在此基础上进一步掌握起跑、起跑后的加速跑以及终点跑技术。在教学中要注重正确、合理、自然的跑姿的形成，注重适宜的步频步长比的建立，突出快速动作的重要性。在安排教学任务、内容、方法、负荷量和负荷强度时，要做到从实际出发，区别对待，循序渐进。在教学中要善于运用与变换多种练习手段，通过中速跑、放松跑、加速跑、计时跑、上坡跑、下坡跑等多种专门练习手段学习掌握与改进动作技术，增强与发展专项素质和能力。在短跑技术教学中，还应根据教学需要和学生的实际情况，采用各种游戏或比赛等方法进行练习，以不断激励学生的练习兴趣和积极性，培养学生的竞争意识和勇于拼搏的心理品质。

2. 中长跑技术教学

中长跑项目是以耐力和速度素质为核心的运动项目，跑的技术相对简单，主要教学内容有：

(1) 途中跑技术；

(2) 站立式起跑及起跑后加速跑技术；

(3) 终点跑技术；

(4) 呼吸方法与跑的节奏配合；

(5) 合理的体力分配；

(6) 中长跑技战术运用；

(7) 发展耐力素质的常用方法手段等。

在中长跑技术教学中，途中跑技术仍然是教学的重点，应将其贯穿于整个教学的始终。形成良好的跑的节奏与速度感是中长跑技术教学的难点与关键。通过教学，使学生掌握正确的途中跑技术，学会与跑的节奏相配合的合理的呼吸方法，正确合理地分配体力，注意速度感、节奏感，以及战术意识与能力的培养。

中长跑项目技术相对简单，在教学中主要以完整教学法为主，适当结合分解教学法进行学习掌握。教学开始时,应充分利用讲解、示范、优秀运动员技术影像等方法,使学生建立正确的技术和良好的速度节奏概念,明确中长跑项目的供能特点和对生理机能的要求。在教学初期,主要采用重复跑练习法,注意不断变换练习的内容与手段。在教学中后期,应适当采用游戏法和竞赛法进行教学,不断增强练习强度和竞赛意识,提高练习的积极性,逐步达到巩固改进技术,提高教学效果的目的。在进行起跑和起跑后加速跑技术教学时,要使学生区别与短跑项目的不同,注意身体姿势的稳定性、听信号快速起动、迅速抢占有利的跑进位置等要点。在全程跑技术教学与练习中,应使学生充分认识与了解"极点"生理现象产生与克服的相关知识与方法,强调调整跑速和呼吸,以及顽强的意志品质对于克服"极点"现象的积极作用。在中长跑教学中要充分考虑到学生的个体差异和身体的实际状态,科学合理、有针对性地安排教学内容、练习手段与运动负荷。

3. 跨栏跑技术教学

跨栏跑是跑、跨结合紧密,节奏性和连贯性很强的速度性项目。通常,跨栏跑教学分为直道栏技术教学和弯道栏技术教学两部分,一般多以直道栏技术为主要教学内容,在此基础上进行弯道栏技术教学。跨栏跑教学的主要内容包括:

(1) 跨栏步技术;

(2) 起跑至第一栏技术;

(3) 栏间跑技术;

(4) 终点跑技术;

(5) 跨栏跑常用专门性辅助练习等。

跨栏跑教学的重点是跨栏步技术,难点在于"跑—跨"与"跨—跑"的有机结合。

跨栏跑技术教学应从实际出发,充分考虑教学条件和学生的能力,贯彻从易到难、循序渐进的教学原则,把技术教学、发展身体素质和培养良好的心理品质结合起来。

跨栏跑技术复杂,对身体全面发展水平要求较高,在教学中通常采用分解与完整教学法相结合进行教学。在教学初期,讲解要简明精炼,分析技术不宜过细,示范动作力求准确,应注意使学生建立与形成正确的技术概念和良好的跑、跨节奏表象。

在进行重点技术——跨栏步技术教学时,应着重强调两腿动作与上体、两臂动作的配合,适宜的起跨距离,起跨腿提拉的时机、路线、幅度和速度,以及下栏瞬间的高重心支撑。教学时通常多采用分解练习和专门性练习来帮助学生掌握跨栏步技术。值得注意的是分解练习的内容和时间不宜过多、过长,以免影响技术的连贯性。

起跑过第一栏技术的教学,要重点强调积极加速,节奏感强,起跨点准确,攻栏有力。栏间跑技术教学通常安排在起跑过第一栏教学之后进行。就全程跨栏跑中运动员所表现出的速度曲线变化来看,前三栏是跨栏跑的主要加速阶段,对于跑速的迅速提高、正确的"跑—跨"与"跨—跑"技术衔接、良好的栏间跑节奏的迅速建立等都有着极其重要的作用。因此,在教学中应特别加强对前三栏技术节奏的学习掌握,将起跑过第一栏技术与栏间跑技术有机结合在一起，为学习掌握后续栏和栏间跑技术奠定坚实的基础。

第三栏后的途中跑阶段的教学，重点应围绕逐步提高学生的跨栏跑专项耐力，进一步巩固提高跨栏步与栏间跑的技术与节奏，努力保持跑速，克服后程阶段容易出现的动作技术变形。

在进行全程栏跑技术教学时，应注意区别对待，有针对性地改进与提高技术，注意个人的技术特点与风格。同时，应进一步提高学生的专项能力，提高练习负荷强度，在高强度下磨练巩固正确技术。

由于教学对象的年龄与性别特征不同，身体素质与技术水平有差异等，在跨栏跑教学中会经常采用降低练习难度的一些方法，如缩短栏间距离、降低栏架高度、跨过橡皮筋或低障碍物等方法，来帮助和引导学生学习体会跨栏步技术和跑、跨结合环节等动作。此外，在跨栏跑技术教学过程中，应始终坚持发展学生的专项柔韧性与灵活性，发展专项力量与专项速度，为更好地掌握提高跨栏跑技术奠定良好的专项身体素质基础。

（二）跳跃类项目技术技能教学

1. 跳跃类项目的技术结构

田径跳跃运动是人体运用自身能力或借助一定器材，通过一定的运动形式，使身体腾越到最大高度或最远距离的运动项目。尽管各项目技术的动作不同，但其本质都是使人体从水平位移转为抛射运动。其完整技术过程均包括助跑（人体水平位移）、起跳（水平位移转向抛射运动）、腾空（抛射运动）、落地（人体下落着地）四个技术阶段。

2. 跳跃类项目的主要技术教学内容

目前田径教学中普遍开设的跳跃类项目一般有跳高和跳远，跳高以背越式技术为主要教学内容，跳远以挺身式技术为主要教学内容，具体如下：

背越式跳高：

（1）起跳技术；

（2）助跑技术；

（3）助跑与起跳相结合技术；

（4）腾空过杆技术；

（5）着垫落地技术；

（6）跳高常用专门性辅助练习等。

挺身式跳远：

（1）起跳技术；

（2）助跑技术；

（3）助跑与起跳相结合技术；

（4）腾空技术；

（5）落地技术；

（6）跳远常用专门性辅助练习等。

3. 跳跃类项目技术教学的共性与要求

助跑是获得人体水平位移速度和动量的主要途径，是创造良好起跳条件的必要基础。因此，跳跃类项目的助跑技术一般应做到在较短的距离中迅速发挥出较大的水平速度，跑动自然、轻松、协调，富有弹性。最后几步助跑应明显加速，身体重心适当降低，为有力快速转入起跳创造条件，踏跳要准确。整个助跑过程要求积极加速，步点准确，节奏感强。

人体只有通过起跳才能获得腾空，人体重心的腾起速度与角度决定了腾空的高度和远度。因此，起跳技术是跳跃运动的重要技术和关键环节，是各跳跃项目技术教学的重点。起跳技术教学中的共同要求是放脚着地动作积极主动，脚跟着地后迅速滚动至全脚掌支撑；屈膝缓冲动作适宜，身体重心前移快；蹬伸动作快速有力，方向正确，摆腿、摆臂动作正确，时机适宜，积极有力，蹬摆动作配合协调，充分发挥和利用摆动在起跳中的重要作用。

在跳跃项目的整个教学过程中，要始终高度重视助跑与起跳相结合这一难点技术的教学，紧密结合各项目起跳技术的特点，通过各种技术辅助性练习和专项素质能力练习，逐步掌握与改进提高助跑与起跳相结合的技术。

尽管不同的跳跃项目在腾空阶段动作形式和动作方法上有很大差异，但就人体重心的抛物运动轨迹来看是不能改变的。腾空阶段的主要技术任务是要维持好身体平衡，充分利用身体各环节动作，提高过杆点（高度项目）或增加落地远度（远度项目）。因此，在腾空阶段技术教学中，应根据项目特点，做到空中动作姿势合理、各环节配合协调，有效控制和利用好身体的转动，动作时机准确，连贯性好，实效性强，为着地动作创造有利条件。在跳跃项目中，运动员的速度知觉和空间知觉等心理特征对腾空技术起着重要作用，所以在教学中应注重培养学生的空间定位感和专项协调能力。

落地技术是在正确完成腾空技术、即将落地前瞬间，通过合理的身体动作，缓冲与降低人体落地时受到的冲击，确保人体安全，尽可能避免运动损伤。在远度项目中，正确合理的落地技术对于增加跳跃远度还有着积极的意义和良好的帮助。

对跳跃类项目落地技术的一般要求是要安全合理，顺势自然，动作协调，远度项目落地时要注意充分利用肢体动作增加落地距离，同时避免身体后倒影响成绩。在落地技术教学时还要注意区别对待，在合理动作的要求下，允许学生有符合自己个性情况的落地技术特点。

综上，在跳跃项目技术教学中，应充分利用动作技能的良性迁移规律，牢牢把握住技术的共性与要求，明确项目特点，循序渐进地进行学习，掌握各项技术。在教学中应重点使学生掌握正确的技术动作，形成正确的动力定型，突出动作技术的快速性、爆发性、节奏感与稳定性。在教学中还应注意做到学习掌握技术与提高专项素质能力同步进行，并贯穿始终。根据跳跃技术的特征和用力特点，尤其是发展学生的速度、爆发力、弹跳力以及灵敏协调等核心素质，要注重练习手段与专项技术紧密结合，相互一致。通过反复练习，不断改进，才能取得良好的教学效果。

（三）投掷类项目技术技能教学

1. 投掷类项目的技术结构

田径投掷类项目是非周期性运动项目，它以力量为基础，速度为核心，通过合理的技术完成投掷器械动作。尽管各投掷项目的器械形状、运动形式、场地与规则有所不同，但就完整的技术结构来看，均包括准备、预加速、最后用力和结束四个紧密相连的技术阶段。

（1）准备阶段：是投掷技术的开始部分，包括握持器械和预备姿势。

（2）预加速阶段：是“人体—器械”系统在最后投掷动作前获得预先速度的主要阶段。是各投掷项目技术的重要组成部分。预加速的方式一般有助跑、滑步、旋转等。

（3）最后用力阶段：是人体通过身体用力动作抛掷器械的动作阶段。是投掷技术最主要的部分。

（4）结束阶段：器械出手后的维持身体平衡阶段。

2. 投掷类项目的主要技术教学内容

在田径教学中普遍开设的投掷类项目一般有推铅球和掷标枪，推铅球又多以背向滑步推掷技术为主要教学内容。

推铅球：

（1）铅球的握持方法和预备姿势；

（2）滑步技术；

（3）最后用力技术；

（4）铅球出手后的身体平衡动作；

（5）推铅球常用专门性辅助练习等。

掷标枪：

（1）标枪的握持方法和预备姿势；

（2）助跑技术；

（3）投掷步技术；

（4）最后用力技术；

（5）标枪出手后的身体平衡动作；

（6）掷标枪常用专门性辅助练习等。

3. 投掷类项目技术教学的共性与要求

（1）准备阶段

尽管各投掷项目的器械握持方法和准备姿势有所不同，但其准备阶段均要求投掷者保持身体平稳、自然和放松，稳固控制好器械。同时应集中注意力，在技术和心理上做好充分准备，为开始预加速阶段创造有利条件。另外，在握持方法上，要注意根据各人的能力和特点，尽量利用投掷臂的长度和手腕、手指的力量。

(2) 预加速阶段

预加速阶段是使"人体—器械"系统获得适宜的预先速度,形成超越器械,为提高最后用力效果创造有利条件。不同投掷项目预加速阶段的距离、动作形式和方法有所不同,但都应做到:

① 尽可能充分利用有效地投掷场地和空间。

② 根据学生能力或不同的技术学习阶段,选择与技术熟练程度、身体素质水平相适应预加速(滑步、旋转或助跑)速度和节奏。

③ 预加速阶段应保持身体平稳,逐渐加速,富于节奏,避免减速或停顿等。

④ 预加速结束瞬间,身体要形成右腿弯曲,躯干扭紧,形成下肢超越上体,上体超越器械的良好动作姿势,为加大最后用力幅度和速度创造条件。

(3) 最后用力阶段

最后用力阶段是各投掷项目技术最重要的部分,是教学的重中之重。技术上有以下共性要求:

① 助跑结束后瞬间,应保证两脚的正确着地位置和适宜的两脚间距离,以利于两腿和髋部的蹬转动作,以利于身体重心由右腿向左腿移动,为加大最后用力距离,充分发挥全身力量奠定基础。同时应注意不同项目脚的落地方法的差异。

② 重点强调正确的最后用力动作顺序。主要体现为先下肢、后躯干、再上肢的自下而上用力方法,身体重心由低到高、由后向前,大肌群先发力、小肌群结束动作的用力顺序。

③ 在掌握最后用力动作顺序的同时,还要特别注意在最后用力时对发力时机的把握,即在左脚着地前瞬间,及时主动开始右脚右腿的发力动作。

④ 左侧的稳固支撑和用力动作是最后用力技术不可忽视的环节,应做到左腿、左肩、左臂及时制动,器械出手时左腿快速蹬伸,提高用力效果和出手的速度与高度。

⑤ 出手动作主要应根据项目的特点,明确动作方法和投掷臂运动的方向,充分利用手腕、手指的力量加速器械离手的速度,保证器械绕质心或纵轴自转,以提高器械飞行的稳定性。

(4) 结束阶段

不同投掷项目、不同运动员在结束阶段会有各自不同的习惯和特点,在教学中并不强求一致。但是一般均要求做到顺势减速制动、交换两腿位置、降低身体重心、改变人体运动方向、维持身体平衡,避免犯规。

除以上各阶段技术有其共性要求外,在投掷技术教学方法上也表现出相似的规律,主要有以下方面供参考:

(1) 投掷项目技术教学均以分解教学法与完整教学法为主要教学方法,先分解后完整,分解与完整相结合。

(2) 投掷项目技术教学中多以逆技术动作顺序的教法程序,即器械出手→原地投掷→短助跑(上步/撤步/转体)投掷→全程助跑(滑步/旋转)投掷。

(3) 投掷项目技术教学一般采用徒手模仿练习向持轻器械和标准器械练习过渡的教法手段。

(4) 在投掷技术教学中均较多采用半完整技术练习方法来解决助跑加速与最后用力衔接间的速度转换这一共性问题。

(5) 在投掷技术教学初期或每堂课开始,多采用熟悉器械练习,以增强"器械感"或专门性热身活动。

(6) 在技术教学巩固提高阶段,多以改进完整技术节奏为核心,结合发展专项投掷能力,改进提高完整投掷技术。

(7) 在投掷项目教学中,多采用基本力量和快速投掷能力相结合的力量素质训练方法。

(8) 在投掷技术教学中应始终重视安全教育,结合教材教法和教学组织,做好安全防护措施。

综上所述,在田径投掷类项目技术教学中,必须深入研究不同项目的内在本质和共性规律,突出共性,区分差异,充分利用动作技能间的良性迁移规律,强调技术共性要求,同时明确区分各项目技术的个性特点和要求,才能使技术技能教学获得事半功倍的效果。

第二节　田径技术的教学方法

田径技术教学是教师和学生共同参与的教学活动,教学方法是连接教与学的纽带,是知识、技能、技术传授的桥梁。我们日常所说的教学方法应该包括教师教的方法和学生学的方法。教法和学法两者是相互联系、相互制约、不可分割的。因此,在田径技术教学中,我们既要提高教师教的方法,又要改进指导学生的学法。在教学中只有将这两方面有机、完美结合,才能达到良好的教学效果。要学习掌握好田径技术教学的方法,就必须充分了解田径各项类技术的特点,充分认识与深刻理解田径运动技术、技能的形成规律,才能针对教学对象的特点,教学阶段的实际情况,科学合理地选择与运用有效的教学方法。

一、田径运动技术动作技能的形成规律

田径运动技术技能的形成应依据和符合一般运动技能形成的基本规律。认识论把人们认识事物的过程划分为"初学、掌握、提高"三个阶段;生理学则依据人体的生理特点,将这一过程划分为"泛化、分化、自动化"三个阶段。人们正是在这些理论的指导下,分析、研究和解决在动作技能学习过程中的各种问题,提高了学习效果。

田径技术教学理论把运动技术的学习过程分为"粗略掌握、改善提高、熟练巩固"三个阶段。

(一) 粗略掌握阶段(初学阶段或泛化阶段)

在粗略掌握阶段,由于人的大脑皮层兴奋过程扩散,处于泛化状态,对于技术动作的各个

环节认识不清晰，条件反射的建立还不稳定，控制动作的能力较差；因此，这一阶段仅需粗略地掌握一般技术动作，注重对基本技能、基本技术结构的学习掌握，便可达到教学目的。在这一阶段，教师不应对学生要求过于严格或责备学生，学习过程不应急于求成。在此阶段，教师应采取多鼓励、多表扬的方式，鼓励学生主动学习和练习，培养学生的学习兴趣和增强学生学习新技术的信心。

（二）改进提高阶段（掌握提高阶段）

在改进提高阶段，学生对技术动作有了进一步的认识和理解，能够逐渐掌握正确的技术动作，在教学中可以通过大量的练习使技术动作比前一阶段完成得更加完善，更加协调连贯。但是，由于此时人体大脑皮层处于分化阶段，技术动作会出现不稳定的现象。教师在这一阶段要注意及时纠正学生技术中的主要错误，强化学生对正确技术的反复练习，让学生充分认识到，要想良好地掌握一项技术动作，必须要加强练习，加强运动系统的本体感觉，才能取得理想的效果。

（三）熟练巩固阶段（提高阶段或自动化阶段）

在熟练巩固阶段，学生经过了第一和第二阶段的学习，大脑皮层已建立起对技术动作较稳定的条件反射。在此基础上，通过加强完整的技术练习，可以使各种条件下的练习达到自动化程度。学生在这一阶段的技术动作逐步轻松自如，练习中有一定的自我表现力，有追求技术和运动成绩的欲望。教师要充分利用这一阶段的特点，加强对完整技术的反复练习，使学生能更好地掌握和巩固技术。

将学习动作技术的过程划分为三个阶段，是人们学习和掌握田径各项技术的普遍规律。但是在实践过程中，人们完成这三个阶段的时间却不可能一致，因为在不同学生之间存在着个体差异，有的学生协调性好，模仿能力强，运动技能形成较快；而有的学生接受能力差，身体素质较差，学习技术动作就感到困难。由于动作技术的完成是一个由量变到质变的过程，加之学生个体能力的差异，所以学生需要的练习量也不可能完全相同。因此，教师要根据学生的实际情况，在教学中做好区别对待，给进步较慢的学生布置课后练习任务，增加练习数量，以便于这些学生能够跟上教学进度，在规定的课时中完成学习任务。

二、田径技术的基本教学方法

多年来，田径技术教学采用的主要方法包括语言法、演示法、完整教学法、分解教学法、游戏法、竞赛法、预防和纠正错误动作法等，目前，在大多数田径技术教学中仍广泛采用这些传统的教学方法。毫无疑问，这些基本的教学方法对于有效完成技术技能教学任务，不断推进田径技术教学发展发挥着重要作用。当然，随着体育教学的发展，教学方法也在不断地改进和优化。多年来，在广大田径教育教学工作者的不断探索和积极尝试下，根据现代教学论的基本理论，人们也相继提出了许多新的教学模式与方法，如：程序教学法、启发式教学法、模块式教学法等，这必将进一步积极推动田径技术教学的不断改进与发展。以下重点介绍在田径技术教学中比较常用的基本教学方法。

（一）语言讲解法

语言讲解法是指教师通过生动形象的语言，来表述田径运动的技术动作，指导学生掌握教学内容，教学任务，帮助学生进行练习并达到教学要求的方法。在田径教学中，讲解法是最主要且最重要的一种语言教学方法。讲解法一般与演示法相结合，可以帮助学生建立正确的田径技术概念并使学生充分理解和掌握动作技术要领，随时提示预防和减少错误动作的发生并使学生从中得到启发和教育，从而达到良好的教学效果。在田径技术教学中，合理地运用讲解法应该注意以下几点：

（1）讲解的目的要明确。讲解要具有针对性，教师讲解的内容一般包括教学的任务和要求，内容和重、难点，根据学生的具体情况，有目的地适时进行讲解，帮助学生建立明确的动作技术概念。

（2）讲解的内容要正确。讲解的内容正确是指教师所讲的内容是科学的，准确的。教师在上课前应认真备课和钻研教材，掌握所教的田径技术理论知识并准确无误的教授给学生。讲解的内容要符合学生的实际情况。

（3）讲解要简单易懂。讲解要精而少，尽量用简明扼要的语言讲解教学内容的重点和难点，抓住技术的关键部分。使学生达到精讲多练的效果。讲解与动作示范和练习相结合一般能起到较好的教学效果。

（4）讲解要生动形象，口诀化。讲解时要注意语音语调，语言生动形象。例如，讲解掷标枪助跑时语调要相对轻松缓慢，讲解到引枪和交叉步技术时语调要相对加快，讲解到标枪出手时语调应适当升高，讲解适时、适当可帮助学生集中注意力，也有利于体会到动作的节奏。同时，在讲解时应把动作技术口决化。例如，背向滑步推铅球的滑步动作要领，可以讲解成团、移、摆、蹬、收、落，把动作技术口诀化便于学生记忆。

（5）讲解要有启发性。教师在讲解时语言要带有启发性，善于引导学生。采用讲解与提问和发问等手段相结合的方法，使学生在听讲时可以诱导他们积极思考，发动脑筋，活跃思维。

（6）讲解要循序渐进，由浅入深。在田径技术教学中，应根据教学的内容和任务，进行由浅入深、由表及里的讲解。讲解技术时，一般可采用先讲解技术的概念再讲解技术动作的要领，先讲解技术环节再讲解动作细节的顺序。例如，在进行投掷项目技术教学时可按以下顺序进行讲解：项目的特点→完整的技术结构→各技术环节用力技术→动作的幅度、速度和连贯技术→技术的节奏等。

（二）演示法

演示法是教师将所要教的技术动作运用较为直观的教具或者做动作示范出来，让学生对将要学习的技术动作有一个较为感性的认识。在田径运动技术教学中可采用以下几种演示教学方法：

1. 示范法

示范法是指教师在教学过程中将所教技术的正确动作通过具体的动作范例使学生建立动作的正确技术概念，了解动作的形象、结构、要领和方法，以指导学生学习技术动作和进行技术练习。在田径运动技术教学中，运用示范法时应注意以下几点：

(1) 示范的目的要明确。示范的目的是让学生能够直观的看清动作技术，建立正确的技术概念，形成正确的动作表象。教师示范动作应该根据田径运动技术的教学内容、任务和要求，有目的地进行示范。对于新授课的教学，为了使学生建立较为完整的动作表象，可采用先做1～2次动作的完整示范。在改进技术阶段，可采用结合教学重难点进行讲解再重点示范的方法。

(2) 示范动作要正确。教师在做示范时要按照动作的规范进行示范，力求做到动作正确、优美、轻松、熟练。使学生建立正确的动作表象，有助于激发学生的学习兴趣和学习欲望，提高学生学习的积极主动性，提高学生学习动作的效果。

(3) 选择正确的示范位置、方向和时机，在田径技术教学中，要根据教学的需要，适当选择最佳的示范位置和时机。示范的位置要让全体同学清楚地看到。常用的示范包括正面示范、背面示范、侧面示范和正误对比示范等。为了能使每个学生都能清楚地观察到示范动作，示范时必须注意学生观察的位置和方向。以下是几个比较典型的示范案例：

途中跑示范：让学生从侧面观察途中跑时两腿的后蹬和前摆以及蹬摆技术的结合。

跨栏跑示范：让学生从侧面观察起跨、过栏的全身配合及栏间跑的身体重心高度的变化等；正面观察跨栏步及栏间跑的直线性。

背越式跳高示范：从侧面观察起跳脚放脚的位置，着地和摆臂，摆腿以及过杆时的挺髋技术。

跳远示范：让学生从侧面观察摆动腿、两臂的摆臂方向和上体的姿势等。

铅球示范：学生应从侧面观察技术的整体动作，从后面观察动作的直线性。

(4) 进行正误对比示范，强化正确动作和抑制错误动作。学生学习技术动作时处于泛化阶段或处于由泛化向分化转变阶段，教师应不断重复正确的示范，强化学生对动作的认识。学生通过练习后，分析和辨别动作技术的能力会有所提高，这时，教师除了进行正确的动作示范以外，还可以模仿学生的错误动作“示范”或者进行正误对比示范，强化学生对正确动作的理解和认识，使学生进一步了解何为正确动作，何为错误动作，从而达到强化正确动作，抑制错误动作的学习效果。

2. 多媒体演示法和现代教育技术手段的运用

多媒体演示法是指运用图片、教具、模型、影视及计算机等多媒体进行演示教学的一种教学方法。它能生动形象和准确地帮助学生建立技术动作的概念，特别是运用电影、录像或计算机等多媒体技术的各种手段，可以让学生对田径运动技术的动作了解得更加直观，更有说服力。运用直观的教具进行教学，可以充分调动学生学习的积极性，激发学生学习田径运动技术的兴趣，可有效地提高教学效果。

现代教育技术是指运用计算机技术手段，使学生通过网络、远程教育等技术手段获取学习的信息，让学生从被动学习变为主动学习，可以培养学生独立学习的能力。但在运用多媒体演示法和现代教育技术手段教学时要注意以下几点：

（1）图片资料的演示应与电视、电影等影视资料相结合，使学生对技术动作建立正确连贯的动态概念，从而避免在实践练习动作时产生动作技术脱节的现象。

（2）在运用电影、录像等影视手段教学时要有明确的目的性，通过慢速度播放或者正常速度与慢速度相结合的播放，使学生能够清晰地观看到所学技术的正确技术动作画面。特别是关键的技术动作，在播放影视画面时，教师应适时给予指导，避免出现学生看“热闹”的现象。

（3）在运用多媒体计算机教学时，应特别关注对学生动手能力和创造力的培养。通过对技术动作和原理的演示，鼓励学生亲自进行实践练习，让学生去探索正确的技术动作，培养学生的自学、自练能力。

（4）在进行多媒体教学时，要教会学生收集和处理信息的能力和方法，培养学生获取新知识的能力以及分析和解决问题的能力，培养学生不断探索科学奥秘的意识和创新精神。

（三）完整教学法

在田径运动技术教学中，以完整技术动作练习为主的教学法称为完整教学法。完整技术教学法的优点在于它有助于保持技术动作的完整性、连贯性和节奏性，避免破坏动作的完整技术结构和割裂动作之间的相互联系，利于学生完整地掌握全部技术动作。其缺点在于不易于学生尽快地体验或掌握动作技术的关键和重、难点。在田径运动技术教学中，使用完整技术教学时应注意以下几点：

（1）在田径运动技术教学中采用完整教学法时，要认识到学习是一个循序渐进的过程，学习技术动作亦是如此。因此学生在一开始学习技术动作时不要求学生做的非常准确，也不易对学生提出过高的要求，以免造成顾此失彼的现象。

（2）运用完整教学法时，并不意味着在教学的开始阶段就要求学生掌握完整的技术动作，即使在完整的练习过程中也应有不同的教学重点。田径技术教学中的完整教学法和分解教学法实际上是相对而言的，没有绝对的完整教学法。完整技术教学也要根据动作技术的重难点进行分解练习，例如，在跑的项目中，不可能在教学的开始阶段就将起跑、起跑后加速跑、途中跑和终点跑等阶段进行完整的练习。

（3）在田径技术教学中，对于一些技术动作结构较为简单，动作易完成的项目，一般都采用完整教学法。如竞走、加速跑等技术动作通常采用完整教学法进行教学。

（4）在田径技术教学中，对于一些动作较为复杂的项目，如跨栏跑技术动作和跳高、跳远技术动作等，也可以采用完整教学法进行教学。在运用完整技术教学法对这些技术进行教学时，一般可以先适当降低动作的难度或将动作做一些简化。学生掌握了正确的动作概念、结构和节奏以后，再循序渐进地提高动作的难度直到学生掌握动作的完整技术。例如，在跨栏跑教学中可适当降低栏架的高度，缩短栏间的距离；跳高教学中适当降低横杆的高度；跳远教学中利用踏板进行练习等。

（四）分解教学法

在田径技术教学中，把完整技术动作合理地分成若干部分，分段进行教学，称为分解教学法。该方法一般适用于动作技术难度较大且动作结构较为复杂的项目。在教学中可根据动作技术的复杂程度，将技术分解成若干个环节，将复杂的动作简单化，这种方法易于学生学习和掌握完整技术。其优点在于可集中充分的时间去掌握技术动作的重点和难点。其缺点是容易破坏动作技术结构和动作之间的内在联系，从而影响学生掌握完整的技术动作。在田径技术教学中，采用分解练习法时应该注意以下几点：

（1）技术各部分划分要正确，不能随意划分动作的各部分。划分动作部分时，不仅要考虑教学因素，也要考虑到每个动作的前因后果及其衔接关系，确保动作的各个部分符合基本技术的要求、技术的节奏特点和完整性。如三级跳远可以分解为单足跳、跨步跳和跳远等几个部分进行分解教学。

（2）分解教学的时间不宜过长，在教学过程中应该根据学生对动作的掌握情况，适时地进行技术的完整教学。尽量避免教学中各技术环节之间的脱节和技术动作不连贯。

（3）分解教学法和完整教学法相结合。在田径技术教学中应将这两种教学方法有机地结合起来，不能把这两种方法孤立地使用。只有将这两种方法完美的结合才能使学生准确地掌握技术动作。

（五）游戏法和竞赛法

由于田径技术教学内容比较枯燥乏味，所以运用游戏法和竞赛法比较符合学生的心理特点，在教学中容易调动学生学习的积极性。游戏法是指在田径技术教学中利用游戏的形式进行教学的方法。比赛法是指在比赛的条件下组织田径技术教学的方法。其特点是教学具有竞争性和娱乐性，学生可以通过游戏发展个人和集体的创造力，提高学生掌握各种知识、技术和技能的能力，培养学生的组织纪律性和集体主义感。在运用游戏法和竞赛法时应注意以下几点：

（1）注意将所学习的技术动作与游戏法和竞赛法相结合，在练习的过程中，及时对技术进行有效的指导。

（2）教师可根据教学内容、学校的场地和学生的自身特点等选择适当的游戏和比赛方法，教学中要明确游戏和比赛的规则和要求，合理地安排运动负荷，尽量让全体学生参与运动。

（3）运用游戏法和竞赛法，应鼓励和激发学生的学习积极性和创造力，适时对学生进行思想教育，培养学生的应变能力和竞争意识。

（六）预防和纠正错误动作的方法

预防和纠正错误动作的方法是指在田径技术教学中，教师针对学生在学习技术动作的过程中容易产生的错误动作或者已经产生的错误动作，采取有效的措施进行预防和及时纠正的一种教学方法。如果在教学过程中不及时纠正学生的错误动作，学生容易形成错误的动作定型，有时还会导致伤害事故的发生。运用预防和纠正错误动作方法时应注意以下几点：

1．产生错误动作的原因

（1）学生学习动作技术的目的不明确，学习态度不端正，由于田径技术教学较为枯燥乏味，学生往往思想注意力很难集中，在学习中怕吃苦，怕受伤，对学习技术动作存在恐惧心理。

（2）学生对正确技术动作的概念不清晰，动作要领和方法不明确，容易受到旧技术技能的干扰和影响。

（3）教学手段和方法的选择与学生的身体素质和基础存在差异。

（4）教学课的组织，教法和教学手段运用不当，脱离了学生的实际情况或者对教学环境和条件（如场地，器材的使用等）考虑不周全。

2．预防产生错误动作的措施

在田径技术教学中，为了预防错误动作的产生，教师应该根据学生产生错误动作的原因，积极采取有效的措施。

（1）针对学生学习目的不明确，学习态度不端正，对学习的技术动作不感兴趣和心里恐惧等原因，教师应加强对学生学习目的性的教育和体育理论知识的教育。提高学生学习田径技术的自觉性。在教学原则方面应该遵循循序渐进原则，由简到繁，由易到难，消除学生学习的思想顾虑和心理障碍，增强学生学会动作的信心。利用适当的教学手段和方法，激发学生学习的主动性和积极性。

（2）针对学生对正确技术动作概念不清晰，动作要领和方法不明确等原因产生的错误动作，教师应该注意讲解和示范的时机和技巧，抓住技术动作的重、难点和关键环节，使学生建立正确的技术动作概念。

（3）针对由学生身体素质和基础较差等原因产生的错误动作，教师应在教学中加强对学生身体素质的锻炼。学生身体素质水平的提高有利于学生学习和掌握正确的动作技术要领。

（4）针对因课的组织、教法和手段运用不当等原因产生的错误动作，教师应认真备课，仔细钻研教材教法，加强课的组织工作并科学合理地安排教学内容、场地和器材等，为学生创造良好的教学环境，确保学生顺利的学习技术动作。

3．纠正错误动作的方法

学生在学习动作技术的过程中出现错误动作之后，教师应该分析并找出学生产生错误动作的原因，及时采取有效的措施进行纠正。常用纠正错误动作的方法有以下几种：

（1）指示法。教师在学生易于产生错误动作的环节，及时向学生发出语言提示或信号提醒，从而直观地引起学生广泛的注意，帮助学生纠正错误动作。

（2）帮助法。教师在学生产生错误动作之前或出现错误动作时，对学生给予直接帮助。增强学生对正确动作的肌肉感觉，从而帮助学生纠正错误动作。

（3）降低练习条件法。学生在练习时，暂时降低其练习条件和要求，当学生身体素质得到提高或学生掌握动作技术后，再逐渐提高练习的条件和要求。从而帮助学生掌握正确的动作技术，纠正错误动作。

(4) 条件限制法。根据学生易产生的错误动作，在学生练习时附加一项条件或要求，从而限制及预防错误动作的产生。

(5) 诱导法。学生在进行技术练习时，针对学生出现的错误动作，可采用一些诱导性练习、模仿性练习和专门性练习，从而使学生体会正确动作的肌肉感觉，提高相应肌肉群的协调配合能力，达到纠正错误动作的目的。

以上介绍的都是田径技术教学的基本方法，在传统的教学中运用较为广泛，田径技术教学的方法有很多，它们在实际运用中应相互联系，综合运用不同的教学方法才能达到较好的效果。教师在教学时应根据实际情况，避免单纯地运用某一技术带来的枯燥乏味。为了避免学生对学习田径运动技术失去兴趣，教师应创造性地运用不同的教学方法，重视对学生学习兴趣的培养，充分调动学生学习的主动性和积极性，较好地完成教学任务。

三、新教学法简介

随着社会的发展，教学改革的深入，教育学、心理学、生理学、行为学以及系统论、控制论、信息论等多学科的科研成果在体育教学中得到不断的探索和运用，理论与方法在体育技术教学中不断地渗透与创新，出现了一些新的教育理念和教学方法，为田径技术教学方法的探索开辟了新的途径。近年来，一些体育教师在教学中采用了既能够发挥学生学习主体作用，又有利于学生身心全面协调发展的教学方法。针对当前提出的素质教育所要培养的创新精神和实践能力，在田径技术教学中也采用了新的教学方法，并取得了一定的成效。

(一) 程序教学法

程序教学法是将技术教学过程按照设计好的步聚，逐步进行教学的一种教学方法。在运用程序教学法时，要根据教材的内容、教学任务、目标、要求等科学合理地进行教学程序设计，然后按照程序分步进行教学。如果在教学中遇到某一步程序任务没有完成，便通过教学反馈退到前一步程序中重新执行或采用其他方法补救，否则将不能进入下一个教学程序。这种教学有利于学生了解和掌握整个技术的教学步骤，同时可提高学生的自我控制能力。

这种教学模式运用了控制论的的理论与方法，它可以控制技术教学的整个过程，把所学的技术动作分成若干个环节，将各环节逐步呈现给学生，便于学生掌握较为复杂的技术。在教学中，教师要求对学生的每一步教学效果都做出反应，教师根据学生练习动作的表现以及通过提问了解学生对技术知识理解的情况，并及时给予确认。确认为正确的将直接进入下一环节的学习，错误的则要返回上一环节重新学习。程序教学方法在体育教学中的优缺点主要表现为：

优点：

(1) 能根据不同学生学习能力的差异采用不同的教学进度，有针对性地安排教学内容。

(2) 能够把理论知识、回答问题和练习技术三者有机地结合，有利于提高和培养学生的能力。

(3) 对于身体素质较差,学习技术能力较差的学生,有时间反复练习基本技术,以便在后期赶上其他同学。

缺点:

(1) 不易发挥学生的创造性,教学步骤较为死板。

(2) 教学时,学生的各层次拉开较为明显,不利于教学的组织同时会影响教学的进度。

在田径各项技术教学中,程序教学法得到了较广泛的应用,例如在跨栏跑、跳高、跳远、投掷项目教学中都有所尝试和探索。然而,针对程序教学法的优劣,人们也在不断探索将程序教学法灵活运用,使其更加完善的途径。

(二) 发现教学法

发现教学法是指在教学过程中,教师不断为学生提供有关学习技术的线索,发现学生学习技术动作可能会遇见的问题,让学生根据教师提供的线索独立发现问题,让学生带着问题去练习的一种教学方法。这样,学生便可在练习的过程中自己寻找答案,师生也可共同发现问题,在实践的过程中共同解决问题。发现教学法在体育教学中的优缺点主要表现为:

优点:

(1) 使学生主动参与教学,带着问题学习和练习。能够提高学生的学习能力,开发学生的思维。

(2) 有利于提高学生的创造力和对正确事物的理解能力。

缺点:

不利于组织教学,难以控制教学的进程,学生不易系统地获取知识等。

(三) 学导式教学法

"学生学,教师导"的思想称之为"学导思想",体现"学导思想"的各类教学方法称为学导式教学法。学导式教学是在启发式基础上发展创新的教学方式。学导式方法是指在教师的指导下,学生进行自学、自练的一种方法,其特点是能够充分让学生做学习的主人,成为教学活动的主体,要求教师学在导前,学会因材施导、因势利导,变教师的"教"为"导",由主讲转向指导和指点。在体育教学中,一般通过"预练→ 导讲→ 导练→ 自练→ 评价"模式进行学导式教学。学导式教法可以充分调动学生的学习积极性,激发学生的学习兴趣,创造良好的学习氛围,有利于素质教育及学生的超越与创新。尤其对体育专业术科的学生,更加有助于其教学训练实践能力的培养。在田径技术教学中,以学导式为基础的教学法也多有尝试和运用,并取得了一定的效果。

(四)"心理定向"教学法

心理定向是指动作开始前和在完成动作的过程中心理准备状态和注意的指向。近年来,以心理定向理论为基础的教学方法在田径教学训练中也多有研究和尝试,尤其是在跳跃技术教学中得到广泛运用,如"背越式跳高的结构——定向教学研究"、"心理定向——动作速度合成教学法”等。这些研究提出了以心理定向为先导，以速度为核心学习和完善运动技术，把神经中枢支配与动作技能的学习在教学活动中同步进行，大大加快了学生对运动技术技能的学习掌握，也为拓展田径技术教学新理论、新方法给予了新的启示，开辟了新的途径。

思考题：

1. 针对体育专业术科学生，田径技术教学有哪些主要内容？
2. 简述运动技能的形成规律和学习掌握田径技术的几个阶段。
3. 田径运动技术教学经常采用哪些基本教学方法？
4. 举例说明完整法与分解法在田径技术教学中的运用。
5. 在田径技术教学中应如何有效运用预防和纠正错误动作的方法？

第四章 短跑技术的教学程序

本章提要:本章结合跑的技术原理,对短跑技术结构、技术要领进行了分析。通过长期的教学训练实践和研究,对短跑技术教学的程序与方法、重点与难点、常见的错误动作,以及教学中应注意的问题进行了总结与提炼。通过本章学习,旨在加深学生对现代短跑技术特点的认识,建立正确的短跑技术概念。通过正确的技术教学程序与步骤,合理有效的练习方法,学习掌握正确的短跑技术,为专项教师进一步研究短跑技术、不断探索教学规律、改进教学方法、提高短跑技术教学质量提供参考与帮助。

第一节 短跑技术及教学的重点与难点

短跑是典型的体能主导类速度性项目,运动员的无氧供能能力起着决定性作用。但是良好的短跑技术技能是不可忽视的,对于初学者尤其如此。因此必须重视正确的短跑技术教学,注重基本技术、重点和难点技术,发挥技术特长,为成绩的提高打下良好的基础。

一、短跑技术

短跑是短距离跑的简称,是田径运动径赛项目中距离最短、速度最快、人体运动器官和内脏器官在大量缺氧情况下完成的极限强度的周期性运动项目。短跑运动项目历史悠久,古称"场地跑",起源于欧洲,是人类历史上开展最早的田径运动项目。据史料记载,在公元前776年举行的第一届古代奥运会上,短跑是唯一进行的竞技项目。1850年牛津大学运动会上出现了近代最早的正式短跑比赛,当时所设项目有100码、330码、440码跑。19世纪末期,短跑比赛距离由码制改为米制,从最初的职业选手表演项目,逐步扩展到业余运动员的比赛。在1896年第1届现代奥运会上,男子100米、400米被列为正式比赛项目,并在1900年第2届奥运会增设了男子200米项目。女子短跑比赛发展较晚,在1928年第9届奥运会、1948年第14届奥运会和1964年第18届奥运会上,女子100米、200米、400米分别于被列为正式比赛项目。目前,奥运会正式短跑比赛项目包括男女100米、200米、400米及4×100米、4×400米接力10个项目。另外,也有一些非奥运项目的短跑比赛,如60米、150米、300米等。

纵观奥运百余年历史,伴随着人们认识水平的提高、训练理论与实践的丰富、场地器材的革新与先进科技的应用,短跑项目不断发展,短跑技术不断改进与完善,短跑成绩不断提高。从最初在比赛中运动员可以采取任意姿势起跑到1887年开始采用蹲踞式起跑技术;从1927年起跑器的首次出现到1936年第11届奥运会首次规定选手必须采用蹲踞式起跑,并使用起跑器；从渣土跑道到塑胶跑道；从手工秒表计时到电子自动计时等，无不推动着短跑技术的革新。途中跑技术经历了从所谓的“踏步式”到“迈步式”跑法，进而形成现代的“摆动式”跑法，“摆动式”跑法更加强调跑的伸髋、屈髋幅度和速度。这些理念的转变、技术的改进，充分体现了短跑技术的发展历程。

（一）短跑的技术原理与技术结构

短跑不同于生活中的普通跑，其技术表现为步频快、步幅大、上下肢及身体动作配合协调，节奏感明显。时间短、强度大决定了短跑项目以无氧供能为主的生理特点。短跑完整技术分为起跑、起跑后的加速跑、途中跑和终点跑四个技术阶段。其中途中跑时间最长，是主要的动作技术阶段。和其他距离跑项目一样，短跑是周期性动作运动，在途中跑的一个周期中有两次单脚支撑和两次腾空状态，就以腿的动作而言，一个周期中经历了支撑和腾空两个时期，这两个时期又可分为折叠前摆、下压准备着地、着地缓冲和后蹬四个动作阶段。当两腿同时处于摆动时期时，人体处于腾空状态。跑动时，单脚支撑与腾空相交替、蹬与摆相配合、动作协调连贯，复而周始。图 4－1 为跑的周期划分示意图。

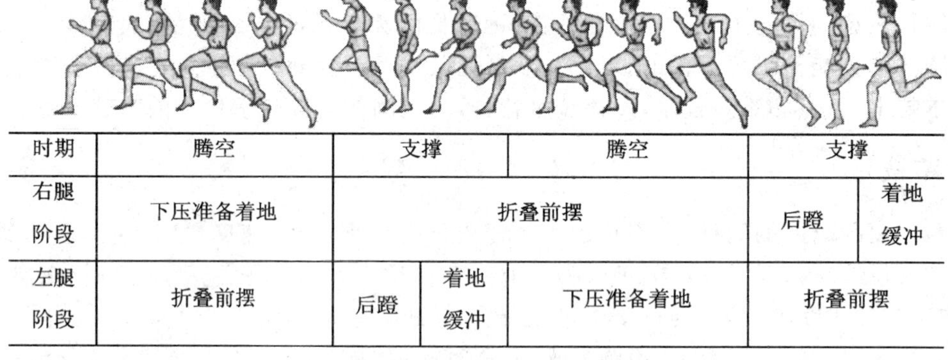

<table>
<tr><td>时期</td><td>腾空</td><td colspan="2">支撑</td><td>腾空</td><td colspan="2">支撑</td></tr>
<tr><td>右腿阶段</td><td>下压准备着地</td><td colspan="3">折叠前摆</td><td>后蹬</td><td>着地缓冲</td></tr>
<tr><td>左腿阶段</td><td>折叠前摆</td><td>后蹬</td><td>着地缓冲</td><td>下压准备着地</td><td colspan="2">折叠前摆</td></tr>
</table>

图 4－1　跑的周期划分示意图

众所周知，跑的速度是由步长与步频两大因素决定的。步长是指左右两只脚着地点之间的距离，步频是指在单位时间内所跑的步数。保持步长不变而提高步频，或者保持步频不变而加大步长，都能提高跑的速度。但实践中步长与步频又往往相互制约、相互矛盾，过分加大步长有可能降低步频，而过分加快步频则有可能减小步长。因此，应根据个人的素质能力、身体形态以及专项训练水平，配置合理的步长步频比例组合，才能达到提高跑速的技术效果。从生理学角度来看，影响步长与步频的因素是多方面的，其中下肢肌群力量的大小、下肢长度、关节结构、关节柔韧性与灵活性，以及中枢神经系统对骨骼肌的协调能力等，都影响着步长的大小。而步频因素主要受人体神经过程的灵活性、肌肉中快肌纤维所占比例等方面影响。从运动学角度来讲，影响跑的外力主要包括支撑反作用力、重力、摩擦力、空气阻力等，正确运用这些力学因素，对于提高跑的技术和效率是积极有益的。

1．途中跑技术

途中跑是短跑的主要技术阶段，它是在起跑加速的基础上进行的。人体快速不断地向前跑进是后蹬支撑反作用力产生的补充速度与瞬间已有的水平速度共同作用的结果。在跑的支撑时期，支撑反作用力等于体重反力和蹬地反力的合力。体重反力的大小等于体重，方向竖直向上。人体蹬地力量的大小与方向不断在变。故此导致支撑反作用力的大小与方向也随之在变。脚着地瞬间，身体重心位于支撑点后上方，蹬地反作用力即指向后上方，那么，支撑反作用力也指向后上方，导致人体产生制动，使前支撑缓冲阶段跑速降低。当然，通过合理的缓冲动作和着地点靠近身体重心投影等技术的改进，可以减小制动效应。在后蹬阶段，身体重心位于支撑点前上方，支撑反作用力随即指向前上方，以此来推动人体向前跑进，身体进入腾空时期。支撑反作用力可分解为垂直分力和水平分力，不断变化着的两个分力决定着人体移动速度的快慢。如图 4－2 所示。

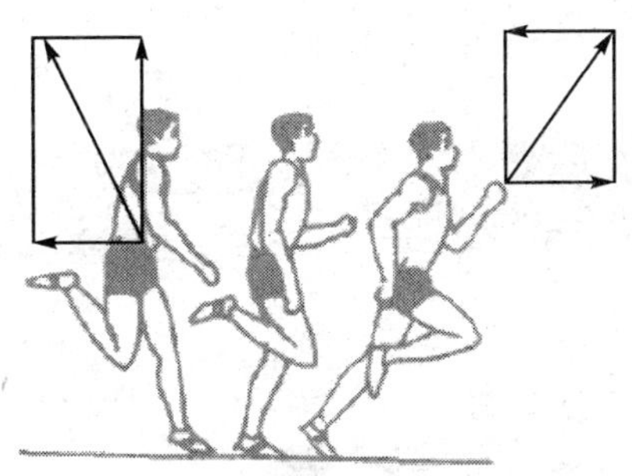

图 4－2　途中跑支撑反作用力矢量图

2．起跑与起跑后的加速跑技术

起跑与起跑后的加速跑主要是使身体尽快地从静止状态转入快速跑进状态。因此，起跑时应充分利用身体重心位置的前移，增加向前的水平分力。起跑时膝关节的角度(如图 4－3 所示)对起跑效果产生重要作用。在一定范围内，加大膝角有利于腿的快速蹬伸，减小膝角可增加对支撑面的压力，获得更大的支撑反作用力。在起跑与加速阶段，人体运动的主要动力来自于后蹬动作产生的支撑反作用力。此阶段跑动支撑时间相对较长，约是最高跑速时的 1.5～1.8 倍。通过加大蹬摆动作与力量，使身体获得较大的水平加速度。

总之，现代短跑技术的主要特征是跑的动作规范，技术结构合理，注重摆动技术，步长、步频优化组合同步提高，缩短跑的支撑时间和腾空时间，身体重心平稳、起伏小、直线性好，整体协调配合，全程节奏更加合理，以及注重在高速跑中的放松技术。

(二) 短跑技术的要领

1．起　跑

起跑的任务是获得向前的冲力，使身体摆脱静止状态，为起跑后的加速跑创造有利条件。规则规定，在短跑比赛中运动员必须采用蹲踞式起跑，必须使用起跑器，按发令员的口令完成

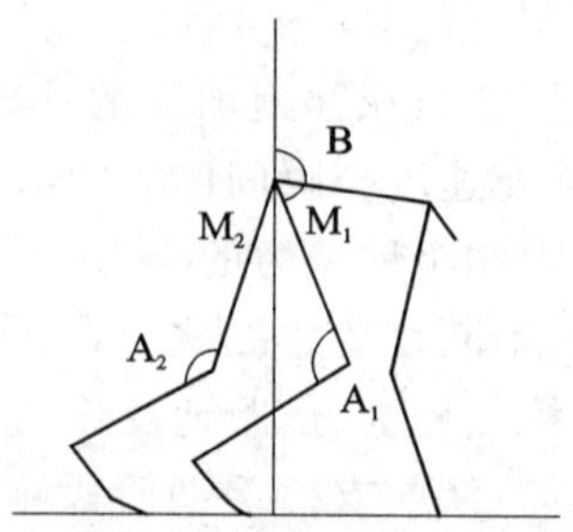

图 4-3　起跑动主要关节角度图

起跑动作。安装起跑器的目的是使脚有牢固的支撑，有利于身体迅速摆脱静止状态，为起跑后加速跑创造条件。现代短跑起跑主要采用“普通式”和“拉长式”方式。起跑器安装方法见图 4-4。

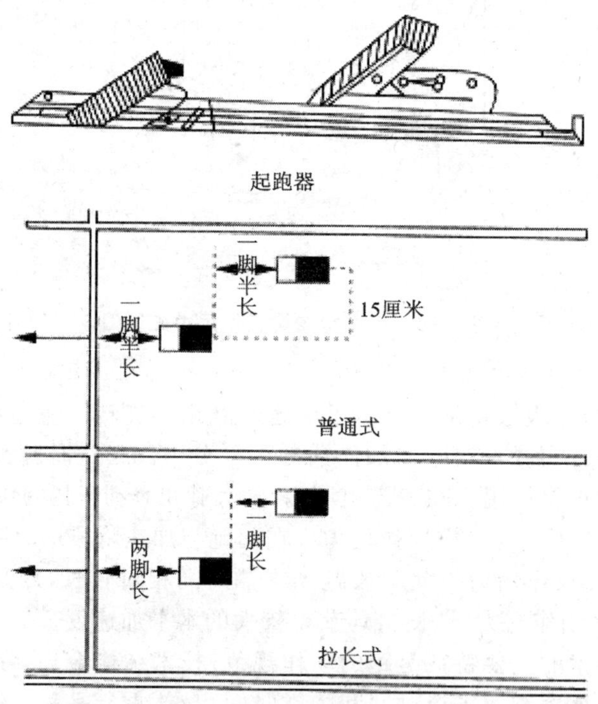

图 4-4　起跑器的安装示意图

普通式：起跑器前抵足板距起跑线一脚半长，后抵足板距前抵足板一脚半长。前后抵足板的支撑面与地面夹角分别成 45°和 75°左右，两抵足板的中轴线间隔约 15 厘米。

拉长式：前抵足板距起跑线两脚长，后抵足板距前抵足板一脚长，前抵足板的支撑面与地面的夹角及两抵足板左右间隔与“普通式”基本相同。

起跑器的安装方法应根据个人的身高、体型、身体素质和技术水平等情况来选择，以充分发挥肌肉的最大力量，获得最大初速度，有助于加速跑的完成。

短跑的起跑过程包括“各就位”、“预备”和“鸣枪”三个阶段。

“各就位”时，运动员轻快地走到起跑器前，两手撑地，两脚依次踏在起跑器的前后抵足板上，后膝跪地，两手收回，紧靠起跑线后沿支撑地面。两臂伸直，两手间距离比肩稍宽(此宽度与臂长短有关)，手指成拱形支撑，头与躯干保持在一直线上。身体重量均衡地落在两手、前脚和后膝之间。

“预备”时，运动员逐渐抬起臀部，使身体重心向前上方移动，此时身体重量落在两臂和前腿之间，身体重心投影点距起跑线 15～20 厘米。臀部抬起稍高于肩，使两小腿趋于平行。“预备”姿势时，不要过分地把身体重量移向两手，因为这样能够减小起动时两手推地的困难，加快两手推离地面速度。此时，膝关节角度的状态有重要意义，适当增大膝角，有利于蹬伸。大小腿之间最佳的角度，前腿膝角约为 90°～100°，后腿膝角约为 110°～130°。“各就位”、“预备”动作见图 4－5。

“鸣枪”时，运动员应立即全速向前。这个动作几乎同时开始于两手的迅速推地和两腿有力地蹬伸，随即转为非同步的动作。两臂屈肘有力地前后摆动，两腿迅速蹬离起跑器，使身体向前上方运动，躯干前倾与水平线成 15°～20°角。后腿快速蹬离起跑器后，迅速屈膝向前上方摆出，腿前摆时脚掌不应离地过高，以利于摆动腿迅速着地和过渡到下一步。前腿有力地蹬伸，后蹬角约为 42°～45°。

图 4－5 “各就位”、“预备”动作

2. 起跑后的加速跑

起跑后的加速跑是从后腿蹬离起跑器到途中跑开始的一个跑段。其任务是充分利用向前的冲力，在起跑后的加速跑阶段内，尽快地达到个人的最高速度。起跑后加速跑的第一步，自前腿充分蹬伸到后腿蹬离起跑器前摆着地结束。摆动腿前摆与支撑腿间的夹角稍大于 90°，摆动腿过分高抬并无益处，这会使躯干的前倾和向前动作产生困难。第一步的摆动腿应积极下压，着地点在身体重心投影点的后方，以前脚掌着地并迅速过渡到有力的后蹬结束。这一动作越快，越有利于下一步快速有力地完成蹬地技术(如图 4－6 所示)。

正确和积极地完成起跑后的最初几步动作，取决于躯干较小的前倾角度以及运动员的力

图 4－6 起跑后的加速跑

量和加速能力。起跑后最初几步的步长变化是第一步约为三脚半到四脚长，第二步约为四脚到四脚半长，以后的步长约逐步增加半个脚长，直到进入途中跑步长。

最初几步的支撑阶段，大部分时间的支撑点是处在身体总重心投影点的后面。为发挥速度的有利条件，可以形成良好的后蹬角，并使后蹬的大部分力量用于提高水平速度。加速跑阶段脚着地的位置是变化的，一般来讲，前 2～3 步脚着地于身体总重心的投影点后面，随后几步在身体总重心投影点上，再往后，则在总重心投影点的前面。最初几步两脚着地点间的距离比途中跑稍宽，随着跑速的增加，两脚的着地点逐渐向中线靠拢。

起跑后加速跑阶段，随着速度的增大，身体前倾逐渐减小，最后接近途中跑姿势。加速跑段的距离一般约为 30 米。在加速跑段中，不同水平、年龄和性别的运动员都能在起跑后第5～6 秒达到或接近本人最高速度的 96％～98％。但是，不同水平的运动员，他们各自通过的距离却存在着明显差别：优秀的运动员能在 60～70 米处达到最高速度（世界级的短跑运动员可在 80 米左右达到最高速度）；一般运动员或新手只能在 30～40 米处达到自己的最高速度，随后速度即开始下降。起跑后加速跑段的速度，约在第 3～4 秒，达到自己最高速度的 92％～95％。速度迅速提高的原因主要是起跑后步频迅速加快，使蹬地力量明显增大，带动了步幅增大，速度明显提高。

在加速跑阶段中，两臂有力地前后摆动具有重要作用，在开始几步身体处于较大前倾姿态时，重心移动的初速度较小，更要有力加大摆臂动作幅度。

严格讲，100 米跑项目的加速跑还可分为两个阶段，即最初的加速阶段和达到一定跑速后的加速阶段。最初的加速阶段是从蹬离起跑器至 30 米处，此段的加速跑具有两个特点，一是身体较大幅度地前倾，二是获得速度后上体逐渐抬起。而达到一定跑速后的加速阶段约从 30 米以后开始，大约至 60～80 米处。在此加速段，跑速在步长和步频的作用下，达到最协调的结合，获得最好的加速效果。这一阶段的特点一是上体呈现较正直的姿势，二是在后腿前摆过程中膝关节应上抬至大腿与地面平行位置。

3. 途中跑

途中跑的任务是继续发展和保持较长距离的最高速度。途中跑阶段每一单步的支撑期可分为着地、垂直支撑和后蹬动作过程，如图 4－7 所示。

图 4－7　短跑的途中跑

着地：(图 4－7－⑤、⑥、①)腾空期结束，摆动腿，大腿积极下压带动小腿前伸，膝关节几乎伸直下扒(图 4－7－⑤)，前脚掌富有弹性地着地，着地点在人体重心投影点前约 27～37 厘米，着地角为 65°～68°。着地的瞬间，为了减缓前制动，随惯性迅速推动踝、膝、髋屈曲前移进入垂直支撑，身体重心前移，避免造成着地对三关节的冲击力过大，使重心下降过多。同时，摆动小腿顺惯性向支撑腿大腿靠拢，摆动腿的膝关节折叠角逐渐减小。此时，着地脚脚后跟不应落地，避免形成与运动方向相反的作用力。

垂直支撑：(图 4－7－②、③、⑦)随着身体重心的前移，髋、膝、踝关节的屈曲，身体重心移至支点垂直面，即进入垂直支撑阶段。此时，支撑腿的膝关节成 136°～142°角，踝背屈约成 85°～90°角。摆动腿大小腿折叠角处于最小状态，脚跟几乎触及臀部，一般为 28°角左右。垂直支撑时，伸肌群处于拉长待发状态，为爆发性用力积蓄了动能。

后蹬：(图 4－7－④、⑧)当身体总重心移过支点垂直面后，即进入了后蹬阶段。此时，摆动腿同侧髋前送，迅速有力地屈膝向前上方摆出，摆至大腿与水平面约成 15°～20°角或与水平面平行。如果超过水平面则产生向上的回旋力，造成与人体前进方向不一致的分力。支撑腿在摆动腿的拉动下，快速有力地伸展髋、膝、踝关节，推动身体重心向前运动。此时，两大腿之间的夹角成 100°～110°，支点至髋关节连线与地平面的后蹬角约为 56°～60°，膝关节角在 150°～156°之间。

途中跑腾空期的腿部动作分为随势动作(惯性动作)和下放摆落动作。

随势动作(惯性动作)：(图 4－7－⑧、⑤)摆动腿随着支撑腿后蹬结束，带动身体重心进入腾空阶段；在空中迅速做"剪绞"动作，即两大腿的并腿，并腿时伴随有后腿小腿向大腿折叠靠拢和前腿小腿的自然前伸，快速移动身体重心向前下落的态势。

下放摆落动作：（图 4－7－①、⑥）是指脚向地面下压至着地的动作。摆动腿摆至最高点后，大腿积极下压，小腿随大腿快速摆落，形成积极"鞭打式"着地。着地前踝关节应背屈约成 100°角，这样有利于着地时脚掌用力加速。

途中跑时，头部位置正直，上体稍前倾，约成 8°～12°角。后蹬时，上体前倾减小，着地时，上体前倾稍大。两臂前后摆动，一是可以增加腿部的动作速度，二是可以维持身体的平衡。摆臂时要求两臂屈肘成 90°角，两手自然半握拳或自然伸开。跑动中屈肘摆动的角度并非始终如一，向前摆臂时屈肘角减小，向后摆臂时屈肘角增大。摆臂动作应自然有力，前摆手稍超过下颏，后摆肘稍朝外，不要耸肩。摆臂动作既要绕肩横轴运动，也要绕脊柱运动，形成前摆时同侧肩前移，另侧肩向后运动。良好的途中跑技术在很大程度上取决于跑的动作自然放松，必须正确理解和掌握正确的短跑放松技术。

4. 终点跑

终点跑的任务是尽力保持途中跑的高速度跑过终点。终点跑包括终点跑技术和撞线技术。

终点跑技术：要求在离终点线 15～20 米处，尽力保持上体前倾的角度，加快两臂摆动的速度和力量，保持途中跑的高速度跑。

终点撞线技术：在跑到离终点线约一步距离时，上体急速前倾，以胸部或肩撞压向终点线垂直面，并跑过终点线，然后逐渐减慢跑速。

5. 短跑的弯道跑技术特点

200 米和 400 米跑，有一半以上距离是在弯道上进行的。为了适应弯道跑，必须改变跑时的身体姿势和蹬摆方向。

（1）弯道起跑和起跑后的加速跑。为了便于在弯道起跑之后有较长的直线加速距离，应将起跑器安装在弯道的右侧，并对着弯道内侧的切点方向。起跑时，运动员的左手撑在距起跑线后沿 5～10 厘米处，使身体正对着弯道内侧的切点方向。起跑后前几步应沿着内侧分道线的切点方向跑进，加速跑的距离比直道项目起跑要短，上体抬起较早。在进入弯道跑时，应尽可能地沿着跑道的内侧跑，身体应及时地向内倾斜。

（2）弯道跑技术。从直道进入弯道跑时，身体应有意识地向内倾斜，加大右腿的蹬地力量和摆动幅度，同时右臂亦相应地加大摆动的力量和幅度，以利于迅速地从直道跑进弯道。在弯道跑时，身体应向圆心方向倾斜，后蹬时，右脚前脚掌内侧用力，左脚前脚掌外侧用力。大腿前摆时，右膝关节稍向内，同时摆动幅度比左膝大，左腿前摆时应稍向外。右臂摆动的幅度大于左臂，前摆时稍向左前方，后摆时右肘关节偏外，左臂稍离躯干做前后摆动。弯道跑时的蹬地与摆动方向应与身体向圆心方向倾斜趋于一致。从弯道进直道跑时，应在弯道的最后几米处，身体逐渐减小内倾程度，并顺势自然跑进 2～3 步后转入直道途中跑。

二、短跑技术的教学重点与难点

短跑是典型的体能主导类速度性项目，短跑成绩是由起跑的反应速度、起跑后的加速快慢，以及保持最高速度的时间和距离决定的。短跑全程技术由起跑、起跑后的加速跑、途中跑和终点跑四部分组成。其中途中跑段落最长，保持高速时间最长，短跑成绩的优劣很大程度上取决于途中跑的快慢。因此，在短跑教学中，从全程跑各技术阶段而言，途中跑技术是整个技术教学的重点。起跑后的加速跑是向途中跑的过渡，是实现快速增加人体位移速度、达到最高跑速的关键，技术动作变化快，专项能力要求高，因此，它可谓技术教学的难点。在途中跑技术教学的动作中，两腿快速、大幅度的摆、蹬技术是教学的重点，保持高速跑时的协调放松技术是教学的难点。

现代短跑技术教学具有“三高一大”的特点，即高重心、高频率、高摆动抬腿、大幅度。高重心，要求后蹬时身体不下沉，身体重心始终处于高位置；高频率，即在跑的过程中，脚要积极着地，加速后蹬；高抬腿，要求摆动腿不主动屈伸，加速向前上摆动，利于加快支撑腿蹬地的速度与力量；大幅度，即在蹬地时，支撑腿膝关节要充分蹬直，髋关节横轴重心沿着身体纵轴转动，加大送髋幅度，增加步长距离。

在短跑技术教学中要处理好步频与步长的关系，应根据学生的不同情况和个性特点，可分别采用保持步频提高步长、保持步长提高步频，或步长、步频同时提高等方法来提高跑的速度，逐步建立合理的步长、步频比例组合，提高跑的技术效果。

在起跑后的加速跑阶段这一难点技术教学中，应狠抓正确合理的起跑动作，同时，要格外重视起跑后最初几步动作技术的掌握，尤其蹬摆动作的配合、上体姿势、两臂的摆动作用等，不断加强专门力量和加速能力的训练。

在短跑技术教学中，要始终注意对跑的直线性、平稳性、速度感等专项意识的培养，有针对性地加强身体协调能力训练，不断提高跑的协调放松技术。

第二节　短跑技术的教学步骤

根据短跑的技术结构与特征，应重点进行途中跑技术教学，以动作完整性为基本教学指导思想，完整技术与分解动作练习相结合，逐步掌握与形成正确合理的快跑技能与技术。教学过程要从易到难，练习动作由慢到快，循序渐进地安排教学程序与步骤。

一、建立正确完整的短跑技术概念

教学开始时应根据教学的条件，通过讲解、示范、观看技术图片、录像等多种教学手段，使学生在原有普通跑步经验的基础上，加深对短跑竞技项目的认识，建立正确的短跑完整技术概念。

(1) 简介短跑运动的起源、演变与技术发展等。

(2) 进一步认识短跑完整技术的过程与项目特点，建立正确的短跑技术概念。

(3) 结合场地、器材、规则、裁判，说明短跑项目的技术要求。

(4) 简介短跑运动的锻炼价值与现实意义，以及练习时的注意事项。

二、学习短跑技术的辅助性练习

专项辅助练习对于学习掌握正确的短跑技术，提高跑的能力有着良好的辅助作用，在教学中采用的练习主要有以下几种：

(一) 小步跑

面向跑进方向站立，上体稍前倾，摆动腿屈膝前摆的同时，另一腿大腿积极下压，脚前掌扒地式着地，膝关节伸直，足跟提起。动作连续反复，小步向前跑进，两臂弯曲，前后协调摆动。小步跑要求膝、踝放松，富有弹性，扒地动作积极。

(二) 高抬腿跑

在小步跑动作的基础上，摆动腿积极屈膝折叠向前上摆抬至水平，同时稍稍带动同侧髋向前。另一条腿积极下压，充分伸直，用脚前掌着地，踝关节缓冲支撑，身体重心提起。

(三) 车轮跑

在高抬腿练习的基础上，摆动大腿抬到水平时，膝关节适当放松，小腿顺势摆出，然后随着摆动大腿的积极下压，小腿积极向下扒刨。着地时膝关节可以稍有弯屈，踝关节扒地缓冲，上体直立或稍有后仰。两腿连续不断动作像是车轮滚动。

(四) 后蹬跑

上体正直或稍前倾，后蹬腿有力蹬伸的同时，摆动腿积极屈膝向前上摆出，带动同侧髋前送，进入跨步腾空。随后，摆动腿大腿积极下压，足掌着地，膝、踝关节缓冲支撑。随人体重心前移，摆动腿变为后蹬腿，进入后蹬。两臂协调摆动。练习时，要求蹬摆动作协调一致，强调腿送髋，腾空阶段保持放松，重心向前，加快两腿交替的频率。

在进行以上专门性辅助练习时，应注意做到从原地练习逐渐过渡到行进间练习，从慢速练习到快速练习，重点体会脚的扒地动作、两腿的蹬摆配合动作，以及上下肢的协调动作。

三、学习直道途中跑技术

(1) 摆臂技术练习：

① 原地摆臂练习。两腿前后自然站立，身体重心在前，后脚虚足点地。两眼平视，虚握拳，肘关节弯曲为 90°。摆臂时，以肩为轴，前后摆动。

② 走步中摆臂练习。

③ 跑步中摆臂练习。

(2) 用前脚掌着地的富有弹性的慢跑练习。

(3) 60～100 米中等速度反复跑练习。

(4) 60～100 米两人并列中速反复跑练习。

(5) 60～100 米大步幅反复跑练习。

(6) 60～80 米从慢跑到快跑均匀加速跑练习。

(7) 80～100 米变换节奏的加速跑练习。

(8) 短距离的行进间跑练习等。

在途中跑技术教学中，应要求跑的动作放松协调，脚着地动作正确，蹬摆配合积极。教学初期不宜过早地采用计时跑或教学比赛。在较好地掌握跑的技术后，应逐渐增加快速跑和延长跑的距离。在教学中要强调大步幅和快频率的技术特点，并有针对性地将其贯穿于各项练习中。

四、学习蹲踞式起跑和起跑后加速跑技术

(1) 安装起跑器方法的练习：介绍起跑器的不同安装方法、特点及适应对象。重点练习掌握"普通式"安装方法。

(2) "各就位、预备"口令动作练习。

(3) 蹲踞式起跑后加速跑 10～30 米练习。

(4) 蹲踞式起跑后加速跑 40～50 米练习等。

在学习起跑技术开始阶段，不宜过分强调身体前倾，以免影响起跑和起跑后加速跑动作的连贯性。待技术熟练后，可逐渐要求加大身体前倾的角度。在教学中应根据实际情况调整起跑器前后抵足板的位置和倾斜角度，以适应个人的特点。练习时应严格要求听枪起动，避免偷跑、抢跑不良习惯的形成。在起跑教学开始时，不宜过早地组织教学比赛。

五、学习终点跑技术

(1) 走或慢跑中终点撞线模仿练习：在走或慢跑中做胸、肩前压模仿动作，体会终点撞线躯干动作。

(2) 30 米中等速度终点跑技术练习。

(3) 30～40 米快速终点跑技术练习等。

在进行终点跑技术练习时，应强调正确的前压撞线动作，不要跳起撞线。完成撞线后要逐渐减速以免发生伤害事故。学生在进行分组练习时，应把跑速相近者编在同一组，以提高教学的效果。

六、学习弯道跑技术

(1) 绕 10～15 米直径圆圈跑练习：练习时，应先采用慢速跑，然后采用中速跑，最后进行快速跑，通过不同的跑速体会身体内倾的动作姿态。

（2）60～80 米慢速、中速、快速弯道跑练习：练习时，应由慢速弯道跑过渡到中速弯道跑，最后是快速弯道跑。体会脚着地动作和蹬摆技术与直道跑时的不同。

（3）直道进弯道跑练习：练习时，直道跑 20～30 米后进入弯道跑 20～30 米，练习时重点体会脚着地动作和蹬摆动作由直道入弯道时的变化。

（4）弯道进直道跑练习：练习时，弯道跑 20～30 米后进入直道跑 20～30 米，出弯道时，身体逐渐由内倾姿势转为直立状态，积极加速，进入直道跑技术。

（5）全弯道跑练习：在进行弯道跑技术练习时，应强调整个身体向圆心方向倾斜，而不仅是上体向内倾斜。教学时教师的观察站位应在弯道的圆心处或对着学生跑进方向的前方，以利于动作观察和发现错误。

（6）弯道起跑与起跑后加速跑技术等。

① 简介弯道起跑器的安装特点，练习安装方法。

② 弯道蹲踞式起跑与起跑后加速跑练习。

练习时强调起跑前几步应沿着内侧分道线的切线方向跑进，尽快完成加速跑阶段，进入弯道途中跑。

七、学习短跑完整技术

（1）60～80 米蹲踞式起跑与起跑后加速跑接途中跑练习：练习时要求起跑技术动作正确、协调、有力。加速跑时两臂用力前后摆动，两腿积极前摆和有力后蹬，上体逐步抬起，两脚落点逐渐趋于直线。随着步幅增大，速度增快，达到高速，自然过渡到途中跑阶段。

（2）100 米和 200 米全程跑技术练习：教学中要强调全程技术的完整性与连贯性，注意改进个人技术的薄弱环节，逐步增加练习量与强度，提高专项能力。

（3）教学比赛或评定和达标测验等。在高强度比赛条件下提高与完善短跑完整技术。

第三节　在短跑技术学习中易犯的错误动作及教学注意事项

在短跑技术教学中，教师对技术的认识与理解，正确的观察，及时发现学生技术上的错误和不足，并采取有效的纠正方法，对于帮助指导学生较好地学习掌握短跑技术、提高短跑成绩至关重要，是教学中不可缺少的环节。

一、在短跑技术学习中易犯的错误动作

在短跑技术学习中易犯的错误动作主要表现在起跑、起跑后加速跑、途中跑和终点跑等各个阶段。究其原因是多方面的，有的是技术概念不清，有的是身体素质与能力欠佳，还有的可能是以前形成的不正确的跑步习惯等所致。如在学习中出现以下错误动作，必须认真分析，予以纠正。

(一) 起跑时重心前移过大

错误动作表现为：错误动作经常出现在起跑阶段教学中，该错误动作主要表现在技术动作紧张、身体姿势和重心前移过多。这种错误动作会导致在比赛时无法控制动作，使得手指手臂难以支撑，从而影响起跑技术的发挥。

产生的主要原因：(1)有侥幸取胜的心理，猜枪声起跑。(2)“预备”口令时，身体重心过分前移。(3)手指手臂的支撑力量差，无法控制动作。

常用的纠正方法：(1)适当调整起跑“预备”口令时的身体姿势。(2)加强手指手臂和肩部的力量训练。(3)练习起跑时，不断变化(延长或缩短)从“预备”到“鸣枪”的时间，养成听枪声起动的习惯。

(二) 前、后腿蹬起跑器无力

错误动作表现为：前、后腿蹬起跑器无力的错误动作常出现在起跑阶段教学中，该错误动作主要表现在起跑“预备”姿势时，臀部抬得过高；起动时前后腿蹬摆配合不协调，动作无力，从而影响起跑技术快速有力地蹬离起跑器。

产生的主要原因：(1) 动作概念不清，起跑“预备”姿势时臀部抬得过高。(2)两脚没有压紧起跑器。(3)起动时前后腿蹬摆配合不协调，动作无力。(4)起跑时两臂前后摆动无力。

常用的纠正方法：(1)明确技术概念，调整“预备”姿势，使两腿的膝关节角适当减小，使“预备”姿势处于最佳的用力状态。(2)反复练习蹬离起跑的起动动作。可采用胶带辅助起跑的练习和双人的辅助练习，体会蹬离起跑器时的蹬、摆配合。(3)反复练习后腿蹬离起跑器时的屈膝摆动动作。

(三) 起跑后加速跑时上体抬起过早

错误动作表现为：起跑后加速跑时上体抬起过早的错误动作经常出现在起跑后加速跑阶段，该错误动作主要表现在起跑后头部过早上抬，造成上体过早抬起。

产生的主要原因：(1)概念不清，起跑后头部上抬带动上体抬起。(2)支撑腿力量较差，恐惧跌倒心理。(3)起跑器安装离起跑线太近。

常用的纠正方法：(1)讲清起跑后加速跑的正确动作要领。(2)加强腿部力量练习，提高支撑能力。(3)用辅助器材限制起跑后加速跑时的上体过早抬起。(4)调整起跑器与起跑线之间的距离。

(四) “坐着跑”

错误动作表现为：“坐着跑”错误动作常出现在途中跑阶段教学中，该错误动作主要表现在后蹬动作不充分，髋关节不能前送；上体过于前倾，从而造成在途中跑过程中身体姿势相似坐着跑的姿态。

产生的主要原因：(1)蹬摆动作概念不清，后蹬动作不充分，送髋不够。(2)上体过于前倾，使髋关节产生补偿性后移。(3)腰、腹肌松弛，髋关节柔韧性差，后蹬时髋部前送不充分。(4)支撑腿力量差，蹬地无力。

常用的纠正方法:(1)讲清后蹬时髋、膝、踝三关节的用力顺序和充分伸展髋关节的动作。(2)后蹬时,强调摆动腿前摆带动同侧骨盆前送。(3)加强腰、腹肌力量的练习。跑时强调腰、腹肌保持适当的紧张度。(4)身体保持正直,以利髋关节前送。(5)加强支撑腿的伸肌肌群力量,提高支撑后蹬能力。

(五)摆动腿摆得太低

错误动作表现为:摆动腿摆得太低错误动作常出现在途中跑教学中,主要表现在跑的过程中上体过于前倾,限制了抬腿动作,致使大小腿没有充分折叠;摆动腿摆动技术不够充分,影响了技术动作的发挥。

产生的主要原因:(1)后蹬结束后,大小腿没有充分折叠,致使摆动腿前摆困难增加。(2)髋关节的屈大腿肌群力量不足和伸肌肌群不放松。(3)上体过于前倾,限制了抬腿动作。

常用的纠正方法:(1)讲清后蹬结束后折叠摆动的意义和作用,明确技术要求。(2)发展髋关节的屈大腿肌群力量,提高对抗肌的协调放松能力。(3)强调跑时上体正直和积极向前送髋动作。

(六)踢小腿跑

错误动作表现为:踢小腿跑错误动作常出现在途中跑教学中,主要表现在摆动腿前摆伸膝时向前踢撩小腿,影响正确的脚着地和整个跑的技术。

产生的主要原因:(1)技术概念错误,认为前踢小腿能加大步长。(2)摆动腿前摆太低,造成前踢小腿。(3)后蹬结束后,大小腿折叠不紧,前摆时小腿前踢。

常用的纠正方法:(1)纠正错误的技术概念,强调摆动腿的大小腿充分折叠,同时高抬大腿,在大腿向下摆落时,小腿顺势伸展。(2)反复做高抬腿和车轮跑的专门练习。

(七)摆　臂

错误动作表现为:摆臂的错误动作多种多样,经常发生在途中跑教学中,错误动作主要表现为摆臂动作不协调、体前左右横着摆、摆臂幅度过大或过小、大臂不动靠小臂摆动等,通常造成身体晃动、上下肢动作不协调等,影响整个跑的技术。

产生的主要原因:(1)对摆臂的作用和正确的技术要求不清。(2)肩、臂无力或肩关节过于紧张。(3)腰、腹肌力量差。

常用的纠正方法:(1)进一步明确摆臂的重要性和正确的技术要领,反复练习正确的摆臂动作。(2)增强肩关节、臂及腰腹肌的力量。(3) 采用辅助器械加强摆臂力量练习。(4)用中等速度跑改进摆臂技术。

(八)终点跑

错误动作表现为:错误动作多在终点冲刺跑教学阶段,主要表为过早减速迈大步、身体前倾下压过早、跳起撞线等。这些错误动作会影响跑的速度和成绩,还可能出现跌到现象。

产生的主要原因:(1)对正确的终点跑技术概念不清,未到终点就主动减速。(2)比赛时求胜心切。

常用的纠正方法：(1)明确技术概念，要求在保持高速跑进中完成正确的撞线动作。(2)在慢跑和中等速度跑中进一步体会撞线动作，然后逐渐加快跑速。

二、短跑技术教学注意事项

短跑教学的主要任务是掌握正确的短跑技术，提高专项身体素质，培养良好的思想与心理品质。从技术教学的角度出发，在短跑技术教学过程中应始终把途中跑技术作为重点，它不仅是掌握完整技术、提高运动成绩的关键，也是锻炼者取得良好锻炼效果的主要阶段，但同时也不能忽视其他技术阶段的教学。在教学中应狠抓重点，突出难点，全面提高，才能保证短跑技术的完整性和统一性，促进技术的不断完善和运动成绩的提高。教学中必须遵循运动技能的形成规律，认真贯彻教学原则，合理地选用教学手段，科学安排运动负荷，才能取得良好的教学效果。为此，在教学中应注意以下方面：

(1) 在短跑技术教学中要以掌握短跑的基本技术，形成正确跑的动作姿态为主要目的。通过练习，发展速度、力量、灵敏与协调等身体素质，提高快跑能力和运动成绩。培养勇敢竞争、坚韧顽强的意志品质。

(2) 在教学中应始终把途中跑技术作为重点，同时加强起跑与起跑后加速跑难点技术的教学，注意将分解动作练习与完整技术教学相结合，强调对完整动作的掌握。练习应循序渐进，动作不宜过碎、过细，应尽快过渡到完整技术。

(3) 在安排教学内容、练习手段、负荷量和强度时，应从实际出发，区别对待。

(4) 在教学中应丰富练习手段，安排多种速度、多种形式的跑的专门练习，加强学生的本体感觉，形成正确的技术定型。

(5) 在教学初期，不应过早地采用计时跑、教学比赛等方法，以免导致错误动作的形成和定型。

(6) 在教学中教师要善于选择观察位置与方法，及时发现错误动作，帮助分析原因，指导学生纠正。

(7) 在短跑教学中要善于选用相关游戏方法及手段，帮助学生克服练习时的枯燥乏味，提高学生的学习兴趣，激发练习动力。

(8) 在巩固提高阶段，要科学合理地安排一定量的高强度计时跑和反复跑练习，在高强度下，巩固改进技术，发展专项能力。

思考题：

1. 简述短跑运动的起源与发展。
2. 短跑完整技术包括哪几部分？关系如何？
3. 简述短跑途中跑的技术要领。
4. 试述短跑技术教学的教学步骤、方法和手段。
5. 在短跑技术学习中易犯哪些错误？如何纠正？

第五章　跨栏跑技术的教学程序

本章提要：本章结合跨栏跑的技术原理与技术结构，重点对直道栏技术进行了分析讨论。不断总结教学训练实践经验和理论研究，对跨栏跑技术教学的重点与难点、教学的基本程序与方法、常见错误动作的产生与纠正，以及教学中的共性问题等进行了较全面的论述与探讨，旨在使学生在学习掌握跨栏跑技术中，更好地建立正确的跨栏跑技术概念，明确技术动作要领，按照正确的教学程序和步骤，通过有效的练习方法，更好地掌握跨栏跑技术，提高运动成绩。同时，也为广大跨栏课教师进一步研究技术、探索教学规律、创新教学方法、提高教学质量提供参考。

第一节　跨栏跑技术及教学的重点与难点

跨栏跑是田径运动教学的重要项目之一。在诸多田径项目教学中，跨栏跑也是对技术和学生身体素质要求较高的一个项目。在教学中不仅要求学生具有较好的力量、速度、耐力、灵敏、柔韧等基本运动素质，同时对运动的节奏性和动作的时空感等能力也有较高的要求。为了不断总结改进跨栏跑技术的教学方法，解决教学中存在的一些共性问题，进一步提高教学质量，首先就必须对跨栏跑的技术原理与技术结构进行探讨，在长期教学实践的基础上，归纳总结跨栏跑技术教学的重点与难点。在目前的跨栏跑教学中，我们一般多以直道栏的教学为基本教学内容，从技术角度来看，男子 110 米栏又是跨栏项目中技术动作最为复杂的一项，故此，本文也就 110 米栏为基本技术模式进行分析探讨。

一、跨栏跑技术

跨栏跑是田径运动中跑与跨越规定距离、高度和数量的栏架的径赛项目。17 至 18 世纪，英国畜牧业兴旺，牧童们经常玩耍越过羊圈围栏、跳进跳出、相互追逐的游戏，由此渐而演变发展成为后来的跨栏比赛。据记载，最早是 17 世纪中叶在英国大学中开展的跨栏比赛。在 1896 年第一届雅典奥运会中只有 100 米跨栏比赛。随着 1900 年第二届奥运会对男子 110 米跨栏比赛的栏高、栏距和栏数做出了统一规定，运动员的过栏技术有了很大的突破，美国人阿·克伦茨莱因进一步完善了直线前跨与单臂前导技术，加快了过栏速度，并以 15.4 秒勇夺本届奥运会 110 米栏冠军。他的“跨栏步”技术奠定了现代跨栏跑技术的基础，为此，他也得获“现代跨栏运动之父”的美誉。在第四届奥运会上，美国选手福·史密森采用起跨腿屈膝经体侧向前提拉的过栏技术，加快了起跨腿的过栏速度，创造了新的世界纪录。20 世纪 50 年代，开始有人提出了将“跨栏”变成“跑栏”的设想，经过几十年的实践和努力，逐渐形成了高重心和高支撑下栏技术、步频快、栏间三步、跨栏跑和平跑技术更趋一致的现代技术特征。纵观历史，跨栏跑经历了百余年的发展历程，从“跳栏”到“跨栏”，再由“跨栏”向“跑栏”的技术演变，其运动技术水平不断提高。随着科技的发展和运动员训练水平的提高，跨栏跑技术必将更加先进与完善。

跨栏跑的成绩主要取决于运动员的平跑速度、过栏技术、跑、跨结合的能力及栏间节奏水平。一般来讲我们可将跨栏跑的技术分为：起跑至第一栏技术、跨栏步技术、栏间跑技术及全程跑技术。

（一）起跑至第一栏技术

起跑至第一栏的主要任务是：使身体迅速摆脱静止状态，积极加速并逐渐提高身体重心，准确地踏上起跨点，为过好第一架栏和过栏后形成良好的栏间节奏，做好心理、身体与技术上的准备。适宜的起跑至第一栏技术应符合以下要求：

(1) 适宜的起跑器安装。起跑器的安装基本与短跑项目一样，但由于跨栏跑起跑至第一栏有一定的步数要求，所以跨栏跑起跑的安装和起跑动作又有其项目特点：如果栏前跑 8 步时，应将起跨腿脚放在起跑器前抵足板上；起跑器距起跑线的距离，以及前后抵足板的距离应根据学生的身高与素质水平确定；起跑的“预备”姿势应使身体重心保持较高的位置，以利于上体较早抬起和快速蹬离起跑器。

(2) 积极加速。起跑后要利用积极的后蹬和有力的摆臂使速度逐渐加快，上体抬起的速度比短跑要早些。大约在第 6 步时基本达到途中跑的姿势。

(3) 准确地踏上起跨点。起跑后步长要稳步准确地增加，起跨前倒数第二步达到起跑时的最大步长，最后一步要积极准确地踏上起跨点。

(4) 快速积极的栏前短步。栏前最后一步是一个比倒数第二步短约 10～15 厘米的短步，是为了保持起跨时较高的重心位置，提高重心前移的速度，为跨越第一架栏做好心理及技术上的准备。

（二）跨栏步技术

跨栏步技术也称做过栏技术，是指起跨脚踏上起跨点到摆动腿的脚着地这一时期所表现出的技术动作。部分教科书将此技术分为起跨攻栏、栏上技术和下栏着地三个技术阶段，也有的将其分为起跨攻栏和下栏着地两个阶段。为便于分析和更加符合跑栏的技术理念，我们选用了后一分析方式。

1. 起跨攻栏阶段技术

起跨攻栏阶段是指从起跨脚踏上起跨点至重心腾空后达到最高点这一时期。起跨攻栏阶段的任务是：在身体重心达到过栏所必须腾起高度的前提下，尽可能保持较高的水平速度。起跨攻栏阶段是跑跨结合的关键技术，这一阶段中的任何失误都可能影响下栏着地及栏间跑技术的正常发挥，因此起跨攻栏技术是整个跨栏步技术的关键。适宜的起跨攻栏技术应符合下列要求：

（1）适宜的起跨距离。起跨距离适当，可使起跨时蹬地角度达到最优化，有助于摆动腿向前上方的摆动，保持身体重心的向前性。

（2）使身体重心处于较高的位置。由于栏前短步技术起跨腿的积极下压着地，使身体重心在支撑时下降幅度减小，重心向前移动速度加快。这不仅可以减小跨栏步的重心波动差，且有助于减小起跨攻栏阶段重心的腾起角度。

（3）支撑时较大距离的前移。起跨脚着地到离地这段时间，重心移动的距离约为60～70厘米，用时0.11～0.13秒。实践中可以在争取重心总移动距离不变的前提下，适当加大后支撑与前支撑的比例，以此来达到提高后蹬效果的目的。

（4）摆动腿积极前摆。蹬伸时摆动腿的积极前摆可有效提高起跨腿的蹬伸力量和速度，并引领其蹬伸的方向和角度；摆动腿腾空后摆动腿的积极前摆，依照相向运动的原理可促进躯干积极的前倾，加大两腿的分腿角度，有利于摆动腿小腿向前摆伸动作的进行，从而形成良好的身体向前性。

（5）躯干积极前倾。起跨腿蹬离地面后躯干应表现出积极的攻栏意识，在起跨攻栏结束时达到最大幅度的前倾。积极的前倾攻栏，有助于起跨腿的提拉，有助于摆动腿迅速向前上方的继续摆抬和小腿向前的摆伸。

（6）身体各部分的协调配合。起跨攻栏阶段，身体各部分的协调配合对于动作迅速、协调、连贯地完成有着十分重要的意义，如摆动腿异侧臂的前伸，对摆动腿的攻摆和躯干的前倾攻栏都起着重要作用。

2. 下栏着地阶段技术

下栏着地阶段是指腾空时身体重心达到最高点，到摆动腿脚着地支撑这一动作过程。此阶段的任务是使身体平稳、快速地转入栏间跑，尽可能减少水平速度的损失。从阶段划分来讲，下栏动作是从重心腾空达到最高点后开始的，但事实上，下栏的动作和意识均早于此时。从动作来讲，在摆动腿的前脚掌接近栏板就开始了下压动作，同时起跨腿也在此时开始向前提拉的动作。从意识上来讲，运动员要树立“抬腿即下压”的概念，而不应有腾空过栏的感觉。合理的下栏着地技术应符合下列要求：

（1）较小的着地距离。着地距离减小，可使着地角度加大，重心投影点与着地点的距离缩小，有利于身体重心的快速前移；着地距离减小，有助于减小摆动腿脚着地时对地面的冲击力，从而减小摆动腿肌肉退让工作的力度。

（2）摆动腿积极下压，起跨腿迅速提拉。摆动腿脚一过栏板就应进行积极的下压动作，在着地瞬间保持膝关节伸直。同时起跨腿大小腿折叠外展，脚背屈并外翻，膝关节领先经腋下向前上方迅速提拉。摆动腿脚着地后起跨腿应已提拉至身体的侧前方。两腿的动作要协调配合，动作连贯。须强调的是下压与提拉动作应同时开始，以致使两腿的剪绞动作充分有力。

（3）保持较高的重心位置。在下栏着地瞬间，摆动腿前脚掌应先着地，为减小对地面的冲击力，通过踝关节进行缓冲。在着地支撑时膝关节要保持伸直，使着地时的重心高度高于起跨时的重心高度。

（4）身体各部分的协调配合。在下栏着地的过程中，上体配合摆动腿的下压自然地向上抬起。摆动腿同侧臂自然向前摆动，摆动腿异侧臂由前上方向后下方做较大幅度的划摆，可有效地促进起跨腿的积极提拉和摆动腿的迅速下压。

（三）栏间跑技术

栏间跑技术是指从过栏后摆动腿脚着地时起至起跨脚踏上下一栏起跨点这段距离中所表现出来的技术动作特征。栏间跑阶段的主要任务是：尽可能地加快栏间节奏，为过好下一栏创造必要的前提条件。在栏高固定、栏距固定的条件下，栏间三步跑也就形成了与短跑不同的小、大、中特殊步长节奏的技术特点。

在栏间跑的三步中，第一步步长最小，其距离约为 1.60 米，其任务是尽快地将跨栏步动作转变为平跑动作，为栏间跑的节奏发挥奠定良好的基础。第一步小的原因在于：由于跨栏步的动作腾空时间较长，身体重心腾起幅度较大，致使人体向前的水平速度下降；为了在下栏时使身体重心保持较高的位置，运动员大多采用直膝着地技术，膝关节几乎无缓冲，因此造成后蹬时无法充分发挥大肌群的力量；由于起跨腿从体侧向前上方提拉，减小了向前摆动的力量与幅度，加上着地时间相对较短，因此后蹬角度大于平跑时的角度。因此，要想获得第一步必要的步长，首先应充分发挥踝关节在后蹬时的力量，同时依靠起跨腿积极地向前提拉从而获得所需步长，以保证跨、跑技术的顺畅衔接，以及栏间跑速和节奏的发挥。近年来有研究发现，栏间跑第一步有增大的趋势，其主要原因在于第一步步长的增加有利于提高栏间三步跑步长的均衡性，这一观点应引起我们注意。

栏间跑第二步步长最大，其步长约为 2.10 米左右，与短跑途中跑动作外形基本相近。这是由于运动员此时的跑动已消除了栏架障碍的影响，其主要精力放在努力争取步速上。对于身体较高的运动员来说，2.10 米左右步长要大大短于他们的常态步长，因此“屈蹬”技术在第二步表现得较为明显，这对于步频的加快和步速的提高有着十分积极的意义。

栏间跑第三步步长居中，步长约为 1.95 米。这与起跨攻栏阶段的特点是紧密相连的。步长的缩短是运动员此时要为起跨攻栏做准备。第三步的动作特点表现为：摆动腿下压积极，脚着地点靠近身体重心投影点，重心处于较高的位置，起伏不明显，速度达到最高点。

（四）全程跑技术

全程跑的任务是合理地将跨栏步技术与快节奏的栏间跑技术紧密地结合起来，使运动员的体能得以充分发挥。如果将 110 米栏的全程跑看成一个整体，在这个整体中我们可以划分出几个阶段，即起跑过第一栏阶段、积极加速阶段、最高速度阶段、保持速度阶段、终点冲刺阶段。比赛中各个阶段所达到的目标各不相同。全程跑中首先要过好第一架栏，这对于起跑速度的发挥，跨栏跑节奏的建立，以及运动员树立自信心等都有着十分重要的意义。全程跑的前三架栏属于积极加速阶段，此阶段应尽可能提高跨栏步与栏间跑的速度，同时注意跑跨与跨跑结合的顺畅性,从而保证速度的充分发挥。第四栏至第六栏,运动员大都能达到本人的最高跨栏周期速度,此时运动员应在达到最高速度的情况下,思想上适当放松,以使动作更加轻快、灵活、流畅,要努力争取将最高速度保持得尽可能长些。第七至第九栏,由于运动员的体能呈逐渐下降的趋势,此时运动员应注意在技术上控制动作不变形,在速度上避免下降过快。第十栏是最后一架障碍,过此栏时,运动员要加快下栏动作的速度,过栏后迅速冲向终点,应建立终点跑是从过第十栏开始的意识。

二、跨栏跑技术教学的重点与难点

(一)跨栏跑技术教学的重点

根据不同的技术阶段,跨栏跑技术教学可分为:起跑过第一栏技术教学、跨栏步技术教学、栏间跑技术教学和终点跑技术教学。由于各技术阶段教学的目标不同,教学的方法手段及教学时间安排与侧重点也有较大的差异。在直道栏技术教学中,因跨栏步的技术动作比较复杂,同时跨栏步技术也是反映跨栏跑技术好坏的重要标志之一,所以应将教学的重点放在跨栏步技术的学习与掌握上。为较好地掌握跨栏步技术,在教学中应着重注意以下方面问题。

1. 加强专门练习的规范化

跨栏步的教学是由分解技术逐步过渡到完整技术的,而专门练习又是跨栏步技术学习的基础,因此掌握好跨栏的专门练习技术是学好跨栏步技术的前提条件,由于专门练习技术相对简单,在教学的初期即使多花一些时间也应力争使学生的技术规范化,这样不仅为学生顺利的掌握跨栏步技术创造了条件,也可为以后的栏间跑技术奠定基础。

2. 注意教学中的区别对待与循序渐进

学生由于身体条件、身体素质、心理因素等方面存在着差异,所以教师在进行跨栏步教学的过程中应摆放不同规格的栏高与栏距让学生进行练习,以保证每位学生均能在自己相对适宜的栏高与栏距的条件下进行练习,从而使学生较为均衡地完成跨栏步的学习任务。随着跨栏步教学的逐渐深入,学生对于跨栏步的体会也日渐加深,此时教师应适时地增加栏架的高度与栏间的距离,但这种增加应是逐步的与交替的,以使学生在不断的适应中提高跨栏步的技术水平。

3. 注意跨栏步技术学习的连续性

在跨栏步技术的学习中应尽量减少单个栏的练习,练习中最好至少连续过三架或三架以上栏架,这样既可以增加学生练习过栏架的次数,也可以为以后栏间跑的练习打下基础,同时也能促进学生在过第一架栏发现技术上的不足后,在后继的连续跨越栏架的过程中加以改进,因此在跨栏步的学习中连续跨越多架栏的练习应做为教学的侧重点之一。

(二)跨栏跑技术教学的难点

在跨栏跑技术教学的过程中,教学的重点在跨栏步教学上,而根据跨栏跑的技术特点和学生的实际情况,教学难点常常表现在跑跨与跨跑的结合上。

1. 跑跨结合方面

跨栏跑的技术特点是在高速跑动中跨越规定距离与规定高度的障碍物，因此如何在高速跑的过程中顺畅地跨越栏架这一障碍物并保持身体的平衡，是跨栏跑教学的难点之一。因为在跨栏跑的教学中，教师教授的关注点大多集中在跨栏步技术的改进上。但常常由于学时及学生栏间跑技术不能较好掌握等方面的原因，造成在学生跑跨结合上出现问题，而这一问题一旦出现改进起来又有一定的难度，从而影响学生跨栏跑的成绩。

因此，在教学初期就应重视此教学难点，尽可能使学生在高速跑进中进行跨栏步的学习，使快速跑动与跨栏步的学习联系起来，以保证栏间跑速度的提高与跨栏步技术的改进同步进行，以使上述问题得到较顺畅的解决。

2. 跨跑结合方面

在跨栏跑过程中，跨栏步这一特殊技术动作结束后，常常会因快速向前的速度、学生的身体素质以及学生身体平衡能力等方面的问题，致使在下栏着地与栏间跑的结合上出现偏差，造成过栏后水平速度下降过快，身体重心起伏过大，身体重心左右偏离等技术错误。由于产生技术错误原因的多样性以及错误技术表现的不同形式，常常会使教师在教学中无法帮助学生进行有针对性的改进，也就形成了教学中的难点。这种在跨跑结合中出现的问题常常在于正确的跨栏技术做不出来，致使跨栏步和栏间跑的衔接不连贯，产生动作停顿的现象。为解决此教学难点，应对不同的学生采用不同的教学手段，尤其对完成全程栏有一定困难的初学者，一定要选择合适的跨栏步起跨点，以保证首先要做好跨栏步动作，起跨点过远和过近都会对跨栏步产生影响，从而影响下栏和栏间跑的衔接。同时应注意的是，在教学中由于学生的个体差异较大，在选择栏高和栏间距时一定要符合学生的情况，以利于学生顺畅地跨越栏架，为下栏后继续跑进创造条件。

第二节　跨栏跑技术教学的步骤

在所有田径项目中，跨栏跑是跑跨结合，节奏性和连贯性很强的速度性运动项目，也是具有较强观赏性和锻炼价值较高的运动项目之一。但由于在跨栏跑的学习中，学生要在高速跑中连续跨越栏架这一障碍物，很容易使学生对跨栏跑产生恐惧心理，给教师的教学和学生的学习带来很大的困难。因此，在教学时应将完整练习法和分解练习法适当地结合起来，遵从循序渐进与区别对待的教学原则，让学生逐步掌握与适应跨栏跑的动作技术与教学方法。在教学中还应注意，把技术教学与发展学生身体素质和培养学生勇敢、顽强等意志品质结合起来，以保证技术、素质、学生心理特征发展的同步性。

一、建立正确完整的跨栏跑技术概念

在教学初期，教师首先可采用观看录像、挂图等教学方式，让学生了解什么是跨栏跑，以及

跨栏跑的技术特点，使学生初步形成正确的跨栏跑技术动作表象。

其次，结合上述教学方式，向学生进一步讲解跨栏跑的技术特点与练习价值，学习中应注意的主要问题，调动学生的积极性。

第三，结合教师示范，向学生讲明一些诸如"栏前与栏后"、"起跨腿与摆动腿"等专业术语，使学生建立规范使用教学用语的好习惯。

第四，通过教师的讲解和示范及学生的初步体验性练习，让学生用本体感受跨栏跑的基本动作形式，以便形成完整的跨栏步动作表象，从而形成跃跃欲试的练习情绪。

二、学习跨栏跑技术的辅助性练习

跨栏跑辅助性练习的教学内容是跨栏跑学习的基本功，正确的采用跨栏跑的辅助性练习不仅可以使学生克服心理恐惧，而且有助于学生加快掌握跨栏跑技术的进程。在跨栏跑教学中可以采用以下辅助性练习手段：

（一）模仿过栏时腿部和手臂的划摆动作

以跨栏坐姿势坐在地面或小垫子上，上体正直，勾脚尖，两大腿夹角和上体与摆动腿之间夹角都成直角。做过栏模仿动作时要求：躯干前倾，尽量以胸触摆动腿的大腿，同时摆动腿异侧臂带肩前伸使肘过膝，并与摆动腿基本平行，另一臂屈肘后摆，随上体抬起，前伸的手臂内收还原位。学生连续练习，教师进行个别指导与纠正。

（二）学习起跨腿过栏侧练习

摆放 4～5 架低栏于跑道上，间隔 5～6 米，学生通过走动、慢跑、中速跑的方式，起跨腿跨越栏侧。要求：注意跨越栏架时摆动腿一定要落在栏后，在精力集中在起跨腿跨越栏架的同时，还应注意上体与上肢的协调配合。随着练习的深入，应逐步增加栏架的高度与栏间的距离，并逐步过渡到栏间三步跑的方式。

（三）学习摆动腿过栏侧练习

摆放 4～5 架低栏于跑道上，间隔 5～6 米，学生通过走动、慢跑、中速跑的方式，摆动腿跨越栏侧。要求：注意摆动腿高抬与下压一定要积极，在做动作的过程中要保持身体重心的向前性，练习时精力集中在摆动腿跨越栏架，同时应注意上体与上肢的协调配合。随着练习的深入，应逐步增加栏架的高度与栏间的距离，并逐步过渡到栏间三步跑的方式。

（四）助跑跨越标记区练习

用粉笔在跑道内间隔 6～7 米处画出两条线，线间的距离为 0.5～1 米，以此作为标记区。让学生通过一定的助跑连续跨越这一标记区。要求：在起跨腿充分蹬伸的同时，摆动腿折叠前摆跨出，用前脚掌着地并继续向前跑出，起跨腿离地后自然留于体后，不做膝外展动作，空中两大腿呈充分拉开姿势，这一练习可称之为过空栏练习。

（五）助跑跨越橡皮筋练习

将系有橡皮筋的栏架间隔6～7米摆放于跑道上，要求学生按跨栏步技术经橡皮筋上方跨越，高度可由低到高适当调节。要求：摆动腿积极前摆下压，起跨腿充分蹬伸，离地后做屈膝外展提拉动作，两臂配合下肢做正确的摆臂姿势。

（六）一步过栏练习

按4～5米的间隔摆放4～5架栏于跑道上，让学生栏间跑一步后跨栏。要求：为确保动作能够连续进行，起跨攻栏动作一定要充分。过栏时要保持上体及重心的向前性，随着练习水平的提高要不失时机地增加栏间距离、提高栏架高度、加快动作的速度。

三、学习跨栏步技术

跨栏步技术是跨栏跑中最基本、最重要的技术环节。这个技术动作是从起跨腿的脚着地开始，到摆动腿的脚着地为止。学习和掌握正确的跨栏步动作，对于加快过栏速度、保持栏间速度和节奏是十分重要的。可以说，掌握跨栏步技术是提高跨栏课教学效果的根本所在。

（一）走动与慢跑中过栏练习

栏架放置：在跑道上摆放3～5架栏，栏距6～7米，栏放至最低。

练习方法：学生在走动中从栏上跨过栏架，练习中注意摆动腿的下压与起跨腿的提拉，同时注意上肢与上体的协调配合动作。练习时教师在不同的时期应对学生的注意指向提出不同的要求，如练习时首先要提醒学生注意摆动腿的下压，当大部分学生基本掌握后，再适时地提出在保持摆动腿下压技术不变的情况下，注意起跨腿的提拉技术。这样有助于学生在掌握技术过程时处于有序的不断深入。

（二）中速跑过栏练习

栏架放置：在跑道上摆放4～6架栏，栏距10～12米，栏高由最低逐渐升高。

练习方法：学生采用5步中速跑的方式从栏中跨过栏架，此时对学生的练习主要要求是将注意力集中在跨栏步上，教师对学生在跨栏步上的不足应给予个别提示，让学生在过栏时针对自己技术上的不足进行改进。随着学生技术的改进可逐步提升栏架的高度与栏间的距离，但这种增加应是交替进行的。

（三）快速跑过栏练习

栏架放置：在跑道上摆放4～6架栏，栏距12～14米，栏高由最低逐渐升高。

练习方法：学生采用5步快速跑的方式从栏中跨过栏架，此时应依据学生的练习水平，采用多种栏高与栏距的方式，让学生选用与自己水平较接近的栏高与栏距进行练习，以保证学生栏间跑的自如与跨栏步的适宜。随着学生练习水平的提高，可逐渐过渡到高一组的练习方式。教师此时应采用学生集体练习、个别指导的教学方式，针对学生练习中的不足进行纠正。

四、学习起跑至第一栏技术

起跑至第一栏的主要任务是:使身体迅速摆脱静止状态,积极加速并准确地踏上起跨点,为过好第一架栏和形成良好的栏间节奏做好心理与身体上的准备。起跑至第一栏是过好全程栏的关键,如在起跑至第一栏时出现问题,往往在后继的跨栏跑时便很难纠正过来。

(一) 起跑器的安装与起跑技术

起跑至第一栏如跑偶数步,应将起跨腿放在前起跑器上;如跑奇数步,应将摆动腿放在前起跑器上。由于起跑至第一栏的距离相对较近,因此起跑的"预备"姿势重心要保持在一个较高的位置,这有利于上体较早地抬起和快速地蹬离起跑器。在教学中,教师应在学生基本掌握各自适宜的起跑技术后,再加强成组的起跑练习,以提高学生在相互干扰的情况下起跑技术不变形的能力。

(二) 起跑后至第一栏前一步技术

起跑至第一栏一般采用 8 步跑,为保证在第一栏前身体处于适宜的姿势,前 7 步跑应表现出如下特征:步长逐渐增加,身体逐渐抬起,速度逐渐加快。在教学中可采用画线、踩标志物、跑空栏等方式提高学生起跑后步点的准确性。应注意的是,由于学生身高、素质等因素的差异,往往会造成步长略长或略短,在教学中应让学生在起跑后前四步有意识地缩短或增加步长,使后几步在适宜的步幅下跑进,为过好第一栏及跑好以后的栏间节奏奠定良好的节奏基础。

(三) 栏前一步技术

起跑至栏前的最后一步,由于起跨腿的积极着地等因素而使步长缩短,形成栏前特有的短步技术。这一技术可以有效地提高起跨时身体重心的高度,加快重心前移的速度,为起跨攻栏做好充分的准备。由于这一技术更多表现出的是一种条件反射性的动作,因此在教学中不应过多地强调注意缩短步长等,主要让学生注意栏前保持重心的向前性和积极的起跨攻栏,即可达到短步技术的实现。

五、学习栏间跑技术

栏间跑技术是指从过栏后摆动腿脚着地点至起跨脚踏上起跨点这段距离中,所表现出来的技术动作特征。栏间跑阶段的主要任务是:尽可能地加快栏间节奏,提高跑速,为过下一栏创造必要的前提条件。在栏高、栏距固定的条件下,栏间跑也就形成了与短跑不同的特殊的步数、步频、步长等技术特点。

(一) 标志物节奏跑练习

在跑道上放置 4～5 个标志物。站立式起跑到第一标志跑 8 步,在通过每一标志物时做一跨步动作,标志物之间采用 3 步快速跑过,跨过最后一个标志后继续跑 10 米结束。练习中可用海绵块、实心球等作为标志物,强调尽量以自然跑的方式跑进,尤其要注意 3 步跑节奏的快速性。

(二) 过低障碍节奏跑练习

在跑道上放置4～5个较低的障碍物。站立式起跑到第一障碍物跑8步，在通过每一障碍物时做一跨步动作，障碍物之间采用3步快速跑过，跨过最后一个障碍物后继续跑10米结束。练习中可用砖头上放木棍、小垫等作为障碍物。应注意的是障碍物应随着练习的深入逐步提升高度，但要保证学生快速的3步跑节奏不变。

(三) 过低栏架节奏跑练习

在跑道上放置4～5个最低高度的栏架。起跑后采用跨栏步的方式通过每一低栏架，低栏架之间采用3步快速跑过，跨过最后一个低栏架后继续跑10米结束。在练习中应着重注意栏间3步跑节奏的快速性，随着学生练习水平的提高逐步与交替增加栏间的距离和栏架的高度。

(四) 标准栏架短距离节奏跑练习

在跑道上放置4～5个短于标准距离40～50厘米的标准高度的栏架。起跑后采用跨栏步的方式通过每架栏，栏间采用3步快速跑过。在练习中应着重注意栏间3步跑节奏的快速性，随着学生练习水平的提高逐步增加栏间的距离，但始终不要达到标准栏距。

六、学习跨栏跑的完整技术

全程跑的任务是合理地将跨栏步技术与快速的栏间跑技术紧密地结合起来，使学生的体能得以充分发挥。通过加快过栏速度，提高栏间跑频率来有效地改进学生的跨栏技术，提高跨栏成绩。

在教学中我们应把直道栏全程跑看成一个整体，然后将这一整体分解成各个不同的阶段，再将这些不同的阶段赋予不同的任务指向。在全程跑中，首先要过好第一架栏，要求步点准确，跑速逐渐增加，这对于速度的发挥、全程跑节奏的建立以及学生树立自信心等都有着十分重要的意义。全程跑的前三架栏属于加速阶段，此阶段应尽可能地积极加速，以使速度得以充分发挥；第四栏至第六栏，学生大都能达到本人的最高跨栏周期速度，此时的前半部分，要求学生在达到最高速度的情况下，思想上适当地略有放松，以使动作更加轻快、灵活、流畅，后半部分则要求学生争取将最高速度保持得尽可能长些；第七至第九栏，由于学生的体力呈逐渐下降的趋势，此时要求学生应注意在技术上控制动作不变形，尽可能保持身体的向前性；第十栏是最后一架障碍，过栏时应加快下栏动作的速度，过栏后迅速冲向终点，应建立终点冲刺从第十栏开始的意识。

由于学生体力与素质等方面的原因，在教学中最好采用短于标准栏距10～15厘米、跑7栏的方式让学生体会全程跑技术，这样有助于增加学生练习的次数，从而对全程跑有更多的体验。

第三节　在跨栏跑技术学习中易犯的错误动作及教学注意事项

跨栏跑是对速度、柔韧、力量、灵敏、耐力等素质要求较高的运动项目，技术性强，动作复杂，必须全身协调配合。它要求运动员具有良好的速度、合理的过栏技术及栏间跑节奏的协调配合能力，以便在最短的时间内完成最大强度的工作。跨栏跑主要由跨栏步和栏间跑技术组成，在学生学习掌握跨栏技术的过程中，比较容易在这两个环节上产生技术动作错误，尤其是在高速奔跑下过栏技术和跑与跨的衔接能力更加容易出现动作失调、技术变形等情况，进而影响对技术的掌握和运动成绩的提高。因此，了解与把握在跨栏跑技术教学中易犯的动作错误是十分重要的。在教学中应认真观察，及时发现学生的错误技术动作，深入分析其产生的原因，采用针对性的方法与措施予以纠正，才能使教学少走弯路，不断提高教学的效率和质量。

一、在跨栏跑技术学习中易犯的错误动作

（一）起跑至第一栏起跨点不准确

错误动作表现：该错误动作常常发生在学习完跨栏步完整技术后，进行起跑过第一栏练习时期，在起跑过第一栏的阶段常出现拉大步或倒小步的现象，导致起跨点不准确，跨栏的技术动作变形或跳栏现象。

主要产生原因：

（1）起跑技术不能适应起跑后至第一栏的步长节奏。

（2）起跑后前几步太小，造成后面拉大步，或起跑后身体过早地抬起，前几步步长过大，造成后几步倒小步。

（3）起跑至第一栏的步长节奏不稳定，自信心不强。

常用的纠正方法：

（1）改进起跑技术，依据实际情况加大或减小前四步的步长。

（2）摆放 8 步步长标志，反复练习起跑至第一栏的节奏，形成准确的步长，提高起跑踏上起跨点的准确性。

（3）采用过空栏、降低栏的高度或用皮筋代替栏板等方式，逐步提高起跑过第一栏的难度，以消除学生怕栏的心理，建立自信心。

（二）起跨不积极，身体重心低，蹬地不充分，屈膝跳栏

错误动作表现：该错误动作常常发生在跨栏步的学习阶段。即在进行跨栏练习时，学生对跨栏跑的技术动作没有充分掌握或者身体素质达不到跨栏跑的要求，对栏产生恐惧心理的时候。

主要产生原因：

(1) 栏前跑速过慢,节奏性差。

(2) 起跨点过近,心理上怕栏,有思想顾虑。

(3) 学生身高较低或身体素质较差。

常用的纠正方法:

(1) 进行示范讲解,让学生建立高重心起跨攻栏的意识。

(2) 适当降低栏架高度,反复做起跨攻栏练习,提高学生的攻栏意识。

(3) 加强栏前跑的练习以提高学生栏前跑的速度和步点的准确性。

(4) 加强踝关节的力量练习。

(三) 跳　栏

错误动作表现:该错误动作常出现在教师讲解示范跨栏跑的技术动作之后让学生进行跨栏步学习初期,学生栏前跑的技术较差,起跨角度大,心理上怕栏,产生跳栏现象。此动作是严重的技术动作变形,对学生正确掌握跨栏跑技术会产生极为不利的影响,同时也是在跨栏跑教学中学生必须克服的心理障碍。

主要产生原因:

(1) 栏前跑的技术差,起跨点过近。

(2) 起跨时身体重心未能跟上,且处于一个较低的状态。

(3) 怕栏。

(4) 上体向前性不够,摆动腿直腿上摆。

常用的纠正方法:

(1) 改进栏前跑技术,形成较准确的步长,提高跑上起跨点的准确性。

(2) 起跨点摆放明显的标示,让学生有意识地去踩踏起跨点。

(3) 降低栏架高度或者用其他物品代替栏板,逐步提升栏架的高度,以消除学生怕栏的思想障碍。

(4) 加强模仿练习,掌握摆动腿屈膝摆动攻栏技术。

(四) 摆动腿直腿过栏或绕栏

错误动作表现:过栏时未能做到屈腿攻栏,而是直膝向前上方摆出,或在跨栏步阶段摆动腿从栏侧绕过栏架。

主要产生原因:

(1) 对摆动腿动作概念不清。

(2) 摆动腿膝关节紧张,小腿过早前伸。

(3) 大腿高抬不够,大小腿折叠不充分,柔韧性差。

(4) 摆动腿屈肌力量差。

常用的纠正方法:

(1) 示范讲解摆动腿屈膝前摆的原理,分析直腿攻栏的不利因素。

(2) 反复做摆动腿栏侧过栏练习，集中精力体会大小腿折叠前摆攻栏技术，然后逐渐过渡到栏中过栏。

(3) 大量地进行负重屈膝前摆的“鞭打”练习或车轮跑练习，以体会折叠前摆，直膝下压技术。

(4) 学生过栏时，教师用口令等形式，提醒学生注意。

(五) 腾空后两腿动作消极“剪绞”幅度小、速度慢

错误动作表现：该错误动作常出现在跨栏步动作教学时，学生的技术动作表现为起跨腾空后，两大腿分腿的角度过小，分开后在空中停留时间较长，两大腿“剪绞”动作的时机不同步。

主要产生原因：

(1) 起跨腿蹬地不充分，起跨腿过早地提拉。

(2) 髋关节柔韧性差，不能做大幅度的分腿动作。

(3) 摆动腿直腿摆动，下压动作消极。

(4) 上体直立，妨碍起跨腿提拉动作的完成。两臂配合不协调。

常用的纠正方法：

(1) 反复练习起跨腿栏侧过栏技术，有意识地控制起跨腿的提拉时机，强调充分蹬直起跨腿再迅速提拉过栏。

(2) 适当加长起跨距离，加大两腿分腿的角度，然后进行快速“剪绞”过栏。

(3) 发展髋关节和膝关节的柔韧性和灵活性。

(4) 加大攻栏时上体前倾的角度。

(六) 起跨腿提拉时，小腿直立，造成上体扭转

错误动作表现：该错误动作常出现在学生学习跨栏步动作时，表现为跨栏步腾空时起跨腿小腿以直立的方式越过栏架，同时常常伴随有上体向起跨腿方向扭转的现象。

主要产生原因：

(1) 对跨栏步技术的概念不清楚。

(2) 过栏时由于怕起跨腿碰到栏，而过早提拉起跨腿，以至起跨腿在空中停留时间过长。

(3) 髋关节的柔韧性和灵活性差。

(4) 上体下压不够。

常用的纠正方法：

(1) 讲解示范正确的起跨动作。

(2) 斜放栏板反复做原地提拉起跨腿的提拉练习。

(3) 加大过栏时上体的前倾角度，适当增加起跨距离，延长起跨腿蹬离地面的时间。

(4) 加强髋关节的柔韧性和灵活性练习。

(七) 下栏时身体失去平衡，动作停顿

错误动作表现：该错误动作常出现在栏间跑的教学阶段，表现为学生下栏时身体失去平衡，动作有停顿现象，从而破坏了栏间跑的节奏，栏间跑速下降。

主要产生原因：

(1) 过栏时起跨腿提拉不及时，拖在后边。

(2) 摆动腿前脚掌着地时，起跨腿提拉不到位。

(3) 摆动腿下压不积极，上体直立，身体重心落后。

(4) 起跨时蹬伸不充分，急于提拉起跨腿，下栏时两脚几乎同时落地。

(5) 上下肢配合不协调，上体扭转，起跨腿同侧臂后摆过大。

常用的纠正方法：

(1) 改进跨栏步技术，提高快速过栏的能力。

(2) 多做上下肢协调配合模仿练习，加强起跨腿同侧臂的控制能力。

(3) 发展踝关节力量，提高下栏着地时踝关节的支撑力量。

(4) 强调两臂动作的控制，以维持过栏时和落地后身体的平衡。

(5) 通过缩短栏距或降低栏高的方式，提高学生跨跑的结合能力。

(八) 栏间跑身体重心低，脚掌缺乏弹性

错误动作表现：常出现在栏间跑的教学阶段，表现为在栏间跑时身体重心过低，栏间三步用全脚掌跑，栏间跑体现不出应有的节奏性，跑速明显下降。

主要产生原因：

(1) 下栏着地时身体重心落后，造成第一步步长太短。

(2) 下肢力量较弱，起不到有效的支撑。

(3) 相对于该生栏间距离可能过长，为加大步长不得不降低重心。

常用的纠正方法：

(1) 改进下栏技术，在正确提拉起跨腿的基础上加大第一步。

(2) 多做增强腿部力量的练习，发展学生脚踝、脚掌的力量，提高栏间跑的支撑能力。

(3) 根据不同的学生采用不同的栏距，以使学生在适宜的距离中完成栏间跑动作。

(九) 栏间跑直线性差

错误动作表现：常出现在栏间跑的教学阶段，表现为学生下栏后栏间三步跑较大的偏离矢状轴方向，身体产生较大的左右晃动现象，在栏间跑后程可能会产生跳栏现象。

主要产生原因：

(1) 摆动腿过栏时偏向外侧，起跨腿没有提拉到身体正前方落地。

(2) 下栏后支撑力不够，导致身体不平衡，破坏了栏间跑的直线性。

(3) 下栏时摆动幅度过大造成上体扭转。

常用的纠正方法：

(1) 栏板上方靠近摆动腿一侧放置小标志物，调整攻栏方向，使摆动腿经标志物正上方前摆。

(2) 在跑道分道线上摆栏让学生沿着分道线跑,使两脚落在分道线两侧。

(3) 加强腿部及踝关节力量的练习,使两腿力量均衡发展。

(4) 改进跨栏步技术,提高过栏后的向前性。

(十) 栏间三步跨步跳

错误动作表现:常出现在栏间跑的教学阶段,表现为学生为获得较大的栏间步的步长,采用跨步跳的方式完成栏间跑。

主要产生原因:

(1) 跨栏步技术有问题致使下栏后水平速度损失过大,只有采用跨步跑的方式才能越过下一栏。

(2) 栏间距离过长,三步上栏有困难。

(3) 初学时栏距放置不合理,养成栏间跨步跑的习惯。

(4) 对栏间跑缺乏信心。

常用的纠正方法:

(1) 改进过栏技术,提高跨跑的结合能力。

(2) 循序渐进逐渐增加栏间距离,克服怕栏心理。

(3) 缩短栏间距离,建立栏间跑的正确节奏。

(4) 加强素质练习,提高跑的步长。

(5) 成组练习,模仿他人栏间跑的节奏。

(6) 发展踝关节和脚掌力量,提高速度。

(十一) 全程跑节奏不稳定

错误动作表现:该错误动作常常发生在跨栏跑的全程跑教学阶段,表现为全程跑跑不下来或全程跑的节奏不稳定。

主要产生原因:

(1) 全程跑体力分配不均,由于栏距等问题前半程体力消耗过大。

(2) 全程栏练习较少,对全程跑节奏感体会不深。

常用的纠正方法:

(1) 采用跑 6~8 栏的方式替代全程栏,然后逐渐增加栏架的数量。

(2) 通过缩短栏间距离,让学生尽可能地体验全程跑的栏间节奏与体力分配,随着学生能力的提高逐步增加栏间距离。

(3) 通过成组练习,提高学生在抗干扰的情况下进行全程跑的能力。

二、跨栏跑技术教学注意事项

近年来,对跨栏跑技术的教学方法研究较多,但就目前来讲,在跨栏跑教学实践中应用较多的还是分解→完整法,它是在总结多年教学实践的基础上逐步完善形成的教学方法。其特点是以跨栏步技术为教学重点，结合栏间跑技术，从而逐步过渡到全程跑技术的教学。这种教学方法的优点是，对跨栏步的教学程序完成得较为精细，学生大多能够较好地掌握跨栏步技术；不足之处则在于跨栏步的学习占用课时较多，同时容易造成学生跑与跨或者跨与跑的结合能力不够，对全程跑不利。值得注意的是，现代跨栏跑技术的意识更加注重跑速和跨栏的正确节奏，并逐渐将“跨栏”的概念向“跑栏”概念转变。可见这种教学方式的不足也日渐显现。因此，在教学中要较快地进入途中跑，强调跨栏跑技术的整体性和系统性特点，以完整教学法为主，在重要的技术环节上采用分解法教学，改进动作，从而加强对学生跑跨结合能力的培养。

（一）使学生建立起明确的技术表象

跨栏跑技术较复杂，光靠教师的讲解，学生对技术很难有清晰的概念，因此要通过多种直观教学手段，如录像、挂图、影视、示范、多媒体等教学方法，结合教师的讲解，使学生明确跨栏跑的基本技术阶段与动作方式。同时还应向学生介绍跨栏跑的基本术语，如什么是起跨腿与摆动腿，什么是栏前、栏后等，使学生能够清晰地理解教师讲解的内容，形成清晰的表象。

（二）学习跨栏步技术时分解教学应与完整教学尽早结合

虽然跨栏步技术是跨栏跑教学的重点，且有众多的专门练习来保证分解技术向跨栏步的完整技术过渡，但在教学中应尽可能将分解技术与完整技术结合起来练习，如起跨腿与摆动腿过栏侧练习，最好连续过 4～6 栏，这样练习不但可使学生通过连续的分解技术体验到各肢体环节动作的正确性，在练习过程中逐步改进自己的技术动作，还可以有效地与栏间跑技术结合起来；另外，跨栏步的学习也最好通过连续过 3～5 栏的方式来进行，其效果也比学习过单栏的方式要好。

（三）栏间跑教学应注意培养学生的节奏感

栏间跑教学阶段首先应注意建立学生的节奏感，通过快速跑过标志物→低障碍物→中障碍物，快速跨过低栏架→中栏架→标准栏架等方式进行栏间节奏练习，让学生始终在一种高速跑的过程中越过栏架，这样才能使学生体验到跑栏的感觉，从而建立良好的栏间跑节奏。

（四）在教学中尤其要注意循序渐进与区别对待原则的运用

由于跨栏跑中栏架的高度与栏间的距离以及学生的身体素质与身高等因素的影响，教学初期采用标准的栏高与栏距对于相当一部分学生来说是无法完成的练习目标，这也是跨栏跑教学不同于其它田径项目教学的特点之一。因此，在教学中循序渐进与区别对待原则的运用有着特殊的意义。教师在进行跨栏跑的教学过程中应尽可能多地摆放不同规格栏高与栏距让学生进行练习，尽量使每位学生均能在自己相对适宜的栏高与栏距的条件下进行跨栏跑练习，同时要与身体素质练习同步进行。这样，随着跨栏跑教学的逐渐深入，学生身体素质逐步提高，对跨栏跑也日渐熟练，教师应逐步与交替地增加栏架的高度与栏间的距离，以保证学生跨栏水平的提高与身体素质的发展和技术动作的改进同步进行。

思考题：

1. 完整的跨栏跑技术包括哪几部分？跨栏跑的成绩主要取决于什么？
2. 跨栏跑技术教学的重点和难点是什么？
3. 简述跨栏跑技术教学的一般步骤。
4. 试述跨栏跑技术教学的基本程序与主要方法手段。
5. 栏间跑技术教学应注意些什么？
6. 在跨栏跑教学中学生易犯的错误有哪些？如何纠正？
7. 跨栏跑技术教学有哪些注意事项？

第六章　跳高技术的教学程序

本章提要:本章主要结合跳高的运动原理及技术结构与特点,针对背越式跳高的技术要领、教学重点与难点等进行分析。在总结以往教学训练实践与理论的基础上,对背越式跳高技术教学的程序步骤、方法手段、错误动作与纠正、教学注意事项等进行了较全面的论述。通过学习本章,使学生更加了解跳高运动的发展,建立正确的背越式跳高技术的概念,明确技术要领。通过正确的技术教学步骤与方法,逐步学习掌握好背越式跳高技术。同时帮助教师加深对跳高技术、教学规律、教法手段的认识与理解,改进教学方法,提高教学质量。

第一节　跳高技术及教学的重点与难点

由于其技术的优越性,背越式跳高技术早已被普遍采用。背越式跳高技术过程是一个完整复杂的动作系统。实践证明,必须对跳高运动的发展和技术演变有所了解,深刻认识跳跃运动的原理及背越式跳高技术的结构与特点,狠抓技术教学的重点与难点,才能为更好地学习掌握背越式跳高技术奠定良好的基础。

一、跳高技术

跳高是田径运动田赛项目之一。跳高起源于古代人类在生活和劳动中越过垂直障碍的活动。跳高作为一种游戏活动可以追溯到远古时代,在古代日耳曼人中曾盛行跳越横排马匹的比赛,有人最多跳越过横排着的6匹马,这是跳马运动的始祖,也是跳高运动的最早记载。非洲图西人也曾利用厚木头或石头踏跳进行跳高比赛。将跳高正式列为竞技项目应源于英国,它从体操项目派生而来。18世纪末苏格兰已有跳高比赛,19世纪60年代开始流行于欧美国家。1827年9月26日在英国圣罗兰博·德尔俱乐部举行的首届职业田径比赛中,威尔逊(Adam Wilson)屈膝团身跳越1.575米,成为首个有记载的世界跳高成绩。1864年在牛津大学和剑桥大学的田径对抗赛上,英国人罗伯特·柯奇以"跨越式"创造了第一个跳高世界纪录(1.70米)。1895年美国人斯维尼在跨越式的基础上,改进形成了"剪式"技术,创造了1.97米的新纪录。1912年美国运动员霍林采用左侧斜向助跑,以"滚式"技术越过横杆赢得冠军,并实现了人类首次越过2米高度。1923年苏联选手伏洛佐夫又创造出"俯卧式"跳高技术,由于其技术更加合理,很快被许多运动员所采用。在1968年第19届奥运会上,39名跳高选手中有38人采用了"俯卧式"技术,达到了巅峰。然而就在这届奥运会上,一种新的过杆动作开始崭露头角,美国21岁的福斯贝里采用了与众不同的过杆动作,面朝上、背朝下飞越横杆,并以 2.24 米的成绩创造了新的奥运会纪录,这就是后来被称作"背越式"的跳高技术。此后十余年间,如日中天的"俯卧式" 和初露头角的"背越式"并驾齐驱,人们对两者的优劣得失也各执一词,争论不休。直至第 22 届莫斯科奥运会上,联邦德国运动员韦希格以"背越式"技术一举征服 2.36 米的高度,战胜了所有"俯卧式" 技术运动员后,"背越式"跳高才逐渐开始占据跳高技术的统治地位,从此"俯卧式"技术渐被冷落,在此后的国际大赛中已很难看到其往日的身影。可以说,自 1968 年福斯贝里成功以来,"背越式"跳高技术就逐渐主宰了世界跳高运动。现男女跳高世界纪录分别由古巴选手索托马约尔(2.45 米)和保加利亚的科斯塔迪诺娃(2.09 米)所创造,他们均采用"背越式"跳高技术。不同的跳高过杆动作见图 6-1 所示。

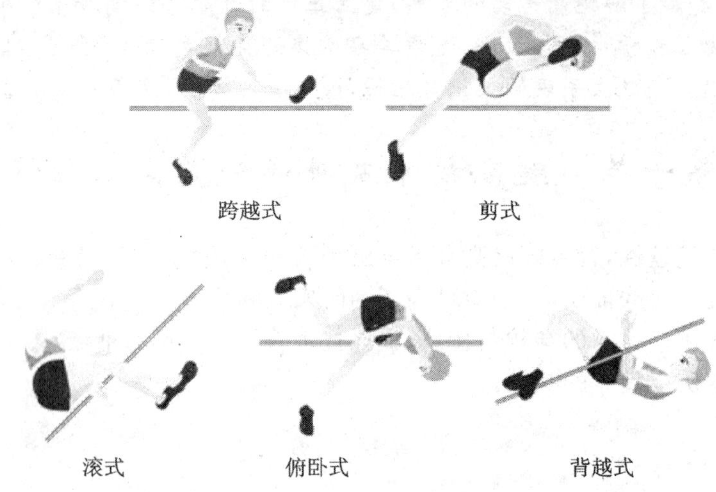

图 6-1 不同的跳高过杆动作示意图

20 世纪跳高运动来到中国,但不普及,成绩差、水平低是当时的真实写照。1949 年以前,全国纪录分别仅为男子 1.875 米,女子 1.40 米。新中国的成立,尤其是新中国体育运动的快速发展,为跳高运动的广泛普及和蓬勃发展奠定了良好的基础和有利条件。跳高运动技术水平不断提高,1957 年郑凤荣跳过 1.77 米,超过了当时的 1.76 米世界纪录,成为跳高史上首次中国女性超越世界的纪录。20 世纪六七十年代,中国跳高水平提高很快。1966 年,倪志钦在亚洲新兴力量运动会上以 2.27 米的高度勇夺跳高冠军,并在 1970 年以 2.29 米的成绩打破了前苏联选手 B. H. 布鲁梅尔保持的世界纪录(2.28 米)。1965 年我国有 5 名女运动员进入了世界前 10 名。70 年代后期,中国开始引进背越式技术,出现了一批优秀运动员,最杰出的代表是朱建华,他 18 岁时就飞身越过了 2.30 米的高度,打破了保持 11 年之久的亚洲纪录。1984 年他先后三次(最高成绩为 2.39 米)打破世界纪录,并荣获第 23 届洛杉矶奥运会铜牌,成为当时男子跳高的世界级明星,被冠以中国"跳高王"的美称。我国跳高运动整体水平的快速提高,为我们积累了丰富的经验,加深了对跳高技术及训练规律的认识,形成了一定的特色,也使跳高项目成为了我国的优势项目之一。当然，进入 20 世纪 90 年代以后，尽管又涌现出过一批优秀的年轻选手，但总体水平仍处于停滞不前的状态，距世界顶尖水平还有一定的差距。

（一）跳高技术的原理与技术结构

跳高属于非周期性运动，是典型的快速力量型项目。运动员在快速助跑起跳后，身体有一个明显的腾空阶段。在腾空的过程中，运动员身体重心的移动呈抛物线运动轨迹，符合抛物运动原理，抛物线的高度是决定跳高成绩的基础。因此，在跳高运动中，运动员应力争达到最大的身体重心抛物轨迹的高度，以取得最佳成绩。

1. 跳跃高度构成

在跳高项目中，人体跳跃的高度是由三个垂直距离构成的，见图 6－2 所示。跳跃的高度（H）＝ 起跳离地瞬间身体重心的高度（H1）＋身体重心实际腾起的高度（H2）－腾空最高点时身体重心至横杆的垂直距离（H3）。

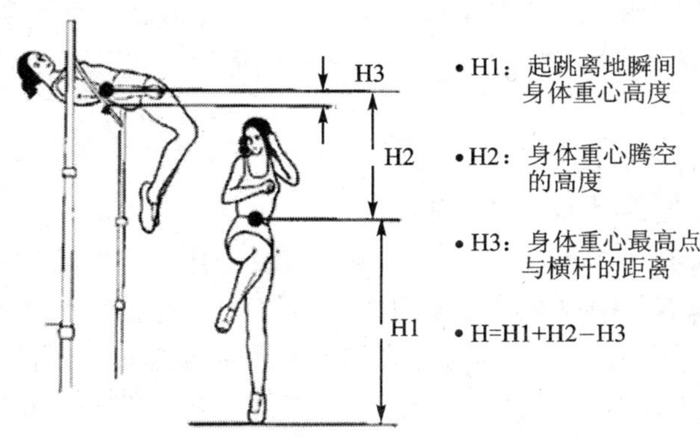

图 6－2　人体跳跃高度构成示意图

影响三个垂直高度的主要因素：

H1：起跳离地瞬间身体重心的高度。它取决于身高、腿长和起跳脚着地瞬间的身体姿势。

H2：身体重心实际腾起的高度。它取决于起跳离地瞬间身体重心腾起的初速度和腾起角。

H3：腾空最高点时身体重心至横杆的垂直距离。它取决于过竿时的身体姿势和过杆动作。

2. 决定腾空高度的主要力学因素

物理学抛物体运动原理告诉我们，抛射体的高度与抛射体的抛射速度和抛射角度有密切关系，即公式为：

$$H = \frac{V_0^2 \sin^2 \alpha}{2g}$$

从公式中我们可以看到,物体抛射高度(H)与抛射初速度(V_0)的平方和抛射角(α)的正弦值的平方成正比关系,与重力加速度(g)成反比关系。由此可见,抛射初速度对于物体抛射高度至关重要。在跳高中人体的腾起初速度是跳跃高度的决定性因素,不断增加起跳腾起初速度,是运动员训练追求的重要目标。

3. 腾起初速度

腾起初速度是由人体助跑所获水平速度和起跳产生的垂直速度之和决定的,它的大小与身体能力和技术水平有密切的关系。一般来说,助跑速度越快,起跳速度越快,腾起速度也就越大。垂直分速度是组成跳高腾起初速度的主要部分,它是决定腾空高度的基本因素,而水平分速度的作用则是为了保证运动员获得适宜的腾起角。

4. 腾起角

腾起角是指运动员起跳脚离地瞬间,身体重心的腾起方向与水平线的夹角。腾起角的大小与腾起时身体重心水平速度和垂直速度的大小相关。在跳高中除了争取获得尽可能高的高度外,同时还需要一定的水平位移的距离,以保证身体依次越过横杆,因此背越式跳高腾起角一般为 50°～55°。

5. 空中动作的基本原理

人体腾空状态下应遵循以下基本原理:

(1) 身体在腾空状态下,任何自身动作都不能改变身体重心的运动轨迹。也就是说,任何空中动作都不能改变原有的抛物线轨迹而创造新的腾空高度或远度,所以,运动员只能合理地使用既定轨迹的高度与远度,使身体越过更高的垂直距离或越过更远的水平距离。

(2) 腾空状态下,身体某一部分的下降必将引起其他相应部分的升高,即称之为身体的补偿运动。跳高时空中过杆技术动作应充分利用补偿运动原理。跳高运动员利用补偿运动,将已过杆的身体部分下降,使即将过杆或正在杆上的身体部分上升,以达到经济过杆的目的。

(3) 身体在空中的转动称之为间接转动。间接转动不影响腾空效果。在跳高中应尽可能地利用间接转动。背越式跳高运动员为了加快过杆时的转动速度,身体会成半圆形,两膝外展,从而缩短了身体各部分的转动半径,使转动速度加快。而在过杆后,为了减缓转动速度,身体会保持着较舒展的姿势,以便获得较平稳的落地动作。

综上可见,背越式跳高之所以优越于其他技术,就在于其能够充分利用助跑中获得的水平速度,平稳的进入起跳,加快起跳时的垂直速度,从而提高跳跃的效果。在背越式跳高技术发展的过程中,逐步形成了速度型、幅度型(力量型)和介于两者之间的中间型等技术类型。从技术发展的趋势看,更趋于速度与幅度、速度与力量的统一。具体表现在助跑速度的进一步加快,过渡到起跳时摆腿蹬伸幅度加大,以及快速地完成起跳和过杆动作,使背越式成为一种独特结构的跳高技术。因此,本章主要对背越式跳高技术进行分析论述。

(二) 背越式跳高技术的要领

完整的背越式跳高技术由助跑、起跳、腾空过杆和落地部分组成。

1. 助跑技术

背越式跳高助跑的任务是获得必要的水平速度，在起跳前及时地调整动作结构和节奏，并获得合理的身体内倾姿势，为起跳和顺利过杆创造条件。

背越式跳高采用弧线助跑，它对于背越式跳高有着十分重要的意义。弧线助跑是形成背向越杆的需要，也是产生高效率起跳的重要条件。弧线助跑的优势主要表现为：

(1) 弧线助跑是圆运动，要克服离心力，身体必须向圆心方向倾斜，这使身体重心在起跳前自然地下降，降低了动作难度，这样容易保持助跑的速度和加快起跳动作。

(2) 弧线助跑在起跳时身体要从内倾转为垂直，使起跳时的蹬地反作用力更接近于身体重心，有利于增加垂直速度。

(3) 弧线助跑在起跳时身体由内倾转变为垂直，产生人体向横杆方向运动的角速度可以加大支撑点的压力，增加起跳效果，为过杆提供有利条件。

(4) 弧形助跑相对降低起跳动作的复杂性。

为了更好地发挥弧线助跑的作用，还要注意助跑曲线的合理性。在具体确定某一运动员的助跑曲线时，要考虑到个人的技术特点和助跑速度，继而形成各自适宜的助跑曲线。

背越式跳高的助跑大多采用 8～12 步或 9～13 步。助跑距离应根据个人的情况而定，最长的可达 30 米左右。助跑一般分为两个阶段，前段为直线助跑，后段为弧线助跑(见图 6-3)。

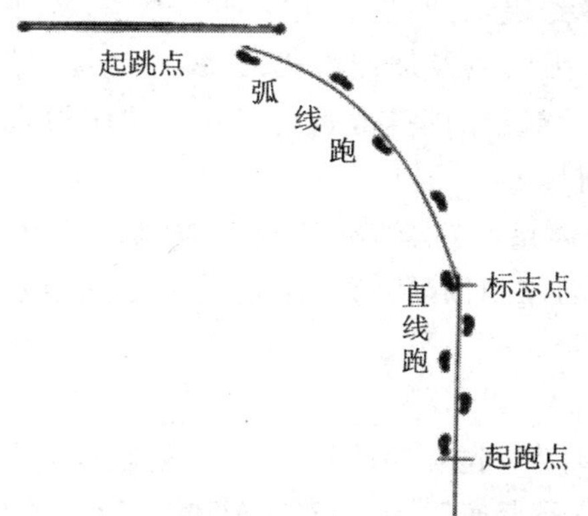

图 6-3　背越式跳高助跑路线示意图

直线助跑技术：近似于短跑途中跑技术，跑进时身体重心高而平稳，上体适当前倾，后蹬充分有力，积极前摆抬腿，两臂协调配合，大幅摆动。

弧线助跑技术：身体逐步内倾，加大外侧腿臂的摆动幅度，保持头、躯干成直线向内倾。

助跑整个过程应有明显的加速性和较强的节奏感，尤其是最后几步逐渐加快，到最后一步最快。要特别注意每一步支撑阶段身体重心前移的幅度和速度，以及上体位置的相对稳定，以便能够顺利地过渡到起跳，并在起跳时使身体重心迅速地前移向上。

助跑起动方式有行进和原地起动两种。无论采用何种起动方式，都要注意动作放松，速度与节奏稳定。尽管优秀跳高选手在助跑距离、起动方式、加速方式等方面各有差异，但助跑节奏特别是助跑最后几步的节奏却较为相似，都表现出积极加速的助跑节奏。

2. 助跑与起跳结合技术

助跑与起跳相结合的技术是跳高完整技术十分重要的环节，它起着承上启下的作用，同时对正确完成起跳动作、提高跳跃效果有着直接的影响。

背越式跳高一般从助跑的最后3步，甚至从进入弧线段开始，就要有准备起跳的意识，这体现在助跑的积极加速和向起跳点迅速跑进上。为了由助跑快速、连贯地过渡到起跳，并产生良好的起跳效果，要求最后这几步助跑在保持积极加速的情况下，前摆与"扒地"积极配合，使身体重心快速前移，最后两步在身体总重心向前加速的情况下，下肢努力超越上体，为起跳创造良好的条件。

为了达到最佳的起跳效果，必须使快速助跑和快速起跳紧密连接起来，尽量减少水平速度的损失，充分利用水平速度的冲击作用。助跑速度越快，起跳动作应越迅速，因此，这就要在保持水平速度时注意起跳前的助跑节奏。快速助跑与快速起跳相结合的关键在于节奏的一致性。由于运动员用力的效果在很大程度上取决于动作结构及机能方面是否为后继动作准备了条件，因此，助跑节奏具有特殊意义。助跑的节奏是指助跑各步的时间和空间的比例关系。背越式跳高的助跑节奏，应从慢到快，后四步更快并且不停顿，特别是最后两步的衔接非常紧凑。稳定的助跑节奏（步长、步频、弧线以及加速形式）是每一位优秀运动员所表现出的重要技术特征。适宜的助跑节奏不仅减少能量的消耗，而且有利于动作的协调自如，为更好、更快的助跑，加快起跳速度，创造良好的前提。

为了进一步加速前移身体重心，摆动腿应积极地"扒地"，推动髋部和躯干大幅度快速前移。摆动腿这一积极主动的动作，对起跳脚迅速地踏上起跳点和起跳时身体迅速由内倾变为竖直，有着非常重要的作用。

3. 起跳技术

起跳是决定高度的关键环节，起跳的任务是迅速改变人体的运动方向，将水平动量改变为垂直动量，并获得尽可能大的垂直速度，同时还要产生一定的旋转动力，保证过杆动作的顺利完成。起跳是向前的力量与起跳腿前撑时得到的反作用力形成的向上合力。背越式跳高起跳是从助跑最后一步摆动腿垂直支撑开始到起跳腿蹬离地面结束，经历两次支撑、两次摆动和一次短暂腾空，两条腿共同参与完成。包括以下动作阶段：

(1)起跳腿着地。助跑倒数第二步时，起跳腿后蹬迅速有力，摆动腿迅速前摆，落地时有力向下靠近身体重心投影点，以前脚掌着地，立即屈曲膝关节缓冲，骨盆迅速前移，身体重心轨迹没有明显下降，身体保持向内倾斜姿势。当最后一步摆动腿支撑过垂直部位后，起跳腿积极迈向起跳点，此时要依靠摆动腿的有力蹬伸，保持身体内倾姿势向前送髋和前移躯干，并使起跳腿一侧的髋超越摆动腿一侧的髋，保持肩轴几乎与横杆垂直的位置，形成肩轴与髋轴的扭紧状态。接着，起跳脚快速前伸，迅速滚动着地，以起跳脚的外侧跟部首先触地，继而通过脚外侧向全脚掌滚动。同时两臂后引，为起跳摆动做准备。

(2)起跳腿支撑。起跳脚着地后，膝关节受到冲量的压迫而弯屈支撑，以缓冲冲力。身体逐渐由倾斜向竖直转变。缓冲结束时，摆动腿屈膝摆至大腿与起跳腿几乎平行，此时摆动腿的大小腿折叠最紧。

(3)起跳腿蹬伸起跳。当摆动腿屈腿摆过起跳腿后，起跳腿开始蹬伸，摆动腿沿助跑弧线方向由前摆转为向上，膝关节内扣，向起跳腿一侧肩的方向摆动，肩轴与髋轴均绕纵轴与矢状轴旋转，身体从倾斜转为垂直，两臂配合腿部动作积极上摆，提肩拔腰，使身体充分向上腾起。同时，身体各部位顺势加入旋转，增加旋转力量，形成身体起跳后顺利转成背对横杆姿势(见图6－4)。

图6－4　背越式跳高起跳动作示意图

蹬伸动作依次由髋、膝、踝顺序用力。蹬伸结束时，三关节充分蹬直。在此过程中，运动员具有一种顺势起跳的感觉，即借助于弧线助跑和身体由内倾转为竖直的作用，提高起跳的向上效果。

4. 腾空过杆与落地技术

腾空过杆是最终决定跳跃成败的重要环节，为了提高过杆的效果，必须形成合理的杆上姿势，利用补偿动作使身体各部分依次顺利地越过横杆(如图6－5所示)。人体腾空后逐渐转为背对横杆的姿势，摆动腿自然下放。头、肩部领先过杆后，及时做仰头、倒肩、展体动作，两臂自然放于体侧，提臀挺髋，弯曲的两膝稍向外分开，小腿自然下垂，身体形成背弓形姿势(如图6－6所示)。然后肩部继续下沉，髋部上挺，使两膝上升。臀部过杆后，通过及时低头、含胸、收腹、伸膝等一系列动作，控制上体继续下旋，使下肢依次过杆。

落地技术相对简单，在整个身体过杆后，应保持屈髋、伸膝的姿势下落，最后以肩背部首先着垫，并做好缓冲动作，防止运动损伤。落地时屈膝屈髋动作不能过大，双臂应展开离开身体，两腿适当分开，避免撞击脸部。

图 6-5 背越式跳高过杆动作示意图

图 6-6 杆上背弓姿势示意图

二、背越式跳高技术的教学重点与难点

跳高是典型的快速力量性运动项目。通过以上对跳高技术原理与动作的分析可见，跳高技术的核心是力争获得最大的腾起初速度和合理的腾起角度，才能越过更高的高度。背越式跳高是当今世界最先进，采用最为普及的跳高技术。它能够充分利用助跑的速度和弧线助跑的优势，充分发挥人体机能，提高起跳能力，并创造有利的过杆动作条件。完整的背越式跳高技术包括助跑、起跳、腾空过杆和落地几个动作阶段，它们之间环环相扣，相互制约，相互依存。其中起跳技术是跳高完整技术的重点和关键，只有掌握正确的起跳技术，才能使人体获得最大的腾起初速度和理想的腾起角度。因此，起跳技术是跳高技术教学的主要内容和重点，应贯穿于整个教学过程。在起跳技术教学中，应注重掌握正确的起跳放脚动作、蹬伸用力动作方法与方向，以及蹬摆动作的协调配合等，尤其强调发挥摆腿、摆臂动作的重要作用。

弧线助跑是背越式跳高的重要特点。起跳技术的好坏与助跑有着密切的关系。助跑与起跳结合得是否紧密、技术是否合理直接决定了水平速度的向垂直速度的转化以及旋转动量的产生，直接影响到身体的腾起高度和过杆动作技术。它具有承上启下的重要意义。教学训练实践证明，要掌握助跑与起跳相结合技术，不仅取决于学生对正确技术概念的认识与理解，同时与学生的身体素质、专项能力有很大的关系，在教学中有一定的难度，需要大量的时间练习、体会。因此，助跑与起跳相结合的技术是背越式跳高技术教学的难点所在。在这一技术教学中，要注重跳高助跑内倾动作的技术特征，富有弹性的助跑态势与加速节奏，大幅有力的蹬摆动作配合，以及快速的起跳动作等重要技术环节，尤其应强调不断加快助跑起跳节奏的意识与练习。

在背越式跳高技术教学中，我们要突出技术重点，狠抓教学难点，加强基本技术训练；同时，要全面学习与掌握完整技术的各个环节，注意个人技术薄弱环节的改进和技术风格的形成；要将学习掌握技术与发展专项素质能力相结合，才能全面提高技术教学的效果。

第二节 背越式跳高技术的教学步骤

起跳技术是整个跳高技术的核心，它对于掌握完整技术起着决定性作用。背越式跳高技术的教学应紧紧围绕起跳技术，循序渐进地向技术过程的前、后阶段展开进行。教学要从易到难，从简到繁，从分解动作学习向完整技术的掌握过渡。在教学中应合理地安排教学步骤与教学进度，采取多种教学方法与手段，突出重点与难点技术教学，强化基本技术和薄弱环节技术练习，使整个技术教学取得良好的效果。以下为背越式跳高技术的一般教学步骤及方法与手段。

一、建立正确完整的背越式跳高技术概念

在背越式跳高技术教学开始时，教师应充分利用技术图片、录像、优秀运动员示范等直观教学方法，通过讲解分析，加深学生对跳高项目的了解，建立正确的跳高技术概念。

(1) 简介跳高运动的发展历程，不同跳高技术方法的演变等。

(2) 结合技术原理，明确背越式跳高的技术特点，建立正确完整的背越式跳高技术概念。

(3) 介绍场地器材、规则裁判，以及对跳高技术的影响与要求。

(4) 说明学习跳高运动的意义和锻炼价值，提出练习时的注意事项。

二、学习背越式跳高起跳技术

(1) 原地迈步放起跳脚练习。练习时，摆动腿屈膝蹬地、向前送髋，同时起跳腿前伸、放脚，以脚跟及脚外侧首先着地，并迅速滚动至全脚掌，同侧髋向前送出，肩和上体稍有内倾，不要故意后仰，同时摆动腿的足跟要提起。反复练习，体会迈步放脚动作的要领。

(2) 原地摆臂练习。原地摆臂时，双脚前后开立、摆动腿在前，双臂从体后经体侧前摆至体上，摆动腿同侧臂和肩应高于起跳腿同侧臂和肩。摆臂时应强调以肩带臂，提肩拔腰。

(3) 原地摆腿练习。在摆臂练习的基础上学习掌握摆腿动作。两脚前后开立，起跳腿在前。摆动腿蹬离地面后，迅速屈膝折叠前上摆，膝关节内扣，小腿外展，摆腿同时配合摆臂。起跳腿髋、膝、踝充分蹬伸。

(4) 弧线上步放脚与摆腿、摆臂配合练习。在弧线上两脚前后站立，摆动腿在前。练习时，摆动腿屈膝蹬地，向前送髋，起跳腿积极前伸、放脚，同时配合完成正确的摆腿、摆臂动作。练习时，应注意正确的放脚方向与方式，强调蹬摆动作要提肩、拔腰、和“突停”，增强向上的摆

带意识和摆动效果。

(5) 上一步起跳练习。练习时,摆动腿在前,两脚前后站立,在以上练习的基础上,起跳腿沿弧线向前迈步放脚、蹬伸起跳。同时,摆动腿和两臂积极配合起跳腿向上摆动,以摆带蹬、摆蹬结合,完成起跳动作。

(6) 沿圆圈或弧线做上三步起跳练习等。在掌握上一步起跳练习动作后,可进行沿圆圈或弧线做上三步起跳练习。练习时重点要求三步节奏明显,身体内倾,起跳腿放脚快、起跳快,摆动腿蹬摆速度快。

三、学习和掌握助跑与起跳结合技术

(一) 学习弧线助跑技术

1. 绕圆圈弧线助跑练习

沿不同半径的圆圈(直径一般为 10～15 米左右)进行助跑练习(如图 6－7 所示)。练习时,身体应适度内倾,体会摆动腿脚内侧和起跳腿脚外侧的着地滚动动作,跑动中要高抬大腿,富有弹性,注意上下肢的协调配合。随着练习,圆圈直径可适当由大变小。

2. 直线跑转入圆圈弧线跑练习

如图 6－8 所示,进行由直线进入弧线助跑练习。直线跑时,身体重心高,上体略前倾,后蹬充分有力。进入弧线助跑时,身体逐渐向内倾斜,加大外侧腿和臂的蹬摆力量和幅度,体会在加速跑进中身体由正直逐渐转入向内倾斜的变化,动作圆滑自然。圆圈直径同样可由大到小,逐步增加难度。

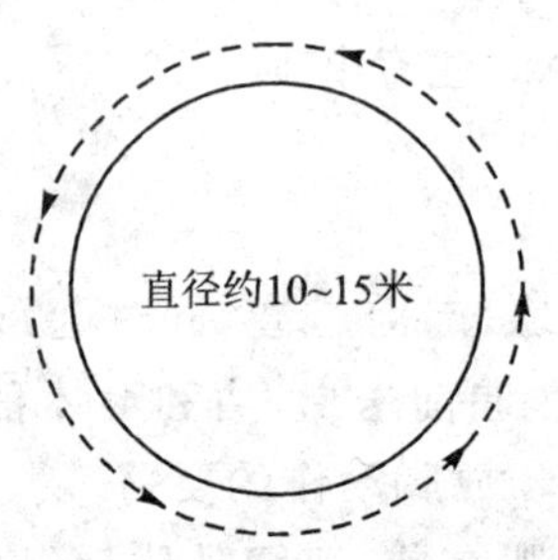

图 6－7 圆圈跑示意图

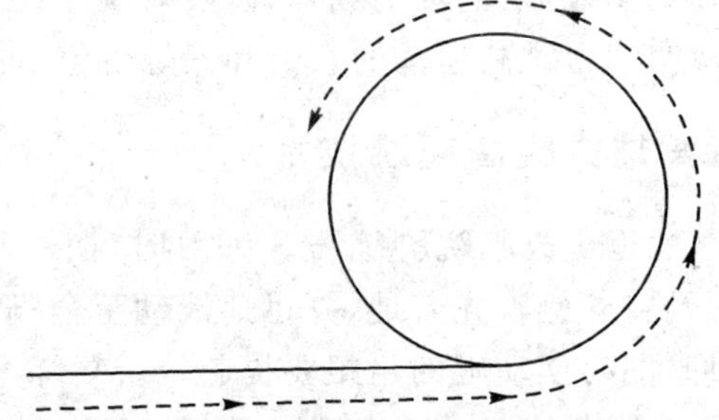

图 6－8 直线进入圆圈跑示意图

3. 面对横杆或海绵垫弧线助跑练习

练习时,要有意识地逐渐加大身体的内倾程度,加快最后几步的助跑节奏,培养弧线快速助跑的能力。

(二) 学习和掌握助跑与起跳相结合技术

1. 绕圆圈做三步或五步的起跳练习

在弧线助跑练习的基础上,做三步或五步的起跳练习,重点体会后两步的加速节奏和起跳动作的紧密衔接,积极向上跳起。

2. 海绵垫或横杆前做三步或五步助跑起跳练习

面对着海绵垫或有一定高度的横杆,做三步或五步的起跳练习。练习前应选好起跳点,并在地上画出助跑弧线,引导学生进行正确的弧线助跑接起跳练习。

3. 三步或五步助跑起跳上垫练习

弧线助跑起跳,身体需腾起垂直向上,踩上海绵垫。要求助跑起跳衔接紧密,起跳向上效果好(如图 6-9 所示)。

4. 短助跑起跳"触高"练习

在起跳高点上方吊置实心球或其他物品,练习时,要求起跳动作垂直向上,用手(或头或摆动腿膝部)触摸高物。

5. 短助跑起跳上海绵垫或高架练习

三步或五步助跑起跳,接着用肩背部着垫躺挂在海绵垫或高架上(如图 6-10 所示)。

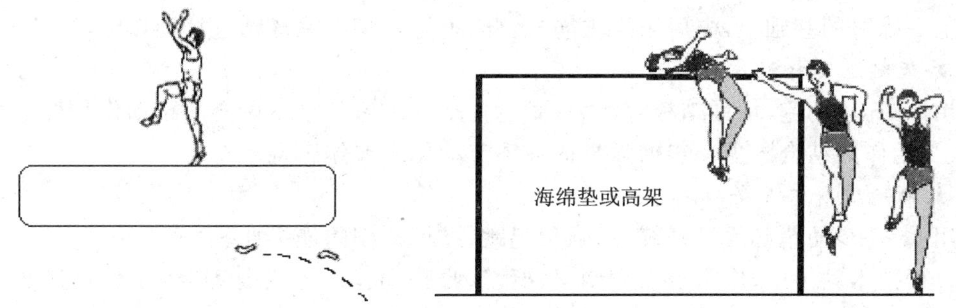

图 6-9 助跑起跳上垫示意图　　图 6-10 助跑起跳上垫示意图

助跑起跳技术是跳高技术的重要环节,在教学中应重点观察,采取有效手段,帮助学生掌握正确的动作。助跑时应强调助跑速度由慢到快,逐渐加速。注重助跑倒数第二步摆动腿落地后动作的正确性和及时性,因为它直接影响到助跑与起跳的衔接和起跳动作的完成。

四、学习和掌握过杆技术

1. 原地挺髋练习

仰卧于海绵垫上,双手分别握住左右踝关节,向上做挺髋动作,反复练习(如图 6-11 所示)。

图 6-11 原地挺髋

2. 原地倒肩挺髋练习

练习时，两脚开立，背对海绵垫；然后向后仰头、倒肩、展体、挺髋，最后用肩背倒落于海绵垫上。

3. 背越过跳马练习

背对搭放垫子的跳马或跳箱站立，双脚提踵；然后两腿弯曲，向上起跳，身体向后做倒肩挺髋过杆动作，接着顺垫子向后落下。体会挺髋动作的时空本体感觉。

4. 短助跑起跳背卧上高垫练习

采用 3～5 步助跑起跳，接着做倒肩、展体、挺髋，成空中杆上背弓姿势，以背部着垫落卧在海绵垫上。

5. 双脚起跳倒肩落垫练习

身体背对海绵垫，两脚左右开立，屈腿向上起跳；然后倒肩挺髋成背弓，顺势向上向后甩腿，以肩背落垫。重点体会仰头、挺髋、收腿，以肩背部着垫的连贯技术。

6. 双脚起跳背越过杆练习

在上一练习的基础上，先后采用皮筋、横杆，进行双脚起跳背越过杆动作练习。

7. 踏板起跳过杆动作练习

采用 3～5 步助跑，借助踏板起跳后，做过杆动作练习。重点体会起跳动作与杆上的倒肩、挺髋、收腿动作的结合。进一步增强身体各环节动作的本体感觉。

8. 短助跑过杆练习等

采用 3～5 步助跑起跳过杆练习，强化起跳、过杆动作的连贯性。

在过杆技术教学中，应重点强调倒肩、挺髋、收腿动作的连贯与配合，注意做到循序渐进，由易到难，因人而异地施实教学，让运动员克服初学时的恐杆心理。

五、学习和掌握完整背越式跳高技术

1. 全程助跑步点的丈量

(1) 起跳点的确立

由于水平不同，每人起跳点的准确位置也不一样。一般来讲，起跳点离横杆距离为 60～80 厘米，靠近起跑点一侧横杆四分之一处为起跳点的位置。

(2) 全程助跑步点丈量

一般来讲，8 步以上的助跑即为全程助跑。在教学中，全程 8 步助跑的丈量从起跳点开始，与横杆平行；从逆助跑方向自然走 5 步，转 90°，从逆助跑方向自然走 6 步，此点与起跳点连结的弧线为背越式跳高后 4 步弧线段助跑距离；再以此点为起点，从逆助跑方向自然走 7 步，便为后 4 步直线段助跑距离（如图 6 - 12 所示）。

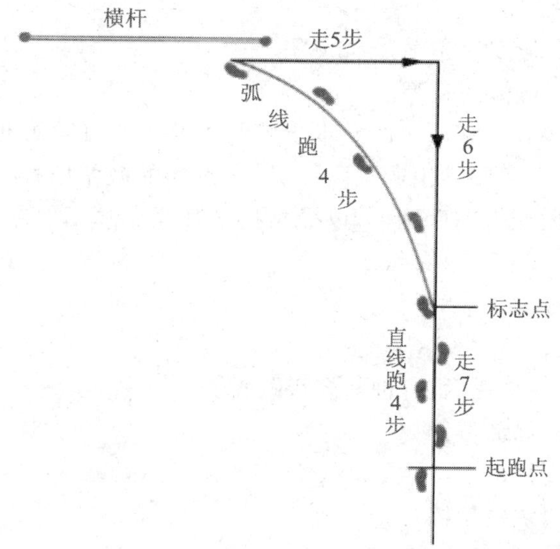

图 6-12　背越式跳高助跑丈量示意图

2. 全程助跑起跳练习

面对较高横杆进行全程助跑起跳练习时，要求助跑应逐渐加速，进入弧线段助跑后加速要明显，最后两步达到最快。

3. 全程助跑起跳背卧上高海绵垫的练习

采用 8 步以上助跑进行练习，助跑节奏感强；进入弧线段助跑后，身体应积极内倾。助跑与起跳结合紧密，起跳积极有力，垂直向上，顺势背卧上高海绵垫。

4. 全程助跑起跳过低杆练习

采用 8 步以上助跑进行练习。练习时，重点强调快速起跳与过杆动作的顺势衔接，体会身体不同部位依次连贯过杆的动作感觉。

5. 全程助跑起跳过高杆练习

与全程助跑过低杆练习基本相同，应重点强调助跑与起跳的紧密结合，增加各动作环节的速度与力量，注重全程技术的完整性，形成良好的全程技术节奏。

六、改进提高完整技术

在掌握完整技术的基础上，需要用相当长的时间对个人的完整技术进行巩固、改进与提高，需经常采用以下方法进行练习：

(1) 进一步调整丈量全程助跑步点练习；

(2) 全程节奏跑练习；

(3) 全程助跑起跳上垫或高架的练习；

(4) 全程助跑过杆练习；

(5) 中等或中等以上强度的完整技术练习；

(6) 教学比赛或技评达标测验等。

以上是学习掌握背越式跳高技术的基本步骤与方法。为了更好地学习掌握跳高技术，提高运动水平，应根据教学需要和学生的实际情况，在不同的教学阶段和课的不同部分，有针对性地安排一定的专项素质能力辅助练习，以提高技术教学的质量与效果。跳高教学训练中常用专项素质能力辅助练习如下，供参考。

发展弹跳力练习：

(1) 单足跳、跨步跳；

(2) 立定跳远、立定三级跳远、行进间多级跳；

(3) 沙坑中做足尖弹跳练习；

(4) 原地纵跳手摸高物；

(5) 分腿、屈腿、单腿跳栏架练习；

(6) 单脚、双脚跳台阶练习；

(7) 跳深练习；

(8) 原地单腿向前、向侧、向后弹腿跳练习；

(9) 利用体操凳和跳箱做各种跳跃练习等。

发展柔韧性练习：

(1) 压腿、劈腿、踢腿练习；

(2) 下桥、体屈、甩腰练习；

(3) 利用肋木做相关伸展练习等。

灵敏与协调性练习：

(1) 各种技巧练习，如前、侧手翻，前后空翻等；发展空间感、平衡能力、协调性和准确性等；

(2) 各种徒手操、健美操、舞蹈动作的练习，发展协调、平衡、节奏等能力；

(3) 各种变换方向和距离的跑、跳练习或球类活动；发展反应能力，应变能力等灵活性；

(4) 各种游戏活动，既能提高练习兴趣，又能发展灵敏性和协调性能力。

第三节　在背越式跳高技术学习中易犯的错误动作及教学注意事项

在背越式跳高技术教学中，及时准确地发现学生技术动作上的错误，并采取正确的方法予以纠正是教学的重要环节，可以这样讲，技术学习掌握的过程就是不断修正完善的过程。因此，首先要对跳高技术的原理结构有正确的理解和认识，明确背越式跳高的技术特点和动作要领;同时又要对教学的实际情况,尤其是学生的能力状况、不同教学阶段的要求等有所把握。要善于观察、分析,根据错误动作产生的原因和教学对象的特点,采用有针对性的方法予以纠正,避免错误技术动作定型。

一、在背越式跳高技术学习中易犯的错误动作

(一) 起跳中常见的错误动作、产生原因及纠正方法

1. 起跳前减速,甚至出现停顿现象

主要产生原因:助跑节奏不稳定,起跳前降低身体重心太多,放脚时摆动腿过分前伸,上体后仰,产生较大制动。初学者由于技术概念不清或有怕杆心理也会造成起跳前减速或停顿。

常用的纠正方法:进一步明确技术要领,克服恐杆心理。反复在杆前做助跑起跳练习,注意在最后几步助跑时身体重心要平稳,起跳放脚位置要正确,动作要快,克服上体后仰。开始起跳过杆练习时,可先用皮筋代替横杆,以克服怕杆心理。

2. 起跳时身体过早地倒向横杆

主要产生原因:助跑最后 1～2 步时不能保持适度身体内倾,过早地向横杆方向转体;注意力过分集中在腾空动作上,过早做过杆成桥的姿势;弹跳力差,腾空低也可能造成过早开始杆上动作。

常用的纠正方法:反复做杆前弧线助跑和助跑起跳上海绵垫或高架等练习,强调起跳前的身体内倾,加强起跳垂直向上的动作,以及正确的摆腿、摆臂方向。采用专门的弹跳力练习,发展向上起跳的能力。

3. 起跳时摆动腿脚擦地

主要产生原因:摆腿时,蹬伸用力不足,大小腿折叠不够,小腿过早地踢出。

常用的纠正方法:在弧线上连续做上步快速有力的蹬摆起跳练习,摆动腿用力蹬地后,迅速收拉、折叠小腿,以髋带腿向前上摆出。必要时可小腿负沙袋进行练习。

4. 起跳放脚不正确

主要产生原因:助跑弧线弯度过大,易造成起跳放脚外转和膝关节外撇;助跑弧线过直,或在弧线助跑时突然沿切线跑,甚至最后 1～2 步跑成了直线,都易形成放脚与横杆夹角过大。这些错误直接影响起跳方向与动作,同时极易造成踝、膝损伤。

常用的纠正方法:明确正确起跳放脚动作的重要性。根据不同情况调整助跑弧线。加强弧线助跑起跳练习,注意身体内倾和跑进方向,强调正确的放脚动作。

5. 摆腿起跳时臀部后坐

主要产生原因:迈步起跳时送髋动作不够;摆腿动作没有以髋带腿。另外,髋关节灵活性、伸展性差,也可能对送髋摆腿动作产生一定的制约。

常用的纠正方法:反复进行迈步起跳练习,加大摆动力量带动送髋,同时要求起跳脚着地时髋快速移上支撑点。另外,应有针对性地加强髋、腿环节伸展性与灵活性的练习。

(二) 弧线助跑中常见的错误动作、产生原因及纠正方法

1. 助跑最后两步直体过早

主要产生原因:对弧线跑的概念认识不清,助跑弧线太小,速度过缓,助跑距离太短。对弧线跑保持身体内倾至最后一步快速由内倾转成垂直掌握不好。

常用的纠正方法:观摩优秀运动员的技术录像或正确示范,进一步明确正确的弧线助跑概念;加大助跑弧线练习,反复做全程助跑练习等,注意体会弧线跑时身体倾斜角度应由小→大→零的合理变化。

2. 助跑加速不匀,节奏紊乱

主要产生原因:助跑步点不准确,缺乏节奏感,对横杆有恐惧感,注意力不够集中。

常用的纠正方法:调整助跑距离,确定适宜的助跑步点,采用划线、设标记、听节拍等方法,培养学生的助跑节奏感;同时在练习难度上循序渐进,帮助学生克服恐惧心理。

3. 助跑速度过快,致使跳不起来

主要产生原因:对助跑速度控制不好,腿部力量差,支撑能力不够。

常用的纠正方法:降低助跑速度,调整助跑节奏,加强腿部力量训练,提高专项跳的能力,根据对技术掌握的程度和能力提高的水平,逐步提高可控的助跑速度。

(三) 过杆落地时常见的错误动作、产生原因及纠正方法

1. 身体坐着过杆

主要产生原因:起跳后摆动腿放不下来,挺髋背弓动作不积极;腾空后害怕肩背着垫,不敢做两臂外展和头后仰的动作。

常用的纠正方法:通过在垫上做送髋、倒体成桥练习,以及原地高台过杆和短助跑过杆等多种练习,进一步体会放腿、倒肩、挺髋动作的感觉。通过一定的诱导练习和防护措施,帮助学生克服害怕肩背着垫的心理恐惧。

2. 身体与横杆斜交叉过杆

主要产生原因:起跳时倒体动作太早,影响沿身体纵轴的转体动作,摆动腿沿横杆摆动用力不够。

常用的纠正方法:反复练习杆前助跑起跳,起跳时重点强调摆动腿的摆动方向,避免过早倒体的动作。可采用3～5步助跑起跳摆动腿触高物的练习,练习时要求摆动腿用力向内摆,身体沿纵轴转体90°～270°。

3. 大腿后侧和小腿擦落横杆

主要产生原因:起跳后挺髋、仰头、下潜动作不到位;起跳时摆动腿大小腿折叠上摆不够,过杆收展不及时。

常用的纠正方法:通过交替进行原地、上步和短助跑背越过杆练习,反复体会与强化空中挺髋动作和过杆时的收腿动作时机。

4. 落地时头肩先着垫

主要产生原因：过早屈髋收大腿，头部回收制转动作过晚，或习惯于后滚翻落的方式；有时可能是因为垫子太低，下落高度过高所造成。这一错误不仅影响技术动作，更易造成危险的运动伤害。

常用的纠正方法：通过原地或助跑背越式过杆练习，纠正落地位置，注意身体不能过于放松，体会正确的收大腿动作与时机。克服不良的动作习惯，必要时应增加海绵垫的高度。

5. 落地时双手先撑地

主要产生原因：害怕肩背着垫，腾空时身体失去平衡。

常用的纠正方法：通过在垫上进行后倒肩背着垫练习，或在较高的起跳位置做有杆或无杆的原地背越式练习，体会正确的落地技术。要注意克服害怕心理，必要时可进行一些诱导、限制或帮助。

二、背越式跳高技术教学注意事项

(1) 要正确认识完整技术与分解动作的辩证关系，合理地运用教学方法。背越式跳高技术是各环节紧密相连、不可分割的完整体。在教学中要围绕重点、难点技术，根据现代跳高技术的特点与要求，将分解教学法与完整教学法有机结合，强调完整技术教学的重要作用。

(2) 在进行起跳技术教学时，应重视摆动动作的重要作用。强调以摆带蹬、蹬摆配合，屈膝折摆、加速摆动的技术要求。

(3) 在助跑与起跳相结合技术的教学中，应注意根据学生的不同情况选择弧线助跑的曲率大小；助跑距离应由短到长，助跑速度由慢到快，培养学生以较快的助跑速度完成快速起跳的能力。

(4) 在教学中，教师应重点观察和强调助跑倒数第二步摆动腿落地后的动作，采取有效措施，帮助学生建立快速正确的助跑起跳衔接技术。

(5) 在过杆技术教学中，应采用各种辅助练习、诱导练习，做到先易后难，降低或消除学生过杆时的恐惧心理，帮其增强自信心。

(6) 在各种过杆练习中，要强调利用身体重心的向上趋势，顺势、依次、连贯地完成动作。注意采用各种手段预防与克服过杆时屈髋团身这一最常见的错误动作。

(7) 在完整技术教学阶段，应注意不断提高学习要求，逐步提高各动作环节的速度与幅度，培养正确良好的全程技术节奏感。

(8) 在改进完整技术教学中，应有针对性地逐步提高练习高度，但不应盲目追求跳跃高度，以避免形成错误的技术定型和不良的动作习惯。

(9) 在背越式跳高技术教学中，还应注意加强安全防护措施，避免伤害事故的发生。

思考题：

1. 简述跳高运动的发展与技术演变。
2. 跳高高度由哪几部分构成？简析决定跳跃高度的力学因素。
3. 背越式跳高的技术特点是什么？完整技术包括哪几部分？
4. 简述背越式跳高起跳技术的动作要领。
5. 简述背越式跳高过杆动作的技术特点与要求。
6. 简述背越式跳高技术教学的重点与难点。
7. 试述背越式跳高的教学步骤。
8. 试述在背越式跳高技术教学中应注意的问题。

第七章　跳远技术的教学程序

本章提要：本章主要结合跳远运动的原理和技术结构与特点，针对挺身式跳远的技术要领、教学重点与难点等进行分析。在总结以往教学训练理论与实践的基础上，对挺身式跳远技术教学的程序步骤、方法手段、错误动作与纠正、教学注意事项等进行较全面的论述。通过对本章的学习，使学生了解跳远运动的发展，建立正确的挺身式跳远技术概念，明确技术要领。通过正确的技术教学步骤与方法，逐步学习掌握好挺身式跳远技术。同时也旨在帮助教师加深对跳远技术教学规律、教法手段的认识与理解，改进教学方法，提高教学质量。

第一节　跳远技术及教学的重点与难点

跳远运动不仅是奥运会等大型和高水平竞技赛事项目之一，同时也是开展最为广泛和最为普及的田径运动项目。跳远运动历史古老，经历了产生、演变与发展的过程。教学训练实践证明，要很好地掌握跳远技术，必须对其发展演变过程有一定的了解，深入理解跳跃运动的原理，掌握跳远运动的技术结构与项目特点，认真分析、明确技术重点和教学难点，才能保证技术教学更具有针对性和有效性，以不断提高跳远技术教学的质量。

一、跳远技术

跳远是原始人类猎取食物和逃避猛兽侵害的一种生活技能，后又成为挑选与训练士兵的条件和手段。在古希腊奥林匹克运动会上，跳远已作为比赛项目之一。当时的跳法是跳者双手各持金属或石质重物，通过不长的助跑，从稍高于地面的类似"门槛"的木板上起跳，在起跳时将双臂向前挥摆，开始下落时将重物向后猛力抛出，然后落在挖松的土地上。

早在1896年第一届现代奥运会上，运动员采用的是蹲踞式跳远技术。1898年，美国运动员首先采用了"两步半"走步式跳跃技术。1920年前后出现了挺身式跳跃技术。直至20世纪60年代，不少高水平运动员采用了"三步半"走步式技术。随着社会文化的不断发展，田径跳远运动逐渐普及，它不仅是人类竞技体育的一种竞赛方式，也成为人们强身健体的一种锻炼手段。尽管跳远技术由蹲踞式演变到挺身式，再发展到走步式，但根据跳跃运动的技术原理和运动员的能力水平，以及运动员的个人特点，目前仍有不少运动员，尤其是广大初中级青少年运动员，依然或必须采用挺身式跳远技术。因此，从技术教学角度出发，本章主要阐述挺身式跳远技术。

现代的田径运动跳远项目，又称急行跳远，技术过程主要由助跑、起跳、腾空和落地等动作环节组成。运动员沿直线助跑，在起跳板前沿线后用单足起跳，经腾空阶段，然后用双足在沙坑落地。比赛时以跳的远度决定名次。现代跳远运动的发展是随着现代奥林匹克运动的兴起、发展而兴盛起来的，在百余年的历史进程中，跳远的运动形式并没有发生根本的变化，但在跳远的腾空技术、成绩、场地设施以及训练方法等方面都发生了深刻的变化。这种变化大体经历了四个阶段：

第一阶段：萌芽阶段(1860—1900 年)

在这一阶段，随着对空中动作的认识逐步加深，人们更加重视对跳远空中技术动作的探索与改进，跳远运动成绩不断提高。从最初的蹲踞式腾空技术到 1898 年美国运动员普林斯坦最先采用的"两步半"走步式技术，跳远成绩从 5.28 米大幅度提高到了 7.24 米。1900 年普里斯坦又创造了 7.50 米的世界纪录。同年，在跳远比赛中首先发明并开始使用了起跳板，这对于不断增加腾空时间，大幅度提高跳远运动成绩起到了十分重要的作用。

第二阶段：探索阶段(1900—1935 年)

在不断加深对跳远技术主要环节认识的基础上，这一阶段，人们开始探讨助跑速度与跳远成绩的关系，进一步明确了助跑速度对跳跃远度的重要影响，促使了运动员的成绩不断提高，刷新纪录的周期大大缩短。20 世纪 20 年代，大多数运动员采用挺身式跳远技术创造了一个又一个世界纪录。然而，1935 年美国著名短跑运动员欧文斯在其兼项的跳远比赛中，第一次用蹲踞式技术创造了 8.13 米的男子跳远世界纪录，首破 8 米大关，这一纪录保持了 25 年之久。欧文斯的这一跳进一步验证了助跑速度对于提高跳远成绩的重要作用，启发了更多运动员加强了速度能力的训练与提高。

第三阶段：发展提高阶段(1935—1970 年)

随着科学技术的不断发展，人们对于跳远项目的认识与探索逐渐深入。譬如，在跳远起跳技术中运用"制动式"和"打击式"的起跳技术，对提高跳远成绩产生了积极的影响。同时，这一阶段更加重视专项技术训练和力量训练相结合，尤其是绝对力量练习倍受重视。

进入 20 世纪 60 年代，跳远成绩提高较快，男子跳远纪录交替被打破，美国选手波斯顿和前苏联选手捷尔·奥瓦涅相先后以 8.21 米和 8.35 米刷新世界纪录。在此期间，教练员和运动员开始运用生物力学原理分析跳远技术，强调助跑与起跳的衔接，并注重在保持适宜腾起角的前提下，尽可能提高腾起初速度及维持空中和落地动作的平衡。1968 年美国黑人大学生比蒙创造了 8.90 米的世界纪录，被当时舆论界称为 21 世纪的纪录。人们普遍认为，比蒙惊人的一跳是良好的身体条件、全面的身体训练水平、赛中技术的稳定发挥，以及比赛环境等多因素的完美结合。其技术特点主要表现为助跑速度快、动作幅度大、起跳时间短和腾空高等。

第四阶段：成熟完善阶段(1970 年至今)

多年来，人们在遵循客观规律的基础上，逐步探索出跳远训练的规律，即在高速助跑的前提下，努力通过起跳获得适宜的腾起角度。因此，要求运动员的速度和起跳能力能够做到同步平衡发展。从训练学意义上讲，跳远的训练过程也就是助跑速度和起跳能力两者之间平衡的不断打破、不断弥补，在更高的水平上达到新的平衡和同步的过程。在助跑速度与起跳能力这一矛盾之间，发展助跑速度应始终放在第一位。具体包括两个方面，一是提高绝对速度水平，奠定了提高跳远成绩的基础。二是提高助跑速度的利用率，这是衡量与评价跳远运动员能否将水平速度有效转化到专项技术上的重要指标与依据。在此发展阶段中，虽然跳远世界纪录进展缓慢，但优秀跳远运动员的数量却在迅速增加；同时，跳远技术也在不断完善与创新，如大多数运动员采用“跑步式”的起跳方法和“走步式”的腾空动作。20 世纪 70 年代中期，为了克服起跳所产生的前旋，有人大胆采用了利用起跳产生前旋力的“前空翻式”跳远技术，即运动员腾空后快速低头含胸，抱膝收腹，在空中旋转一周后打开身体缓冲落地。有资料记载，当时采用这种跳远方法的正式比赛成绩为 7.93 米。但后来国际田联对“前空翻式”跳远技术以危险性大、不宜推广等为由做出了禁止此种跳法的最终裁决。

进入 20 世纪 80 年代后，世界上先后跳过 8 米以上的运动员有 50 多人。美国选手刘易斯多次接近比蒙的世界纪录。在 1991 年东京第 3 届世界田径锦标赛上，美国选手 M· 鲍威尔以 8.95 米的成绩打破了比蒙保持了 23 年之久的男子跳远世界纪录。他的较高助跑速度(10.86m/s) 和较大腾起角(23.1°)的起跳技术也进一步推动着现代跳远技术不断向前发展。

(一) 跳远的技术原理与技术结构

跳远运动是人体运用自身能力，通过一定的运动形式，使身体腾越最大远度的运动项目，是人体从水平位移转为抛射运动的过程。因此，人体腾起的速度和角度决定了腾跃的远度。

1. 跳跃远度构成

在跳远项目中，由于人体的重心与落地点不在同一水平面上，根据抛物运动，人体跳跃的远度可视做由身体重心腾越的各段距离之和所构成，即由三段距离构成，如图 7 - 1 所示。即：S(跳跃远度)＝S 1＋S 2＋S 3。

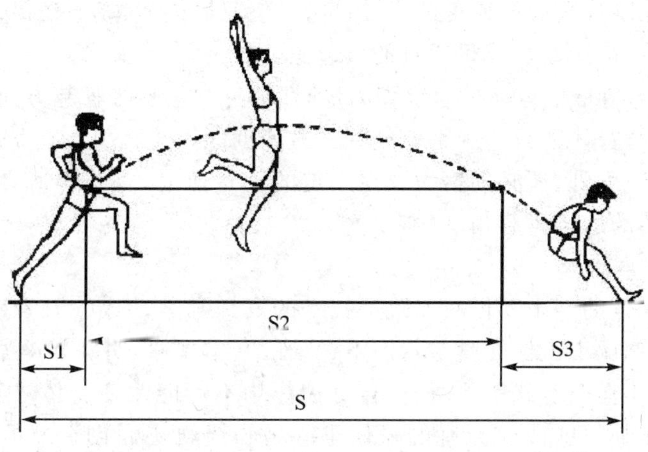

图 7 - 1　跳远远度(S)的构成

S 1 是人体起跳结束瞬间身体重心垂直投影点至起跳点的距离，它取决于起跳瞬间身体的姿势和身高、腿长等因素。

S 2 是起跳腾起后，身体重心腾空的水平位移距离，它取决于身体重心的腾起初速度、腾起角度、离地瞬间身体重心高度和空气作用力等。S 2 是跳跃远度最主要的构成部分，也是运动员训练所追求的最重要的目标。

S 3 是人体落地前身体重心在起跳结束腾起瞬间在水平方向位移最远点的垂直投影点到双脚落入沙坑点的距离，它取决于落地时身体姿势和落地动作的合理性。

2. 决定跳跃远度的主要力学因素

抛射物体运动原理告诉我们，抛射体的远度与抛射物体的抛射初速度和抛射角度有密切关系，公式为：

$$S = \frac{V_0^2 \sin 2\alpha}{g}$$

这一物理学公式明确地表示出：在决定抛射体远度(S)的因素中，抛射初速度(V_0)起着关键性作用。同时，抛射角度(α)对抛射远度产生重要影响。g 为重力加速度，是个常数。

尽管田径跳远运动与上述抛射体运动公式有一定的差异，譬如跳远运动中身体重心的起落点并不在同一水平面上，运动员落地动作的作用，室外自然环境条件的影响等；但是总的来讲，跳远运动还是符合并遵循抛物体运动的基本原理的。即决定跳远远度最基本的因素是人体重心的腾起初速度和腾起角度。

(1) 腾起初速度。腾起初速度是指人体在起跳离地瞬间身体重心的移动速度，它是由助跑所获水平速度和起跳动作产生的垂直速度共同构成的和速度，它的大小与身体能力和技术水平有密切的关系。一般来说，助跑速度越快，起跳速度越快，腾起速度也就越大。从实践来看，水平分速度是组成跳远腾起初速度的主要部分，它是决定腾空远度的基本因素，而垂直分速度的作用则是为了保证运动员获得适宜的腾起角。

(2) 腾起角。腾起角是指运动员起跳脚离地瞬间，身体重心的腾起方向与水平面的夹角。腾起角的大小与腾起时身体的重心水平速度和垂直速度的大小相关。在跳远运动中除了争取获得尽可能大的水平速度外，还必须努力获得一定的垂直速度，以获得适宜的人体腾起角度。实践中发现，跳远运动的适宜腾起角一般在 18°～22°之间。

3. 空中动作的基本原理

在跳跃运动中，人体的空中动作对于跳远技术的发挥和运动成绩有着不可忽视的影响作用，故此，我们必须深刻认识人体在腾空状态下运动的基本规律，明确并遵循以下基本原理。

(1)我们知道，人体在腾空状态下，任何自身动作均不可能改变身体重心的运动轨迹。也就是说，任何空中动作都不能改变原有的身体重心抛物线轨迹而创造新的腾空高度或远度。所以，跳跃运动员只能在既定身体重心运动轨迹的基础上，合理地运用技术动作，使身体越过更高的垂直距离或跳越更远的水平距离。

(2) 人体腾空状态下，身体某一部分的下降必将引起其他相应部分的升高，即称之为身体的补偿运动。如在跳远运动中可以充分利用上肢和上体的前压动作，在一定限度内推迟足跟触及沙面的时间，以取得较好的远度成绩。

(3) 合理地利用人体各环节的相向运动和补偿运动作用，可以有效地控制身体在空中的各种转动技术，以获得良好的跳跃技术效果。在跳远项目中，人体合理的空中动作主要是为了维持身体的平衡和为良好的落地动作做好准备。

(二) 跳远的技术要领

跳远的完整技术由助跑、起跳、腾空、落地四个紧密联系的技术阶段组成，如图 7－2 所示。

图 7－2　跳远完整技术动作过程示意图

1. 助　跑

助跑的主要任务是获得必要的水平速度，为准确踏板和快速有力的起跳创造有利条件。

助跑技术与短跑途中跑技术基本相同，开始几步，身体前倾较大，两臂前后积极摆动，两腿蹬摆积极有力。中间段落，躯干抬起，加大摆动，后蹬充分，身体快速前移。最后几步是关键，应积极加速，增加步长至最大，同时要加快步频，形成快速上板的良好技术特征。

助跑的起动方式一般有两种，一种是从静止状态开始助跑，它有利于提高助跑的准确性，尤其适宜初学者采用。另一种是从行进状态开始助跑，即先走几步或跑几步，踏上起跑点后再开始加速，这种方式动作放松、自然，有利于发挥助跑速度，但对准确踏板提出了更高的要求。

助跑的加速方式一般较常见的有两种，一是积极加速方式。运动员从助跑开始就积极加速，提高步频，获得较快的助跑速度。这种加速方式能够较早地使身体摆脱静止状态，开始几步的步长较短，步频较快，上体前倾较大，更适合绝对速度较快的运动员，但因助跑动作紧张，起跳的准确性常会受到影响。第二种方式是逐渐加速方式，即在逐渐加大步长的基础上不断加快步频，这种方法跑得自然、轻松，加速时间相对较长，且加速均匀而平稳，大多数优秀运动员通常采用此种加速方式。

跳远助跑距离的长短各不相同，因人而异；但是助跑距离的长短必须以保证助跑任务的顺利完成为依据。助跑过长或过短，都不利于助跑速度的发挥和利用，影响起跳的效果。无论助跑的加速方式或距离长短都应根据运动员的跑动能力、训练水平及个性特点来综合判断和决定。

助跑节奏是充分发挥运动员最大跑速、提高速度利用率、快速合理地进入起跳环节的重要因素之一，因此，保持放松自然，富有弹性，积极加速的良好助跑节奏至关重要。尤其是助跑的最后几步（6～8步），是整个助跑技术的关键。在教学训练实践中应注意，一是要强调保持良好的跑动动作结构，保持高速度，不要过多地强调起跳前的准备动作。二是要强调保持较高的身体重心，不宜过多强调起跳前身体重心的下降。三是要强调最后几步的快速动作节奏，不必过分强调最后3步步长间的比例关系。

综上所述，助跑技术总的要求是跑动积极，身体重心移动平稳，跑动动作自然放松，在短时间内发挥所需的最大速度；步长和节奏稳定，能准确踏上起跳板，助跑最后几步加速明显，适宜降低身体重心，为顺利起跳创造有利条件。

2. 起　跳

起跳的主要任务是获得最大的腾起初速度和适宜的腾起角度，为完成空中动作创造条件。

起跳是完整技术最重要的动作环节。从整个起跳动作又可细分为起跳脚着地、起跳腿缓冲和蹬伸动作阶段，以及上肢与下肢、蹬与摆的协调配合动作，如图7-3所示。

图7-3　跳远起跳动作示意图

（1）起跳脚着地。起跳脚着地是助跑与起跳结合的关键性技术。是由“跑”向“跳”过渡的开始。助跑的最后一步，为了加快放脚着板动作，起跳腿膝关节抬起稍低，起跳脚积极主动下落着板，脚跟与脚掌几乎同时接触起跳板。起跳脚着板前，摆动腿开始充分折叠并迅速前摆跟上起跳腿。

（2）缓冲。起跳脚着地后，由于水平速度的惯性和自身重力的作用，迫使起跳腿完成退让性工作。缓冲时，膝关节弯屈角度要适宜，一般为135°～145°角。上体要保持正直，身体重心处于相对较高的位置。起跳腿缓冲时，摆动腿继续积极折叠前摆，并带动髋部迅速前移，两臂配合腿部动作迅速靠近躯干两侧。

（3）蹬伸。当身体重心移过支撑点垂直面开始蹬伸动作，蹬伸动作对起跳效果起着至关重要的作用。蹬伸时要与摆腿、摆臂、提肩、拔腰等动作协调配合，使身体向前上方伸展。两臂以肩为轴靠近身体前后摆动。起跳腿同侧臂屈肘向前上方摆至与肩平行或稍低于肩，另一臂稍向侧后方摆出。同时，折叠的摆动腿带动髋部迅速向前上方摆至与地面平行时，要有意识地做“突停”动作，从而进一步增加支撑反作用力的作用，以便更好地维持身体平衡，以取得良好的起跳效果。

（4）起跳过程中的摆动动作。跳远起跳过程中的摆动动作，对于减少着地时制动力、提高起跳速度、增强起跳效果有着十分重要意义。因此，起跳时不仅要强调起跳腿的快速有力蹬伸，还要十分注意摆动以及"摆"与起跳腿"蹬"的动作协调配合。

摆动腿的摆动速度对起跳有着直接的影响。摆动的最高速度出现在摆动腿位于髋关节的正下方处。此时，优秀运动员的最大摆动速度可以达到 13.5 米/秒。蹬伸离地时，摆动腿的摆动高度达到或高于水平部位。据资料，优秀运动员两大腿的夹角为 106°～114°。

在完成"蹬"和"伸"的动作过程中，存在一定的"时间差"。即在起跳过程中，有研究认为，起跳腿的伸展是在脚着地后约 0.08 秒（起跳过程的三分之一处）开始的。此时，摆动腿已完成近乎一半的摆动。当起跳腿伸展时，臂向上方摆动的动作已开始减速，这样，起跳腿屈曲时由于摆动动作的作用而减小了起跳时的制动力。在起跳伸展时，摆动动作的反作用效果增大了对地面的压力。在起跳腿伸展的最后阶段，摆动动作的制动可使起跳腿更快地蹬伸，使整个身体快速向上伸展。

综上可见，跳远起跳技术的基本要求是放脚着地动作积极，脚跟着地后迅速滚动至全脚掌支撑，屈膝缓冲适度，身体重心快速前移，蹬伸动作迅速、充分，蹬伸方向角度合理；摆动腿与摆动臂要配合蹬伸动作积极协调。

3. 腾　空

腾空阶段的主要任务是充分利用身体重心的运动轨迹，维持好身体平衡，为落地创造有利条件。起跳后，身体保持离地时的"跨步"姿势（如图 7-4 所示），向前上方腾起，这一动作称为"腾空步"。"腾空步"之后的身体空中动作姿势有三种形式，即蹲踞式、挺身式和走步式。

图 7-4　"腾空步"姿势示意图

（1）蹲踞式。"腾空步"后，摆动腿大腿继续高抬，两臂积极向前上方摆动，起跳腿充分蹬伸后向前上方提举与摆动腿靠拢，两腿一起提举。膝关节靠近胸部，躯干保持正直，形成蹲踞的空中姿势。随后两腿逐渐伸直，小腿尽量前伸，两臂由体前经体侧摆向体后，准备落地。

（2）挺身式。挺身式腾空动作如图 7-5 所示。"腾空步"后，积极下放摆动腿大腿，小腿顺势自然向下后方摆动，伸髋与蹬伸后稍稍前移的起跳腿靠拢。在腾空最高点，身体充分伸展，两臂向下后方摆动，形成"挺胸展髋"的姿势；随后收腹举腿，双腿前伸，两臂绕摆上举后，经体前向体后摆出，小腿尽量前伸准备落地。挺身式空中技术动作要求空中动作自然合理，挺身与下放摆动腿动作配合自然，摆臂与展髋舒展协调，充分利用好空中自身的旋转动能，为落地创造条件。

图 7-5 挺身式腾空技术示意图

（3）走步式。走步式腾空动作（如图 7-6 所示）“腾空步”后，摆动腿下放并向后摆动，同时起跳腿屈膝前摆，大腿前提，小腿前伸，两臂协调配合腿的动作做大幅度环绕摆动，在空中完成换步动作，此时，起跳腿在前，摆动腿在后；随后，摆动腿向前收，并与起跳腿靠拢。两腿屈膝向胸部提举，上体前倾，完成两步半的走步式动作，再换一次腿即完成三步半走步式动作，随后准备落地。

图 7-6 走步式腾空技术示意图

4. 落 地

落地动作的主要任务是通过合理的动作进行缓冲，保证身体安全有效地落地，同时充分运用身体动作获得最远的落地距离，如图 7-7 所示。

落地前，两腿尽量向前伸直，脚尖勾起，上体前倾，两臂经体前向后摆动。脚跟触沙面后，两腿迅速屈膝，使身体重心迅速移过落点，避免后坐落于沙坑。良好的落地技术要求着地前两腿屈膝高抬成团身姿势，在即将着地时，膝关节迅速伸直，使小腿前伸，以脚跟先接触沙面。

图 7－7　跳远落地动作示意图

二、跳远技术的教学重点与难点

现代田径跳跃项目技术的发展均集中体现出“以速度为中心、以快速力量为基础”的特点，因此，跳远技术的教学必须紧密与此特点相适应。通过以上对跳远运动原理与跳远技术过程各阶段的深入分析，不难看出起跳技术是跳远运动的关键技术和重点技术，是技术教学的重点；而快速助跑与快速起跳相结合技术则是教学的难点。因此，在整个跳远技术教学中应自始至终突出其重点技术的教学，狠抓教学难点，并在此基础上更好地学习与掌握腾空与落地技术。

以“速度为中心”必须贯彻于跳远技术教学的全过程。以速度为核心，学习、掌握和完善跳远技术，就必须具备良好的快速跑动能力，以保证具有良好快速的助跑速度，并为提高快速起跳奠定基础。因此，在教学中应把培养学生的快速助跑能力和快速起跳能力作为重点，常抓不懈。在教学初始阶段，就应使学生建立起一个完整正确的动作技术概念，通过教学形成连续快速的技术动力定型，使学生具备良好的助跑与起跳相结合的能力，保证对跳远技术的学习、掌握与提高，使跳远技术教学更加遵循与符合现代跳跃技术的发展趋势与方向。

在起跳技术的教学中，应更加突出“摆动”技术的教学，注重蹬与摆动作的紧密配合，最大限度地提高起跳效果。“以摆带蹬”突出体现了现代跳跃项目技术教学观念的转变。在起跳过程中摆动腿和两臂的摆动动作，必须与起跳腿的着地缓冲及积极蹬伸动作协调配合。摆动动作在起跳中具有的重要作用，促进了教学的改进。在当今的跳远技术教学中，更多的是一改过去在起跳技术教学时那种只强调起跳力量与蹬伸，而忽视摆动作用的倾向，渐已树立起了“以摆促蹬、蹬摆配合”的新教学观念。

教学实践与理论研究都充分证明，发展与助跑速度相适应的快速起跳能力是跳跃项目技术教学的重要内容。近年来，在不少研究中有人提出应保持高助跑速度进入起跳，尤其是最后几步助跑（10 米左右）应不断加速，直至起跳前达到最高速进入起跳。这充分说明了快速助跑与起跳的重要性，也表明了人们在追求不断提高跳远成绩过程中力图充分发挥身体能力的愿望。虽然建立以最大跑速提高跳跃成绩的理论观点无可非议，但面对初中级训练水平的学生，或在不同的教学阶段，还应注意考虑与强调快速助跑既要适合学生对技术掌握的程度，又要考虑到教学对象的身体素质与能力，做到区别对待，有的放矢。在教学中应强调，“最快速度助跑”是应以正确完成起跳动作为前提的，盲目地追求助跑高速度是不可取的。

第二节　跳远技术的教学步骤

起跳技术是整个跳远技术的核心，它对于掌握完整技术起着决定性的作用。挺身式跳远技术的教学应紧紧围绕起跳技术，循序渐进地向技术过程的前、后阶段展开进行。教学要从易到难，从简到繁，从分解动作学习向完整技术掌握过渡。在教学中应根据教学大纲的要求和学时情况合理地安排教学进度与教学步骤，视教学条件和学生的具体情况采取多种教学方法与手段，突出重点与难点技术教学，强化基本技术和薄弱环节技术练习，不断提高整个技术教学的效果。以下为挺身式跳远技术的一般教学步骤和方法与手段。

一、建立正确完整的跳远技术概念

跳远项目需要具备良好的速度和弹跳力作为基础，所以跳远技术的教学更适宜安排在短跑和跳跃能力训练之后进行。在教学开始时，应利用简短的时间，通过观看技术录像、图片，或运用其它多媒体教学技术设备等，结合教学讲解与示范，使学生对跳远运动有一定的了解，初步建立跳远技术的概念。

(1) 简介跳远运动的产生与发展。

(2) 了解跳远完整技术的过程与构成部分，初步建立完整正确的技术概念。

(3) 明确跳远项目的特点以及重点与难点技术。

(4) 简介场地器材与规则要求，及其对跳远技术的影响。

(5) 说明学习跳远运动的意义和锻炼价值。

(6) 在跳远教学和练习时应注意的事项和要求。

二、学习快速助跑与正确起跳相结合的技术

原地起跳摆动技术练习：

(1) 原地摆臂练习。练习时，两脚前后站立，摆臂时以肩为轴，前后摆动；摆动至肘与肩同高时突停。

(2) 原地摆臂、摆腿练习。在摆臂练习的基础上，两脚前后站立，起跳腿在前，摆动腿屈膝向前上方摆出的同时，两臂配合摆腿做摆臂动作。

上一步起跳练习：

练习时，摆动腿在前站立，起跳脚前迈，以全脚掌着地，然后摆动腿积极后蹬，屈膝前摆，完成起跳动作（如图 7 - 8 所示）。起跳腿应充分蹬伸，在空中形成“腾空步”动作（如图 7 - 9 所示）。

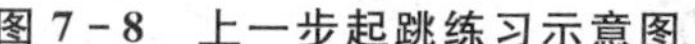

图 7-8 上一步起跳练习示意图

图 7-9 “腾空步”姿势示意图

连续上一步起跳练习：

行进间连续做上一步起跳练习，练习时强调起跳腿的快速放脚和摆动腿的积极前摆。突出快速起跳，蹬摆配合。

三步助跑起跳成“腾空步”练习：

在上一步起跳练习的基础上，进行三步助跑起跳练习。练习时应重点突出节奏感，三步衔接要紧凑，做到放脚快，起跳快。

30～40 米行进间连续三步助跑起跳成“腾空步”练习：

在 30～40 米跑动距离内，连续做三步助跑起跳成“腾空步”动作，以强化正确的起跳动作和节奏。

练习时，应强调积极跑动，节奏感强。跑、跳衔接紧密，动作连贯自然，蹬与摆配合协调，起跳蹬伸充分。

短程助跑起跳成“腾空步”练习：

采用 5～6 步助跑，完成起跳成“腾空步”动作。练习时应着重强调最后两步以快节奏上板起跳。

中程助跑起跳成“腾空步”练习：

一般采用 8～12 步的助跑距离完成该练习。练习中应加强快速助跑与快速起跳的衔接，尤其是最后 4 步的技术动作。起跳腾空后应保持好身体平衡。

全程助跑起跳成“腾空步”练习：

在学习掌握以上练习的基础上，可采用全程助跑进行起跳练习。练习时应注意助跑节奏的稳定和加速方式，明确个人特点，培养准确踏板起跳的意识和能力。

三、学习挺身式腾空与落地技术

（一）学习挺身式跳远空中动作

原地模仿摆动腿与两臂动作配合练习：

练习时，起跳腿单腿支撑，人体成起跳离地瞬间的姿势，摆动腿大腿积极下放伸髋，小腿向后下方摆动，向起跳腿靠拢，两臂配合摆动腿动作做绕环摆动成挺身动作（如图 7－10 所示）。

图 7－10　原地模仿摆动腿与两臂动作配合练习示意图

原地起跳挺身送髋与两臂摆动配合练习：

在原地模仿练习的基础上，起跳腿单脚起跳成腾空步姿势，摆动腿充分蹬伸向下，及时展髋挺身，双臂配合腿的动作完成绕摆。

跑动中起跳放腿挺身动作练习：

在自然跑动中起跳，完成下放摆动腿成挺身动作后双脚落地（如图 7－11 所示）。跑动应轻松自然，起跳脚积极主动，着地后快速蹬伸，身体充分向上，下放摆动腿挺身，双脚落地后及时屈膝缓冲。

图 7－11　跑动中起跳放腿挺身动作示意图

（二）学习落地动作

原地起跳收腹提腿练习：

原地双腿向上起跳。起跳后，大腿向胸部靠拢，尽力触及胸部，反复进行练习。

立定跳远练习：

原地做立定跳远练习，要求落地前提举大腿，两臂后摆，两腿前伸，用脚跟先落入沙坑，接着迅速屈膝，身体重心移过落点。

沙坑中放置标志做落地动作练习：

在个人落地点附近放置标志物，落地前两大腿向上收举过标志物，然后小腿前伸，两腿在标志物前落地。

四、学习和掌握挺身式跳远的完整技术

短程助跑起跳、腾空、落地练习：

采用4～6步助跑完成起跳、腾空、落地动作。练习时强调积极跑动，节奏紧凑，上板迅速，起跳充分，空中与落地动作连贯协调。

中程助跑起跳、腾空、落地练习：

采用8～12步助跑完成起跳、腾空、落地动作。练习时重点强调快速助跑与快速起跳的衔接，以及起跳腾空后维持好身体平衡。

全程助跑完整技术练习：

根据学生的能力水平和个人特点，应采用不同的全程助跑距离进行完整技术练习。练习时应着重强调助跑步点准确，整个动作连贯自然。

在基本掌握全程的完整技术后，还必须进行大量的反复练习以达到巩固、提高技术动作的目的。在教学中应做到从实际出发，区别对待，针对学生个人技术的薄弱环节，有的放矢地采用不同的教学训练手段与方法改进技术。在教学中应不断加强跳远专项素质和能力的训练，并在更高水平上不断完善个人技术，逐步形成个人技术风格与特点，努力提高运动成绩。

以上是挺身式跳远技术教学的基本步骤与方法。在实际教学中，根据教学需要和学生实际情况，在不同的教学阶段和课的不同部分，也应该有针对性地选择采用一些辅助练习，以提高技术教学的质量与效果。在跳远教学中常用的辅助练习如下，仅供参考。

学习跳远技术常用的辅助性练习：

(1) 助跑阶段：

放标志物反复进行跑步点练习，稳定助跑节奏。

击掌跑动上板练习，培养最后几步的攻板意识。

板前6步放标志物，进行助跑练习，强调全程助跑的加速位置。

(2) 起跳阶段：

在离起跳标志2米左右处设置一个高约60～80厘米的跳箱，进行起跳练习，起跳后摆动腿落在跳箱上。

踏板处放一俯角的斜板进行起跳练习，体会起跳腿的充分蹬伸动作。

高抬腿结合起跳练习，体会小腿积极下落，摆动腿向前上方摆动。

在沙坑边摆放一个低栏架(或拉一根横皮筋)，短距离助跑后，起跳完成腾空步，摆动腿越过障碍物后下落沙坑并向前跑出。

在起跳点前上方设置悬挂物，助跑起跳成腾空步动作时，用头部触及悬挂物。

(3) 腾空阶段：

在沙坑前摆放凳子或跳箱等，起跳腿单腿支撑从高物上跳入沙坑，期间完成摆动腿下放、两臂配合及挺身动作。

在沙坑内适宜位置放软性标志物，腾起后及时向标志物处下放摆动腿。

利用体操弹板，增加滞空时间，练习体会腾空动作。

(4) 落地阶段：

利用踏板或弹板，增加腾空高度与时间，重点体会收腹举腿动作。

在沙坑内适宜位置放软性标志物，要求落地时小腿尽量前伸，够触标志物。

第三节　在跳远技术学习中易犯的错误动作及教学注意事项

在跳远技术教学中，学生学习掌握技术无不经历着从不会到会，从基本掌握到逐步完善的过程，在此过程中出现动作错误在所难免，也是非常正常的。然而，关键在于能否及时发现和准确判定学生技术上的错误动作和产生原因，从而采用正确的方法予以纠正。因此，发现与纠正错误动作是在跳远技术教学中不可忽视的环节。这就要求专项教师对跳跃技术的原理与跳远技术的结构与特点有正确的理解和认识，明确跳远技术的动作要领，并具备丰富的技术教学经验。在教学中，要深入教学实际，认真分析学生的能力与水平，把握不同教学阶段的要求；要善于观察与分析，有针对性地采用不同的方法与手段及时纠正学生的错误动作，避免长时间重复，导致不正确的技术定型。

一、在跳远技术学习中易犯的错误动作

(一) 助跑阶段错误动作

1. 助跑步点不准确

错误动作表现：在全程或中程助跑跳远练习中，经常出现助跑步点不准确现象。

主要产生原因：

(1) 助跑起动姿势不固定。

(2) 助跑加速不均匀，节奏和步长不稳定。

(3) 随着专项速度能力的提高，没有及时对助跑节奏等做出相应的调整。

常用的纠正方法：

(1) 固定助跑开始的姿势，强调对助跑标志物的正确使用。

(2) 反复进行跑步点练习，在快速跑动中逐步固定助跑的动作幅度、步频和节奏。

(3) 在专项素质能力明显提高后，应对原有的助跑模式及时做出调整。

2. 助跑最后几步减速

错误动作表现：在初步学习掌握中长距离助跑跳远练习时易出现最后几步助跑减速错误。

主要产生原因：

(1) 助跑步点不准，最后几步步长过大或过小。

(2) 最后几步助跑时上体后仰，臀部后坐，或后蹬不充分。

(3) 害怕越板犯规或跑得快跳不起来。

(4) 急于或过于做大幅度强有力的起跳动作。

(5) 快速助跑中的起跳能力差。

常用的纠正方法：

(1) 进一步明确助跑的任务，明确助跑与起跳相结合技术的重要性和技术要求。

(2) 反复进行跑步点练习，强调助跑应积极加速，保持良好的节奏，积极跑动上板。

(3) 采用各种辅助练习，进一步改进助跑起跳相结合技术，如采用俯角斜板练习提高起跳速度等。

(4) 克服踏不准板，怕犯规心理，应坚持良好的助跑节奏，尤其固定最后几步的快速上板节奏，以此来适当调整助跑的起点。

(5) 加强专项素质与能力训练，提高快速跑动中的起跳能力。

(二) 起跳阶段错误动作

1. 起跳腿蹬伸不充分

错误动作表现：在起跳练习中，尤其在快速助跑起跳练习中经常出现起跳腿蹬伸不充分错误。

主要产生原因：

(1) 起跳动作技术概念不清，尤其是起跳时髋部没有积极前送。

(2) 起跳蹬伸阶段用力开始太早或太晚。

(3) 起跳腿落地太重，或落地时身体重心下降过大。

(4) 起跳动作不协调，力量素质较差等。

常用的纠正方法：

(1) 进一步明确正确的起跳动作技术概念，多做“送髋”练习，如仰卧在垫子上，起跳脚垫高 30 厘米，挺髋并带动摆动腿屈膝进行上举练习等。

(2) 减少起跳中的制动作用，积极跑动上板起跳，提高身体向前用力的效果。

(3) 多做高重心的最后几步助跑和起跳结合练习，强调起跳脚着地瞬间上体向上提。

(4) 做各种跳跃专门练习，如单、双腿的跳深练习等。改进动作的协调性，发展腿部力量。

2. 起跳方向不正

错误动作表现：在学习掌握起跳技术中，时常会出现起跳方向偏左或偏右错误现象。

主要产生原因：

(1) 最后几步助跑的路线偏斜或起跳时身体出现侧倾所致。

(2) 起跳时摆动腿的摆动方向不正。

(3) 起跳过程中身体积极前移不够。

常用的纠正方法:

(1) 在助跑道上标划出正确的助跑直线,练习时强调跑的直线性和向前性。反复进行助跑起跳练习,强化正确技术的本体感觉。

(2) 加强起跳模仿动作的练习,反复体会头与躯干成一线,稍许仰头的动作要求。

(3) 在各种起跳专门练习中,要强调摆腿方向要正,起跳脚着地后要快速前移身体。

(4) 进行完整跳远技术练习时,强调积极向前"跑板"起跳的感觉和意识。也可在俯角斜板上练习快速起跳动作,提高向前性。

3. 起跳脚脚跟着地起跳

错误动作表现:在起跳动作练习中,时常出现起跳脚脚跟着地起跳动作错误。

主要产生原因:

(1) 对正确的起跳技术概念和要领要求缺乏理解和领会,对保持高水平跑速的意义认识不足。

(2) 过分追求较高的腾空高度,出现"见高不见远"现象。

常用的纠正方法:

(1) 正确认识水平速度对提高跳远成绩的重要意义,明确正确的起跳技术和动作要领。

(2) 通过模仿练习和短程起跳练习,进一步体会起跳脚上板起跳动作。

(3) 在中全程助跑跳远练习中,应重点强调起跳前保持跑的动作结构和起跳腿着地时的"扒"地动作,强调在快速跑过踏板的情况下完成起跳。

(4) 利用俯角斜板上进行练习或做低平腾空轨迹的跳远练习。

(三) 腾空阶段错误动作

1. 挺身过早

错误动作表现:在挺身式跳远练习中,常见挺身过早错误动作出现,尤其在初学者中更是如此。

主要产生原因:

(1) 起跳动作不充分,摆动腿摆动不积极。

(2) 起跳后身体向前运动速度不够。

(3) 起跳后摆动腿下放动作过早、过快。

(4) 专项素质能力差,腾空时间短。

常用的纠正方法:

(1) 加强起跳专门练习,突出强调"腾空步"姿势的充分及保持,待身体腾越离地面一定距离后,再做挺身动作。

(2) 必要时可以借助踏板或弹板进行辅助练习,增加腾空时间,强化空中动作的本体感觉。但应注意的是这种借助于外力的辅助练习时间不宜过长。

(3) 加强跳跃能力训练,为增加腾空时间、充分完成腾空动作创造条件。

2. 以挺腹代替挺身

错误动作表现:在挺身式跳远技术教学中,尤其是在教学初期时,常可见用挺肚子来代替挺身动作的现象出现。

主要产生原因:

(1) 起跳时髋部前送不积极,“腾空步”后,摆动腿下落不积极。

(2) 摆动腿没有后摆的动作,而且上体后仰。

常用的纠正方法:

(1) 多做短距离助跑起跳练习,要求上体保持正直,不能后仰。

(2) 在进行短程助跑的跳远完整技术练习时,要求摆动腿积极下落并向后摆动。

(3) 可有针对性地在器械上支撑或悬垂,做挺身动作模仿练习。

(四) 落地阶段错误动作

1. 落地时小腿前伸不够

错误动作表现:在跳远练习中,时常发现落地时小腿没有充分前伸,双脚落在身体下面而缩短跳跃距离。

主要产生原因:

(1) 落地前过分低头,上体过分前压。

(2) 腰腹力量和下肢柔韧性较差,影响腿部的充分上举和前伸。

常用的纠正方法:

(1) 多采用立定跳远或利用高台做落地练习,要求落地前大腿充分上举,小腿用力前伸。

(2) 进行短助跑跳远练习或设置适宜高度的标志物来进行练习,要求腾空落地前高举大腿。

(3) 发展腰腹肌和大腿后侧肌群力量和柔韧性。

2. 落地后臀部后坐

错误动作表现:在跳远练习中,会出现落地时臀部后坐现象,时常导致丈量距离缩短,影响运动成绩。

主要产生原因:

(1) 落地时,脚跟着地后,没有迅速屈膝缓冲。

(2) 落地后身体重心没有及时迅速前移。

(3) 落地时摆臂动作不正确。

常用的纠正方法:

(1) 多做落地动作模仿练习,强调及时屈膝、屈踝和向前送髋、重心前移等动作要求。

(2) 采用立定跳远或利用高台做落地练习,强调在着地前将两臂摆向体前,着地后用力后摆,协调身体迅速移过支点。

二、跳远技术教学注意事项

我们知道，跳远技术由助跑、起跳、腾空和落地四个部分组成，长期以来也多以此进行分解技术教学。但随着人们对跳远技术认识的不断加深，应该充分认识到跳远完整技术是一个不可分割的统一体，各技术环节之间相互依存，相互影响，前一个环节是后一个环节的准备，后一环节是前一环节的延续。技术的完整性和统一性愈加被人们所重视。因此，在技术教学中必须树立起整体的教学观念，正确认识和处理分解动作与完整技术的正确关系，在选择和运用教学方法与手段时，要强调各技术环节间的衔接和整个技术的完整性。分解教学与完整教学方法有机结合，使分解技术教学服从和服务于完整技术掌握的需要。与此同时，在完整教学中也要注意各技术环节的准确性和实效性，这样才能获得良好的教学效果。

（一）助跑与起跳相结合技术的教学注意事项

（1）教学中要重点掌握好快速助跑与快速起跳相结合的技术，助跑速度的发展应与快速起跳能力的发展相适应。

（2）教学要遵循循序渐进的原则，练习要由慢到快，动作幅度要由小到大，助跑距离要由近到远。尤其在跳远教学初期，应适当缩短助跑距离，降低助跑速度，以便学生更好地体会掌握动作。随着教学的深入和学生能力水平的提高，可逐步加长助跑距离，提高助跑速度。

（3）在教学中要强调助跑起动方式和加速方式的相对稳定，尽量采用加速跑的形式，以加快步频的方式达到板前最大的助跑速度。

（4）要着重培养学生的快速“攻板”意识，板前 4 步节奏与快速上板衔接紧密。强调起跳脚上板时不宜重踏，强调着板后身体的快速前移。

（5）在练习中要强调起跳前保持较高的身体重心位置，不改变跑的技术结构，加强躯干的稳定性。

（6）起跳时要求上体接近正直，起跳腿充分蹬伸，摆动腿屈膝前摆。强调以摆带蹬、以摆促蹬、蹬与摆结合的起跳技术意识。

（二）挺身式跳远空中动作的教学注意事项

（1）在教学中要使学生明确挺身式动作技术的正确概念，明确挺身式与蹲踞式空中动作的区别。

（2）在进行挺身式技术教学时，要注意摆动腿正确的下放动作和时机，以及送髋动作的配合。

（3）在练习中应强调挺胸展身动作放松舒展，注意空中身体平衡的维持。

（三）落地技术的教学注意事项

（1）在教学中要明确落地技术在跳远中的实际作用，要根据学生的不同特点，灵活选用不同的落地技术。

（2）落地动作的教学应加强对收腹举腿和前伸小腿动作的掌握，注意两脚落坑后身体重心迅速前移,以及两臂动作的协调配合。

(四)改进与提高跳远完整技术的注意事项

(1)教学中应确定适合各人能力水平和技术特点的全程助跑节奏和助跑与起跳相结合的技术方式,形成具有个人特点的助跑起跳技术。

(2)在这一阶段教学中,应逐步对动作完成的质量提出一定的要求,注意动作的连贯性和技术的完整性,在保证正确的动作结构与质量基础上做到:助跑快、踏板准、动作舒展、腾空稳和落地远。

在跳远技术教学中,还应在不同的教学阶段,根据不同的教学对象和对技术的掌握程度等,有针对性地和不断地将跳远专项身体素质与能力训练贯穿于整个教学过程,为促进技术的学习掌握、巩固提高创造有利条件。

思考题:

1. 简述跳远技术发展的三个阶段。
2. 跳远的完整技术由哪几部分组成?各部分的主要任务是什么?
3. 在跳远中起跳动作分为哪几个阶段?各阶段的技术要求是什么?
4. 跳远技术教学的重点与难点是什么?
5. 试述挺身式跳远的教学步骤与常用练习手段。
6. 在跳远起跳教学中常见的错误动作有哪些?如何纠正?
7. 试述在跳远技术教学中应注意的事项。

第八章 推铅球技术的教学程序

本章提要：本章结合推铅球运动的起源与发展就推铅球的技术原理与技术结构，以及技术要领进行了分析与阐述。在多年教学训练实践和研究的基础上，对推铅球技术教学的重点与难点、教学程序与方法、教学中常见的错误动作，以及教学中应注意的问题进行了广泛论述。通过对本章内容的学习，旨在使学生对推铅球运动项目更加了解，加深对其技术过程与特点的认识，建立正确的技术概念。根据教学大纲的要求，按照正确的技术教学程序与步骤，通过正确的练习方法，使学生逐步学习掌握、完善提高铅球投掷技术。同时，本章也为广大专项教师对推铅球技术的教学规律、方法手段以及在教学中应注意的问题等加深认识与理解，为不断改进教学方法，提高推铅球技术教学质量提供帮助与参考。

第一节 推铅球技术及教学的重点与难点

推铅球技术是一个较为复杂的动作过程系统。了解其技术的产生、演变与发展的历史过程，对认清其技术原理与动作本质、技术结构及技术特点、最终掌握推铅球技术很有必要。在教学过程中明确技术重点和教学难点，才能使整个推铅球技术教学更具有针对性和操作性，从而不断提高技术教学的效率和质量。

一、推铅球技术

推铅球运动的历史悠久，大致经历了投掷石块、投掷炮弹和投掷铅球三个阶段。从推铅球运动的产生至今，在其漫长的发展过程中，推铅球技术大体经历了5个阶段的技术变革，见表8－1。

表8－1 推铅球技术的演变与发展

阶 段	年 代	技术名称	代表人物	成绩/米	技术特征
一	1896前	原地推铅球 垫步推铅球	—	—	助跑速度慢，工作距离短，出手速度快
二	1896—1928	侧向滑步推铅球	罗斯	15.54	重心较平稳，最后用力工作距离和出手速度
三	1929—1952	半背向滑步推铅球	福克斯	17.95	加大工作距离，较充分地发挥了腰部力量

续表 8-1

阶　段	年　代	技术名称	代表人物	成绩/米	技术特征
四	1953—1972	背向滑步推铅球	奥布莱茵	18.57	滑步速度快,加速距离长能发挥腰、腿部力量,有利于提高出手时的初速度
五	1973 至今	背向滑步推铅球	费尔巴哈	21.82	有利于发挥最后用力前的预先水平速度,加长了工作距离,提高出手初速度
		背向旋转推铅球	巴雷什尼科夫	22.00	
		背向滑步“短—长节奏”推铅球	蒂默曼	23.06	

引自:《普通高等学校运动训练专业教材—田径》。

从以上的演变过程可以看出:加长有效的工作距离,动员更多的肌群参与最后用力,不断地提高器械出手时的初速度,从而达到最高运动成绩,是推铅球技术变革和发展的中心问题。

(一) 推铅球的技术原理与技术结构

1. 推铅球技术的原理

(1) 斜抛公式:

推铅球近似于物体斜抛运动,和其它投掷运动一样,也必须遵循其一般规律。物体抛射运动原理 $S=V_0^2.\sin2\alpha/g$ 告诉我们,在决定投掷远度(S)的因素中,器械的出手初速度(V_0)是最主要的因素,它的变化将对投掷远度产生决定性意义。同时,器械的出手角度(α)、出手高度以及空气动力学等因素,也都会对投掷远度产生一定的影响。

(2) 影响投掷远度的因素:

① 器械出手的初速度。器械出手的初速度是器械出手瞬间其质心的速度,是人体在预加速、最后用力等阶段获得速度的合成并作用于器械上的综合效果,是决定成绩的主要因素。有资料证明:滑步所获得的助跑初速度占总初速度的 15%～20%。提高滑步速度的利用率,掌握正确的预加速技术就显得较为重要,它不仅可使人体和器械获得预先加速,而且为最后用力进一步发挥速度创造了有利条件。因此,滑步投掷的成绩要比原地投掷好。选择适宜的滑步速度有利于预加速与最后用力紧密结合,从而增大器械出手的初速度。预加速的速度过快可能造成人体“失控”以致影响最后用力动作的完成;预加速的速度过慢将会降低应有的效果。

最后用力是提高器械出手初速度的主要阶段,它在此阶段所获得的初速度占总初速度的80%～85%。在最后用力阶段,器械受力作用的力值、距离和时间是影响器械出手初速度的主要因素。从力学角度考虑它们之间的关系,其关系式为:$V_0=F*L/t$,即器械出手初速度(V_0)与作用于器械的力(F)和力的作用距离(L)成正比,与力的作用时间(t)成反比。

为了加大对器械的作用力,既要发展肌肉力量,提高肌肉快速拉长和爆发性收缩的能力,动员身体更多的肌群参与最后用力,又要保持力作用于器械的方向与出手角度尽量一致。

当力一定时,力作用于器械的距离越长,器械出手的初速度就越大。因此,工作距离是衡量投掷技术是否合理的重要标志。工作距离是指预加速结束时,从器械所处的位置到出手点之间器械在人体的作用下运行的路程。加长工作距离主要是通过加大超越器械程度和最后用力幅度、掌握正确的出手点来实现的。

在一定的工作距离内,尽量缩短力作用于器械的时间对提高出手初速度有重要的意义。缩短用力时间主要取决于神经冲动的强度、肌肉协调用力和快速收缩的能力、最后用力技术熟练的程度、身体素质水平等,通过训练可以最大限度地缩短用力时间。

② 器械出手的角度。器械出手角度是指器械出手瞬间,初速度的方向与水平面之间的夹角。由于地斜角的影响,优秀铅球运动员通常的出手角度为35°～37°。

③ 器械出手的高度。器械出手高度是指器械出手点至地面的垂直距离,即器械飞行轨迹的起点高度。在推铅球技术中,提高出手高度不仅可以适当增加投掷远度,更重要的是有助于加大最后用力动作的幅度,最终提高用力效果。影响器械出手高度的主要因素是人体的身高和臂长、器械出手时身体伸展的程度以及正确的出手点位置。

2. 推铅球技术的结构

推铅球是一个非周期性投掷项目。为教学和训练方便将背向滑步推铅球技术分为准备、滑步、最后用力和维持平衡四个阶段来进行。

准备阶段:即推铅球的开始部分,包括握持和预备姿势。

滑步阶段:即推铅球技术的重要组成部分,是使人体与器械运动系统获得预先速度的阶段。

最后用力阶段:即推铅球技术的主要部分,是人体握持器械进行抛射运动的阶段。

维持平衡阶段:即器械出手后维持身体平衡的阶段。

(二) 推铅球技术的要领

目前,推铅球技术主要有背向滑步推铅球和旋转推铅球技术两种方法。旋转推铅球技术由于动作难度较大,大多被优秀运动员采用;背向滑步推铅球因其技术动作较简单、实效性好而在教学中被普遍采用,下面主要介绍背向滑步推铅球技术。

1. 握球和持球

握球的方法(以右手为例):五指自然分开,将铅球放在食指、中指和无名指的指根上,大拇指和小指自然的扶在球的两侧,手腕背屈,防止球体滑动和便于控制出球的方向(如图8-1所示);握好球后,将铅球放在肩上锁骨窝处,紧贴颈部,手稍外转,肘关节抬起自然外展略低于肩,掌心向前,投掷臂放松(如图8-2所示)。

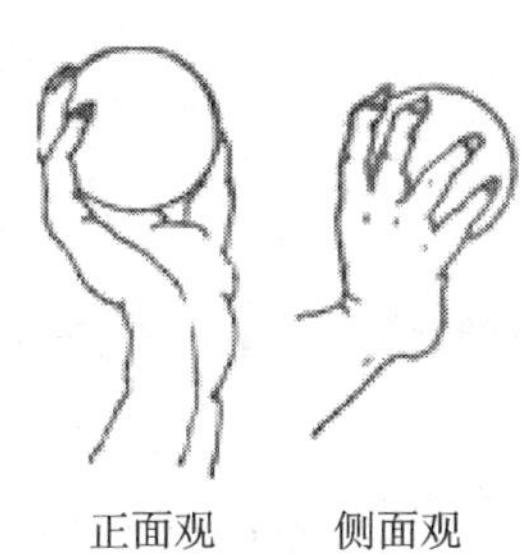

图 8-1　铅球的握法

图 8-2　铅球的持法

2. 预备姿势

预备姿势是为滑步做好技术上和心理上的准备，为顺利、平稳地进入滑步阶段创造适宜的条件。滑步（或旋转）前的预备姿势可分为高姿势和低姿势两种。

高姿势：持球后，背对投掷方向站立，站在圈内后沿附近，两脚前后开立，相距 20～30 厘米左右，右脚在前，脚尖贴近投掷圈后沿，脚跟正对投掷方向。左腿在后，自然弯屈，以前脚掌着地或以脚尖着地，脚跟提起。上体正直放松，持球臂的肘略低于肩或与肩齐平，左臂自然上举并稍向内，体重落在右腿上，两眼看前下方 3～5 米处。多数人都采用这种姿势。这种姿势的优点是全身肌肉比较放松，能使运动员较协调和顺利地进入滑步，有利于提高滑步的速度。

低姿势：持球后背对投掷方向，站在圈内靠近后沿处，两脚前后开立，相距 50～60 厘米左右，右脚尖贴近投掷圈后沿，脚跟正对投掷方向，左脚在后，以前脚掌或脚尖着地，左臂自然下垂并稍向内，两腿弯屈，上体向圈外探出，体重落在右腿上，两眼看前下方 2～3 米处，持球臂肘部自然下垂，铅球的投影点在右脚的右侧前方。

3. 滑　步

滑步的目的是使铅球和人体获得一定的预先速度，为最后用力创造良好的条件。滑步技术掌握得好坏，能直接影响到推铅球的成绩。滑步技术较完善的运动员，铅球成绩比原地投掷的成绩能增加 1.50～2.50 米。

滑步前先做一两次预摆，目的是检查身体和铅球的稳定性。预摆时，左腿自然弯屈，大腿用力向后上方摆起，右腿伸直，脚跟提起，前脚掌或全脚掌支撑体重，同时上体前屈，左臂微屈前伸或自然下垂，头与背部基本成直线，两眼看前下方。左腿摆到一定高度、身体平稳后，上体达到最大前屈时，迅速回收左腿靠近右腿，同时右腿逐渐弯屈。当左腿回收靠近右腿时，臀部后移，左腿大腿向投掷方向摆出，右腿用力蹬伸，如图 8-3 所示。

右腿蹬离地面的方法有两种：

一种是以脚跟蹬离地面，右腿蹬直。该方法蹬地力量大，效果好，适合矮小和身体训练水平高的人。

另一种是用前脚掌蹬离地面，右腿不完全伸直。该方法简单省力，蹬地力量小，适合身材

图 8－3 背向滑步推铅球技术示意图

高大的人和初学者。

由于左腿的摆动和右腿的蹬地会产生身体向投掷方向移动的合力，所以应在右脚蹬离地面后，迅速拉收小腿，并向内转动，用前脚掌着地，落在圆圈中心附近，与投掷方向约成 130°角；同时左脚积极下落，以前脚掌内侧落于左侧抵趾板处，两脚落地间隔的时间越短越好。

滑步时，首先使身体重心向投掷方向移动，左臂保持内扣，左腿以膝关节和髋关节伸展的方式向投掷方向摆出，不使左肩转向投掷方向，头部保持向右后方的姿势；同时右腿快速蹬伸，蹬摆动作要协调配合，推动身体向投掷方向移动。完成滑步动作的同时，右腿的膝关节要保持弯曲，上体要保持与投掷方向的相反方向倾斜，体重大部分落在弯曲的右腿上，形成超越器械的良好姿势。此时肩轴和髋轴保持扭紧状态，为最后的用力阶段创造良好条件。

4. 最后用力

最后用力是推铅球技术的主要环节。当滑步结束，左脚积极着地的一刹那，右膝和右脚向投掷方向蹬转，推动右髋向投掷方向转动；这时被扭紧和拉长的腰、背、髋部的大肌肉群收缩，使上体迅速向投掷方向抬起。左臂由胸前向左上方牵引，使肩带肌肉拉长，身体左侧对着投掷方向，上体向右侧倾斜，左肩高于右肩，铅球处于较低部位，形成推球前的最佳姿势。正确的用力顺序是推铅球最后用力的关键技术之一，要提高铅球出手的初速度，既要充分利用滑步取得的预先速度，又要动员身体的肌群相继协调用力。推铅球最后用力阶段的顺序是：髋部发力后,膝踝关节肌群依次用力。这些力作用于地面,同时获得支撑反作用力向上传递,最后躯干、臂、手相互协调、相继用力将铅球推出。

在两腿继续用力蹬地时,右肩前送,右臂迅速用力将球推出。此时两腿的蹬直、右臂的推球和抬头后仰是同时进行的。铅球快离手时,手腕、手指向外拨球。在推球时,左臂制动和左侧支撑轴的形成,可以提高右臂推球的动作速度和加大最后用力的工作距离。因此,一定要掌握好最后用力阶段左侧的支撑技术。

5. 维持身体平衡

推铅球出手时,由于身体重心较高,再加有很大的向前的惯性,容易失去身体平衡而冲出投掷圈造成犯规;因此,铅球出手后,要及时交换左、右腿的位置,屈膝、屈髋降低重心或改变身体重心的运动方向,从而维持铅球出手后的身体平衡。

(三)旋转推铅球技术简介

投掷者背对投掷方向站在投掷圈内后沿处,两脚左右开立比肩稍宽,体重落在两腿上;右手持球放在肩上锁骨窝处,使铅球贴紧颈部,左臂自然向下或抬起,上体稍前屈。

旋转前,上体前屈并向右转动,左肩和左臂也随之向右转动,两腿适当弯屈,身体重心向右腿移动,上体转动,扭紧体侧肌肉,做好向左旋转的准备。

开始旋转时,头部带动身体向左转动,两腿逐渐弯曲,重心降低;以左脚前脚掌为轴转动,身体重心从右腿平稳移向左腿,左膝、左脚继续外转;当体重移至左腿时,右脚离地,右膝弯屈并围绕左腿向前转动,右髋适当伸展,左臂自然抬起,上体稍向左侧倾斜,保持身体平衡;随后,身体继续向投掷方向转动,右脚在右膝内扣的同时,向前跨出,用前脚掌着地,落于圆心附近。

右脚落地前,左脚离地屈膝积极向右腿靠拢,以加快旋转速度;右脚落地后,膝关节逐渐弯屈,支撑身体;此时左髋积极沿逆时针方向转动,加快旋转速度和左脚落地。左脚以前脚掌着地,落在投掷方向线稍偏左位置,形成最后用力前动作姿势,即重心较低,上体扭紧,左臂上举内扣,左肩高于右肩,充分拉长用力肌群的状态。

左脚着地瞬间,右脚积极用力蹬转,推动右髋向前上方移动,使下肢充分超越上体和铅球,随之快速完成最后用力的整个动作。铅球出手后,人体应顺势转动,降低重心,维持平衡。

背向滑步推铅球技术为本章学习内容,上述旋转推铅球技术简介仅供大家了解与参考。

二、推铅球技术的教学重点与难点

(一)推铅球技术教学的重点

无论是背向滑步推铅球还是旋转推铅球,都是通过不同形式的助跑和技术动作最终将人体产生的合力作用于铅球上,创造最远的投掷距离。但是只有在器械处于合理的位置、作用力准确通过铅球重心的前提下,球离手时才能获得最快的初速度,才能取得理想的投掷成绩,因此,推铅球的教学重点应该放在最后用力技术环节上。特别是教学初期,为使学生用力更加合理,要以教会学生正确的用力顺序、建立稳固的左侧支撑为最后用力技术教学的重点内容;即使是在进入教学的最后阶段，也应安排一定的时间来复习和改进最后用力技术。在最后用力时，将右腿爆发的蹬力有效地传递给铅球，固定左腿以加大右腿的蹬力，握好球的重心，以最合理的角度推出。

（二）推铅球技术教学的难点

滑步与旋转是运动员采用不同形式的助跑，为最后用力所做的必要的准备。助跑与最后用力衔接得紧密与否，直接关系到运动员推球的效果，这也是推铅球技术教学的难点。优秀的运动员在完成技术动作时十分连贯，特别是在滑步或旋转结束后能不停顿地转入最后用力，把能量损失降低到最低限度。而初学者往往处理不好滑步与最后用力的关系，滑步不但不能起到帮助的作用，反而会破坏合理用力技术的形成，给推球用力带来一定的困难。因此，随着教学的不断深入，教师要重视滑步与最后用力的衔接，使学生更好地解决这一技术难点。在滑步阶段，左腿有效地摆动，能加大右腿的蹬伸力量，提高蹬伸速度，进而提高滑步速度。过渡阶段，推动右髋快速向投掷方向前移，有利于身体重心速度回升，同时有利于投前姿势的形成，摆动腿快速落地缩短单支撑时间，是尽快形成双支撑进入最后用力的关键。在教学训练实践中，加强左腿摆动练习是掌握和提高滑步推铅球技术的关键。同时在过渡阶段加快髋部侧移，有利于身体重心速度的回升。

第二节　推铅球技术的教学步骤

推铅球技术教学如同其他学习一样，也要经历从易到繁、多次重复的过程。在技术教学初期，应建立正确完整的技术概念并采取一些推铅球的辅助性练习以帮助学生掌握推铅球技术，提高推铅球的用力意识；选用不同姿势（站立、坐立、跪立和卧姿）、不同器械（徒手、橡皮条、实心球、铅球等）及重量（轻、标准）练习，以培养学生的兴趣，建立投掷意识。在技术教学的中期是学习滑步技术，帮助学生掌握良好的节奏以及滑步技术和最后用力的衔接。在技术教学后期要多进行完整技术的练习，根据学生个人的具体情况有针对性地改进细节。以下均以右手投掷为例。

一、建立正确完整的推铅球技术概念

（1）通过教师讲解，使学生初步了解推铅球的技术特点、锻炼价值等一般知识，提出学习要求，调动学生学习推铅球的积极性和主动性。

（2）通过对推铅球技术的讲解、示范和看技术图片（有条件的看录像）等方法，使学生初步了解推铅球的技术。

（3）简要介绍推铅球的场地、器材规格。

（4）提出在推铅球教学中有关安全的措施及具体要求。

二、熟悉铅球球性的练习

在开始推铅球技术教学时，或者在每次技术教学课的准备活动中，应经常进行熟悉铅球球性的练习，其目的主要在于逐步熟悉球性，发展手指手腕力量，做好专项热身活动，为更好地学习掌握推铅球技术创造有利条件。常用练习如下：

1. 双手体前交替拨球练习

两臂屈肘于胸前，双手掌心相对，右手持球背屈，手腕、手指用力将铅球拨出，左手接球后同样用力将铅球拨出，两手交替进行。根据学生的情况可逐渐加大两手之间的距离和动作的速度。手指力量稍强的学生可将铅球放在手指尖处，力量稍差者可放在指根处。

2. 双手体前交替抓握球练习

两脚左右开立与肩同宽，身体稍前倾，右手掌心向下持球于腰间，随即松手；同时左手迅速抓握正在下落的铅球，要求掌心向下。两手交替进行。随着对动作的掌握，要求学生保持松手的高度，在铅球即将落地时抓握住铅球，以提高练习难度。

3. 双手绕身体交替倒球练习

两脚开立与肩同宽，右手持球于体侧。右手在身体后方将铅球交到左手上，左手经体侧转至身体前再交到右手，循环往复。交替倒球既可由右向左，也可由左向右；既可在腰腹前后，也可在两腿间八字绕环。可以以左右手、前后方多种形式进行练习。

4. 单手背后抛接球练习

两脚开立与肩同宽，右手持实心球于体后，掌心向上。在两腿用力蹬伸的同时，右手用力将球抛至左肩上方，左手接球后立即经体侧至身后，随着下肢蹬伸的同时将球用力抛至右肩上方，右手接球后继续以上的动作。

5. 向下推拨球练习

两脚开立与肩同宽，两腿微屈，身体稍前倾。左手掌心向上托住铅球，右手掌心向下握住铅球，肘与肩同高或稍高。蹬地、伸腿，同时伸臂、向下用力推拨铅球。

6. 单手向前滚球练习(比远、比准)

两脚前后站立，身体重心稍低，右手持球于体侧。持球臂先向后拉开，随即经体侧用力向前方抛滚，大臂、小臂、手腕、手指依次用力。

熟悉球性的练习多种多样，以上是常见练习，教师可在教学中，根据具体情况采用和创新。

三、学习握持球技术

1. 学习握球的方法

握球手的手指自然分开，把球放在食指、中指和无名指的指根上，大拇指和小指支撑球的两侧，掌心不触球。

2. 学习持球的方法

将球握好后，放在锁骨窝处，头部稍向右靠，用颈部和下颚贴紧铅球，右手顶球，肘部稍外展。

四、学习推铅球的最后用力技术

推铅球的最后用力技术接近于我们通常讲的原地推动作。学习顺序通常是正面原地推→侧向原地推→背向原地推。

(一) 正面原地推铅球

1. 两脚平行开立姿势

两脚平行开立稍宽于肩，两膝微屈，右手持球于肩上，左臂自然上举；右腿蹬地、伸髋，左腿积极支撑，利用躯干和手臂的力量将球向前推出。

在完成该练习的基础上可将上体向右扭转，左臂和左肩稍内扣，形成肩髋扭紧的超越器械姿势。

2. 两脚前后开立姿势

两脚前后开立稍比肩宽，左脚在前，脚尖稍内扣，右脚在后，脚尖向前；右手持球贴于颈部，左臂斜上举，重心放在弯曲的右腿上使身体呈“反弓”状；右腿蹬地用力，将身体重心推移至左腿，躯干、上肢依次完成用力动作。

在完成该练习的基础上可将上体向右扭转，左臂和左肩稍内扣，形成肩髋扭紧超越器械的姿势。

(二) 侧向原地推铅球

1. 侧向原地推铅球的站位

左侧对着投掷方向，两脚左右开立，右脚与投掷方向约成 90°，左脚与投掷方向约成 45°，站距约一肩半；左脚尖与右脚跟几乎在一条直线上，身体向右倾斜，左脚前脚掌内侧着地；体重压在弯曲的右腿上。

2. 侧向原地推铅球的用力动作顺序

按规范站位后，重心留在弯曲的右腿上；右腿的足前掌内侧蹬地，使重心前移和转髋；重心接近左腿时迅速转髋带动转体，挺胸，顶肩，推臂，拨球出手。

3. 侧向原地推的教学方法

(1) 听口令徒手模仿练习(一令一动以熟记动作顺序)。

(2) 徒手完成蹬、转、送、挺、顶、推、拨连贯练习(先慢后快)。

(3) 右手拉橡皮筋做蹬、转、送、挺、顶、推练习。

(4) 持实心球进行完整技术练习。

(5) 持轻、标准铅球进行完整技术练习。

(6) 侧向原地推铅球练习等。

（三）背向原地推铅球

在侧向推铅球的基础上，两脚左右成“外八字”开立，加大躯干向右转的幅度，推球前上体背对投掷方向，形成左脚尖、右脚弓、投掷方向一条线，下颚、右膝、右脚趾成一条垂线所组成的肩髋扭紧状态，即超越器械。

背向原地推铅球的用力顺序和教学方法与上述侧向原地推铅球相同。

五、学习背向滑步技术

（一）学习徒手背向滑步技术

1. 预摆“团身”练习

持球站稳后，上体前倾，几乎伸直的右腿支撑重心，左腿向后上方抬起，左臂自然下垂；等身体平稳后，左腿回收靠近弯曲右腿，形成“团身”姿势（如图 8－4 所示）。练习时应反复做体前屈、下蹲、团身练习，动作要连贯协调。

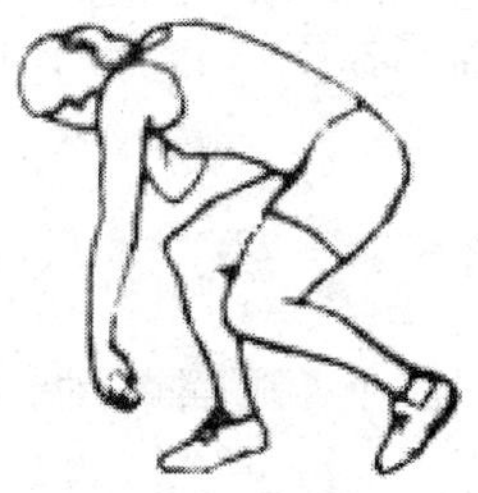

图 8－4　“团身”动作示意图

2. 徒手背向滑步练习

（1）左腿摆动练习。成“团身”姿势，臀部稍后移，左腿以大腿带动小推向身体后下方摆出，带动身体向投掷方向移动，重心落在两腿之间，此时上体仍保持团身时的姿势（如图 8－5 所示）。

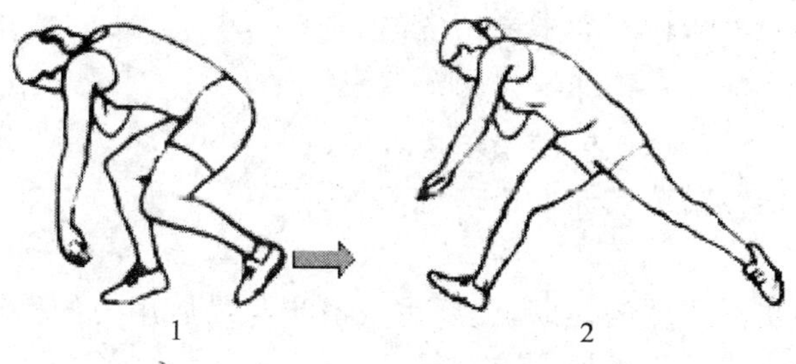

图 8－5　摆动腿摆动示意图

（2）右腿拉收练习。上体保持前倾，身体重心在两腿之间；随后，右腿积极蹬伸，并及时拉收、内旋,支撑身体重心,从而形成最后用力前的良好姿势(如图 8－6 所示)。

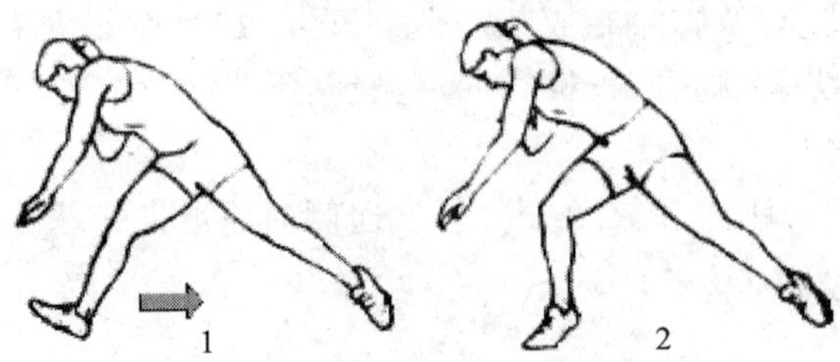

图 8－6　拉收右腿示意图

(3) 摆蹬收配合练习。经过团身,臀部后移,及时向后伸摆左腿;接着以蹬伸右腿、回收右小腿等一系列活动完成滑步练习。随着右脚滑步的结束,左脚迅速有力地支撑着地,完成滑步向最后用力的转换。注意摆蹬的时机、方向及配合。

(二) 持轻辅助器材背向滑步练习

持胶球、小实心球等较轻重量的辅助器材进行背向滑步技术练习。

(三) 持铅球背向滑步练习

持铅球进行背向滑步技术练习。

教法提示:

(1) 在练习中要明确技术要领,强调两腿摆蹬动作的协调配合,以及左腿的摆动牵引方向。

(2) 在学习滑步技术时,要注意控制身体重心起伏,滑步后上体不要抬起。

(3) 在学习初期,滑步距离可短一些,动作要轻快,不要过分强调超越器械动作。

(4) 应先在投掷圈外练习,熟练后再在投掷圈内练习。

六、学习背向滑步推铅球的完整技术

主要练习:

(1) 背向滑步推铅球完整技术徒手模仿练习。

(2) 背向滑步推实心球或轻铅球练习。

(3) 圈外背向滑步推轻铅球或标准铅球练习。

(4) 圈内背向滑步推轻铅球或标准铅球练习等。

教法提示:

(1) 在学习背向滑步推铅球的初期,就要重视滑步与最后用力的衔接。

(2) 注意培养学生完成动作的加速节奏感。

(3) 练习时要注意学习掌握两腿交换维持身体平衡动作,养成不犯规的良好习惯。

七、改进和完善背向滑步推铅球技术

(一) 改进最后用力技术动作

(1) 徒手原地推铅球模仿练习。

(2) 各种原地姿势的推掷练习：

① 正面站立向下、向前、向上推掷铅球或辅助器材；

② 侧向站立推掷铅球或辅助器材；

③ 背向站立推掷铅球或辅助器材；

④ 坐姿或跪姿推掷铅球或辅助器材；

⑤ 换步或垫步推掷铅球或辅助器材等。

在改进与完善最后用力技术动作时，应强调体会两腿的积极用力，充分发挥身体大肌群的力量，熟练掌握最后用力的时机与顺序，体会改进“蹬、转、送、撑、挺、推、拨”动作的连贯和一气呵成。

(二) 改进滑步技术

(1) 蹬摆配合模仿练习：

手拉同伴或手抓肋木滑步蹬摆配合练习。

右踝绑橡皮筋滑步收右小腿练习。

(2) 连续滑步练习。

(3) 持铅球或辅助器材滑步成最后用力姿势前练习。

(4) 滑步后接提转右踵模仿练习等。

在改进滑步技术时，应着重强调左腿积极前摆与右腿用力蹬伸的协调配合，体会身体重心移动与蹬摆配合的时机，快速有力地收拉右小腿。要求滑步时不要跳，上体平稳，滑步结束后成最后用力前姿势。同时，应注意发展学生的下肢力量和动作协调能力。

(三) 改进完善滑步与最后用力的衔接

滑步与最后用力动作的衔接是推铅球技术的关键环节，是技术教学的难点，因此在教学中应倍加重视。通常，在教学中主要通过徒手、持各种辅助器材或不同重量铅球的完整技术或半完整技术来进行练习，以进一步改进完善滑步与最后用力的动作衔接。练习时应重点强调滑步时左腿的摆插方向正确，着地动作快，上体压得住，左肩扣得紧，右小腿受拉到位，内扣着地，以及快速提转右踵动作，积极进入最后用力。防止滑步后身体重心留不住或最后用力前出现停顿等现象。

八、巩固和提高背向滑步推铅球的完整技术

(1) 组织学生在投掷圈内反复进行背向滑步推铅球练习。

(2) 根据每个学生的情况，因人而异，采取相应的手段，巩固和提高各个技术环节，保证动

作的完成质量。

(3) 根据学生的掌握情况,对滑步推铅球进行技术评定。

(4) 组织推铅球教学比赛,调动学生学习的积极性。

九、学习和掌握推铅球技术的常用辅助性练习

1. 倒退大步走

目的:发展下肢快速后移速度的力量、空间定向和平衡能力。

方法:压低重心,身体前倾,双手放在背后;背对前进方向,沿跑道向后大步快速走 15～20 米。

要求:尽量大幅度快速完成动作,跑道必须平整和无人。如果加大难度可进行倒退大步跑如图 8-7 所示。

图 8-7 倒退大步走

2. 前抛铅球

目的:发展下肢、背部、肩部和上肢的动作速度和爆发力。

方法:面对投掷方向,双脚左右开立约一肩半宽,直臂双手持铅球举过头顶;团身下摆铅球至小腿间并接近地面;迅速蹬腿、挺身、挥臂向身体前上方抛出铅球,如图 8-8 所示。

要求:身体环节用力顺序自下而上,迅猛完成动作。

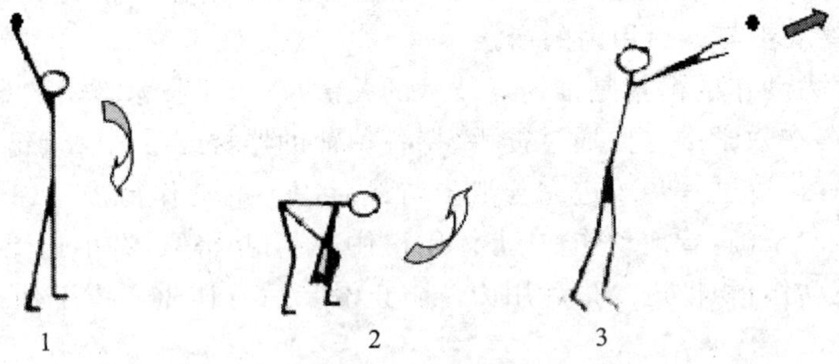

图 8-8 前抛铅球

3. 后抛铅球

目的:发展下肢、背部、肩部及上肢的动作速度与爆发力。

方法：背对抛掷方向，双脚左右开立约一肩半宽，直臂双手持铅球举过头顶；团身下摆铅球至两小腿间并接近地面；迅速蹬地、挺身、挥臂向身体后上方抛出铅球。如图 8－9 所示。

要求：身体环节用力顺序自下而上，迅猛完成动作。

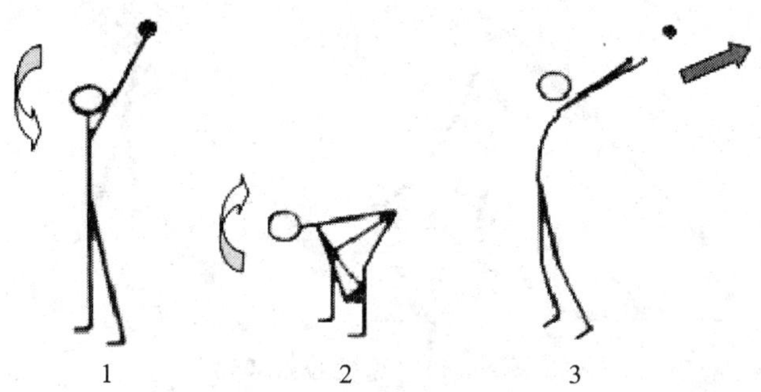

图 8－9　后抛铅球

4. 双手接推实心球

目的：发展下肢、背部、肩部和上肢的动作速度和爆发力。

方法：面对抛掷方向，双脚前后开立，双手胸前接同伴传来的实心球；接球后顺势下蹲、后移重心，把实心球引到靠近胸前，向前蹬腿；向身体前上方双手推回实心球给同伴，重复练习。

要求：身体环节用力顺序自下而上，迅猛完成动作。

5. 俯卧撑起击掌

目的：发展上臂后部和肩部肌肉群的动作速度和爆发力。

方法：双手撑地，双脚掌撑地，身体成一线；向身体下方屈肘，而后快速撑起身体并击掌，恢复开始时姿势重复练习。如图 8－10 所示。

要求：快速完成动作，以肘部下降引导身体下降；全身充分伸展，保持平衡。

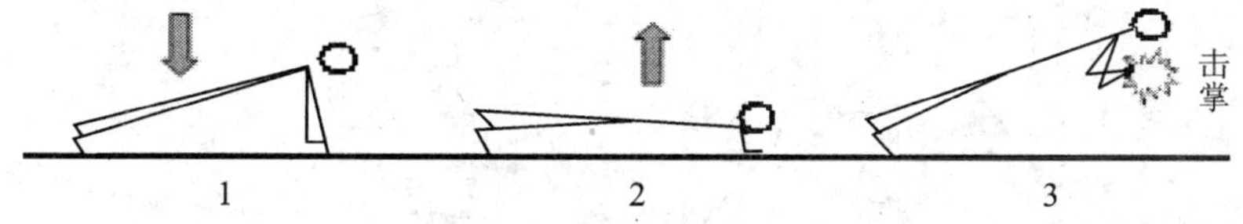

图 8－10　俯卧撑起击掌

6. 原地拉推胶带

目的：发展下肢、髋部和躯干的专门力量，建立大环节带动小环节的用力顺序；体会在出手动作中上体、肩带和投掷臂直线肌肉用力的感觉。

方法：将 2～3 米长的胶带一端固定于地面位置，面对胶带，双脚前后开立（右前左后）约一肩半宽，右手握住另一端；降低重心，体重压在弯曲的右腿上；左肩和右膝大约在同一垂直线上；右腿和右髋发力带动躯干和右臂向投掷方向转动，以胸带臂拉引胶带模仿推球动作，如图

8－11所示。恢复开始时姿势进行重复练习。

要求：开始姿势时体重充分压在右腿上，下肢用力以转动为主，投掷臂充分伸展。

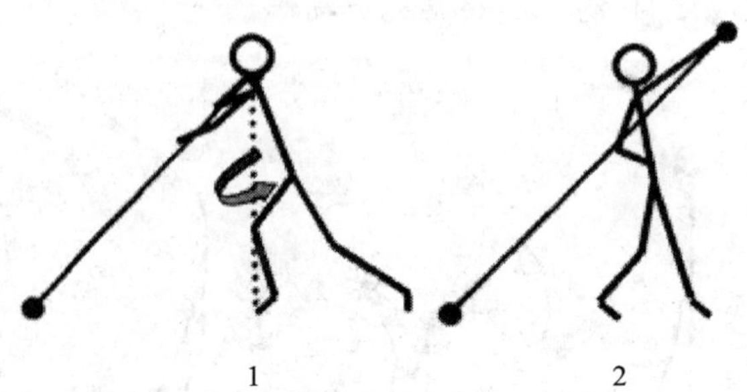

图8－11 原地拉推胶带

7. 原地推壶铃

目的：提高推铅球的专门力量和投掷用力意识。

方法：投掷臂持壶铃腹侧于肩上，成最后用力前预备姿势，以右腿、右髋迅速发力将壶铃推出。

要求：开始姿势时体重充分压在右腿上，身体环节用力顺序自下而上。

8. 仰卧起坐转体推拉胶带

目的：发展腹部、躯干和肩带的专门力量和柔韧性，建立正确的用力顺序。

方法：坐在横向的鞍马上，左脚在上、右脚在下固定在肋木间，投掷臂手握胶带固定于颈侧；身体后仰并尽量向后转动躯干，腰腹部和胸部肌肉群依次用力做出向身体前上方的转体推球动作，如图8－12所示。躯干下摆进行下一次重复。

要求：躯干充分扭紧，腰部的转动与胸带臂推球动作紧密衔接。

图8－12 仰卧起坐转体推拉胶带

9. 持球连续滑步

目的：提高下肢双腿蹬摆发力的速度力量和动作的直线性，加强动作的连贯性。

方法：持球后体前屈，右腿后蹬与左腿后摆配合发力，沿直线做连续滑步。如图8－13所示。

要求：动作连贯，直线性强，低腾空。

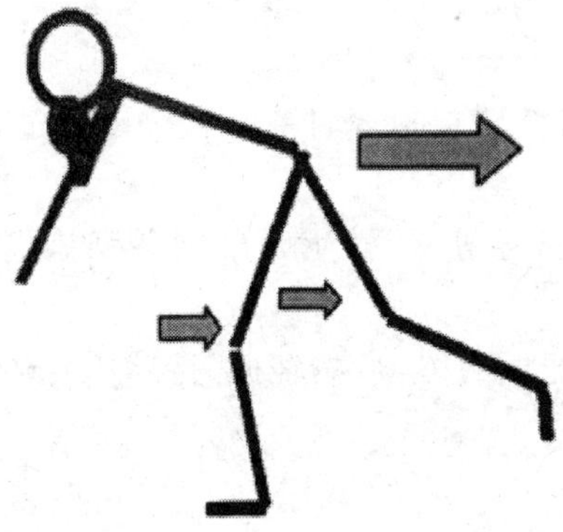

图 8－13　持球连续滑步

10. 蹬转摆片

目的：提高下肢右腿转蹬发力的速度和躯干的专门力量，强化动作的连贯性。

方法：双手持杠铃片成最后用力前预备姿势，双臂伸直，右脚蹬转推动右髋转动伸展；将片举至头上方，使身体成反弓状，身体重心压在右腿上，如图 8－14 所示。重复练习。

要求：尽量伸展躯干，肩轴与髋轴扭紧。

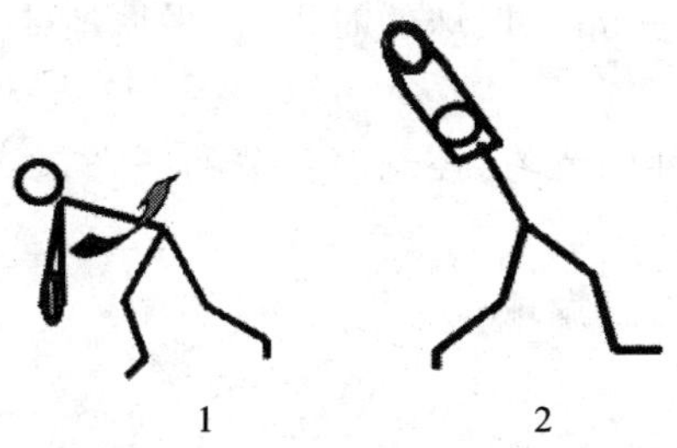

图 8－14　蹬转摆片

第三节　在推铅球技术学习中易犯的错误动作及教学注意事项

在推铅球技术教学和训练中，及时发现和纠正错误动作是教学和训练过程中一个很重要的任务。错误动作一旦形成了动力定型，不仅妨碍学生学习和掌握技术，对进一步提高技术水平也将产生不利的影响。在实际教学中，学生易犯的错误动作较多，产生的原因也多种多样，因而选用的纠正改进方法也需因人而异。

一、在推铅球技术学习中易犯的错误动作

(一) 预备姿势动作紧张

主要产生原因:不明确预备姿势包括握、持球,整个动作过程比较紧张。

常用的纠正方法:

(1) 通过讲解、示范、个别指导等,使学生明确预备姿势包括握、持球整个动作过程,在整个过程中身体要适宜地放松。

(2) 可以增加徒手或持轻器械的练习,减轻握、持球给身体带来的负担。

(二) 推球时手指、手腕挫伤

主要产生原因:

(1) 手指、手腕力量较差,推球时用力过猛。

(2) 推球时持球手指完全放松或用不上力。

(3) 推球时肘下降。

(4) 概念不清,没有做屈腕指拨球动作。

常用的纠正方法:

(1) 注意发展手指、手腕的力量。加强对手指、手腕力量的练习,如双手指拨球、抓球练习,手指俯卧撑和持轻器械屈腕练习等。

(2) 明确概念,掌握手腕及手指推拨球的时机,多做原地徒手或利用较轻的铅球做屈腕拨指练习。

(3) 加强肘关节动作正确性的练习,控制肘关节的下降;要求握球时手指有一定的紧张程度。可用较轻的铅球进行练习。

(三) 推球时肘关节下降,形成抛球

主要产生原因:

(1) 持球时肘关节位置过低。

(2) 最后用力时,头部过早地转向投掷方向,使铅球过早地离开颈部。

(3) 概念不清,最后用力顺序不正确。

常用的纠正方法:

(1) 通过反复练习和重点提示,加深学生对"推"铅球的认识和理解,明确铅球出手的瞬间,球不能离开锁骨窝,注意持球时肘关节应自然抬起,不能下降,否则易成为"抛"铅球。

(2) 徒手练习或持球练习时,帮助者站其侧方,帮助肘关节抬起。

(3) 强调头不要过早地转向投掷方向,下颏微收,帮助控制球不离开颈部。

(4) 明确概念和正确的用力顺序,挺胸抬肘,推拨球。反复进行侧向原地推铅球的练习,体会铅球出手时肘关节的位置。注意持球时手臂的动作,要多做正面推球,要求肘关节抬平;要求滑步时两眼仍看前下方。

（四）推球时用不上腰背肌肉和下肢的力量，单纯用手臂的力量

主要产生原因：

（1）对推铅球技术概念认识不清，认为推铅球只是手臂动作，投掷臂过早用力。

（2）平时生活中习惯用力方法的干扰。

（3）想加快推球速度，过早地伸臂推球。

（4）最后用力姿势不正确，重心在两腿之间。

（5）用力顺序不明确，身体各部分的动作不协调。

常用的纠正方法：

（1）明确推铅球正确的技术概念和用力顺序。

（2）学生做好预备姿势后，教师或同伴在前面抵住学生的右手，或者是教师或同伴在后面拉住学生的左手，要求学生反复做蹬腿和起体推球动作；原地推球，利用下肢和腰背力量将球送出，投掷臂不做推球动作；练习同上，投掷臂有推球动作，但不用力，以后再逐渐结合投掷臂的力量。

（3）徒手模仿最后用力技术，体会正确的用力顺序。

（4）利用轻球或实心球做下肢蹬转和躯干“鞭打”动作，要求学生顺势将球推出。

（5）原地推球，利用下肢和腰背的力量将球送出，投掷臂不做推球动作；练习同上，投掷臂有推球动作，但不用力，以后再逐渐结合投掷臂的力量。

（五）推球时臀部后坐

主要产生原因：

（1）右脚蹬地不充分，髋部末能转至正对投掷方向。

（2）在用力时两脚前后之间的距离过长，怕出圈犯规，髋部不能前送。

常用的纠正方法：

（1）教师站在学生后面，两手扶其髋，推球时帮助送髋。

（2）徒手做最后用力练习，要求用右手触及右前上方一定高度和远度的标志物。

（六）推球时身体向左侧倾倒

主要产生原因：

（1）对推铅球技术的概念不清，对左臂的运动路线不了解，对左臂及左肩动作的意义不清楚。

（2）想利用转左肩、左臂来加强右臂推球的力量。

（3）左臂过分向左后方摆动；左脚的位置过于偏左，造成左侧支撑不稳；投球时过早撤换左脚，左肩与左臂也随之左转。

常用的纠正方法：

（1）明确左臂的运动路线，加强对制动左臂、固定左肩意义的认识；先将左臂肘固定于体侧，做原地和正面推球。

(2) 模仿练习,加深体会正确技术。

(3) 推球时用右肩触及标志物;在地上画出两脚正确的落地位置,要求滑步后两脚落在标志上。教师在体后抵住学生的左肩,帮助其控制身体的转动。

(七) 推球时出手角度过低

主要产生原因:左脚支撑无力或膝关节弯屈;推球时低头或者是头向左后下方转动。

常用的纠正方法:在投掷前方一定远度和高度处悬挂标志物,要求推出的球触及标志物(标志物的高度和远度根据学生的成绩而定)。

(八) 滑步后动作停顿

主要产生原因:左脚落地不积极;右腿力量弱,滑步后重心下降。

常用的纠正方法:背对投掷方向,两脚左右开立,两腿快速蹬地,成最后用力姿势;左腿稍向上抬(不宜过高),然后积极下落,左脚着地后,右脚用力蹬地;持球连续滑步后结合最后用力的动作;加强腿部力量的训练。

(九) 滑步后不能保持正确的姿势,上体过早抬起,重心在两腿之间

主要产生原因:右腿的拉收动作不完善,一是收腿速度慢,二是收的距离短;在滑步过程中左臂向左摆动,带动了上体的移动;滑步前过早地抬起上体,重心过分向投掷方向移动。

常用的纠正方法:徒手和持球连续做收腿练习;教师在学生的右侧(稍后)拉住其左手,进行滑步练习。

(十) 滑步后,不能保持较正确的投掷姿势,与最后用力脱节

主要产生原因:左腿摆动后下压不积极,没有迅速取得双脚支撑;在滑步过程中左臂向左摆动,带动了上体的移动。

常用的纠正方法:

(1) 通过讲解、示范等,使学生明确左腿摆动后要积极主动下压,迅速取得双脚支撑,使身体处于最后用力前的最有利姿势。

(2) 反复进行徒手或持轻器械的侧向滑步与最后用力的结合练习,加深体会当滑步左脚一着地就开始进行最后用力。

(十一) 滑步距离太短

主要产生原因:蹬地和摆腿力量不够或结合不好;拉收小腿的距离短。

常用的纠正方法:在地上画出两脚落地标记,要求学生滑步后落在标记上;徒手或持球练习蹬摆的动作。

(十二) 滑步时重心上下起伏大

主要产生原因:蹬地或摆腿的方向过于向上;右脚力量不足,膝关节弯屈过大。

常用的纠正方法:

(1) 滑步动作中的一个难点是先摆后蹬、低滑快落。学生往往出现先蹬后摆,甚至不摆只蹬的错误动作,形成蹬跳,重心起伏较大,导致左腿落地迟缓和出现停顿。因此在教学中不要开始就强调摆幅和滑步时收腿的距离，要以“快”为主。要求学生在滑步前重心先稍向后移；左腿摆动时，要求触及后方（投掷方向）的标志物。

(2) 通过讲解、示范、观看教学录像等，使学生明确身体重心的移动轨迹，身体的移动要快，右腿不能离地过高。

(3) 反复进行徒手或持轻器械的滑步练习，加深体会身体重心先向投掷方向移动，然后左腿的摆和右腿的蹬密切配合，上体不能抬起，身体不左转，保证重心的相对平稳。

(十三) 不能够全身协调用力推铅球

主要产生原因：推铅球技术没有熟练掌握。

常用的纠正方法：

(1) 通过讲解、示范、观看教学录像等，使学生明确推铅球时应髋关节等大肌肉群先发力，右腿蹬地推动髋关节积极向投掷方向移动，左肩、左臂及时制动，蹬伸右腿，挺胸抬头，右臂向前上方推铅球，左腿用力支撑等，这样腿部、躯干、手臂等全身协调用力，将铅球推出。

(2) 反复进行铅球或实心球的前、后抛等练习，加深体会全身协调用力进行投掷，并发展学生的身体素质。

二、推铅球技术教学注意事项

推铅球是速度力量性项目，是以力量为基础，以速度为核心的田径投掷项目。推铅球是单手持球置于肩上锁骨处，在直径 2.135 米的投掷圈内通过滑步（或旋转），集中全身的力量以最快的出手速度将铅球推出，以获得尽可能远度的投掷项目。

推铅球不仅是一个竞技项目，同时也是一种锻炼身体、增强体质的手段。推铅球练习可以发展人们的肌肉爆发力和动作速度，提高中枢神经系统的调节机能，并能培养坚毅、顽强的意志品质。

(1) 在设计教学时，应贯彻教书育人，全面发展的教育思想。结合推铅球技术的学习，培养学生良好的思想品德，全面发展身体素质和运动能力。

(2) 在教学初期，应以学习掌握技术为主，突出重点与难点。在教学后期，应因人而异，区别对待，突出完整技术，发展专项身体素质和专项能力。

(3) 在推铅球技术教学中，应十分重视原地推铅球技术的教学，选用多种方法与手段，帮助学生体会正确的用力顺序和身体协调用力的动作方法，为建立正确的最后用力技术奠定良好基础。

(4) 在完整教学中，应重视滑步与最后用力的动作衔接，强调滑步结束时，在形成良好的超越器械姿势的基础上，应快速积极进入蹬转发力。同时，应强调正确的左侧支撑用力在推铅球技术中的重要作用。

(5) 在教学中要善于根据学生的情况、学习阶段及学习内容的不同和需要，采用多种教学手段与方法，多样的教学组织形式，合理地安排教学内容与练习负荷，不断提高教学效果。如：

在教学中有目的地采用减轻或加重器械重量、改变规则要求、降低或提升练习难度等方法，使学生在不同条件下，感受不同的动作技术要求，发展动作速度与力量，促进技术的掌握与提高。同时，也能使学生感受到进步与不足，不断激发其练习的积极性。

（6）在教学中，要善于诱导和启发学生观察问题，分析问题，培养独立思考的能力。将自我测评、同学互评、教师考评相结合，明确改进方向，促进技术掌握。

（7）在推铅球技术教学的过程中，应始终注意安全意识和安全习惯的培养，掌握必要的预防伤害措施；同时，教师应根据教学对象、教学条件、气候与环境因素等实际情况，合理地安排与组织教学。

思考题：

1. 简述背向滑步推铅球技术的构成及各技术阶段的基本要求。
2. 简述背向滑步推铅球技术教学的基本步骤和主要方法手段。
3. 在推铅球技术学习中常见错误动作有哪些？如何纠正？
4. 在推铅球技术教学中应注意哪些问题？

第九章 掷标枪技术的教学程序

本章提要：本章结合掷标枪运动的起源与发展，就掷标枪技术的原理与技术结构，以及技术要领进行了分析与阐述。在多年教学训练的实践和研究基础上，对掷标枪技术教学的重点与难点、教学程序与方法、教学中常见的错误动作，以及在教学中应注意的问题进行了广泛论述。通过对本章内容的学习，旨在使学生对掷标枪运动项目更加了解，加深对其技术过程与特点的认识，建立正确的技术概念。根据教学大纲的要求，按照正确的技术教学程序与步骤，通过正确的练习方法，使学生逐步学习掌握、完善提高标枪投掷技术。同时，本章也为广大专项教师对掷标枪技术的教学规律、方法手段，以及在教学中应注意的问题等加深认识与理解，为不断改进教学方法，提高掷标枪技术教学质量提供帮助与参考。

第一节 掷标枪技术及教学的重点与难点

与其他体育竞技项目技术相同，掷标枪技术是一个复杂的动作过程系统，就其本身而言，同样经历了产生、演变与发展的历史过程。实践证明，要想能又好又快地掌握掷标枪技术，就必须对其的发展演变过程有一定的了解，尤其必须认清其技术原理与动作本质，技术结构与技术特点，从中进一步提炼、明确技术的重点和教学难点，只有这样，才能使整个掷标枪技术教学更具有针对性和操作性，从而不断提高技术教学的效率和质量。

一、掷标枪技术

在远古时代，人们为了生存，创造了类似标枪的长矛来打猎，在奴隶社会又成为一种原始武器。公元前 708 年古希腊奥运会的五项运动中就有投掷标枪比赛。近代的掷标枪运动可追溯到 18 世纪末 19 世纪初叶，在当时欧洲的瑞典、希腊、匈牙利、芬兰等国一些地区相继出现了掷标枪比赛。现代掷标枪运动始于 20 世纪初的北欧瑞典、芬兰等国的斯堪的那维亚人。1906 年在瑞典人的建议下，男子标枪项目首次被列为现代奥运会（1908 年，伦敦）正式比赛项目。20 世纪二三十年代，掷标枪运动在北欧诸国广为开展，并占据垄断地位，尤其芬兰人所创造的成绩令人瞩目。1953 年美国人赫尔德以 80.41 米的成绩打破世界纪录，成为跨越 80 米大关的第一人，宣告了北欧标枪强国长期垄断时代的结束。20 世纪 50～80 年代，男子标枪高手如云，前苏联、前西德、匈牙利、美国等先后涌现出许多著名的标枪选手，一再刷新世界纪录。最令人难忘的是前民主德国选手霍恩，1984 年他以 104.80 米实现了人们超越百米的夙愿。这一成绩空前绝后，迫使国际田联出于安全考虑，将男子标枪重心前移 4 厘米，以降低投掷远度。

之后，男子标枪成绩大幅度下降，1986 年诞生了第一个男子新型标枪世界纪录(85.74 米)。实践证明，随着科研与训练水平的不断提高，男子标枪水平稳步上升，1996 年捷克选手泽尔尼创造了 98.48 米新的世界纪录，男子标枪成绩正向 100 米大关逼近。

女子标枪运动远远晚于男子，1932 年女子标枪首次被列为奥运会正式比赛项目。20 世纪 40 年代末至 60 年代初，前苏联处于优势地位，多次获得奥运会冠军，创造了世界纪录。20 世纪 70 年代，前民主德国著名选手露特·富克斯以其非凡的才能引领女子标枪进入了“富克斯时代”。20 世纪 80 年代是世界女子标枪运动迅速发展的时代，世界纪录被一破再破，更多国家选手创造出好成绩，运动水平不断提高。我国选手徐德妹在 1991 年东京第三届世界田径锦标赛上以 68.78 米勇夺冠军。1988 年前东德选手佩·费尔克以 80.00 米成绩创造世界纪录。1999 年 4 月 1 日国际田联修改规则，女子标枪重心前移 3 厘米。目前世界纪录由北京奥运会冠军、捷克选手斯波塔科娃 2008 年创造(72.28 米)。

伴随标枪运动的发展，掷标枪技术也经历了演变与发展的历程。19 世纪末，参加比赛者多采用所谓“自由式”方法，一手拖住枪，一手抵住枪尾，将枪后引，顺着标枪纵轴向前掷出。最初规定，投掷者只能在 2.5 米见方的区域内完成投掷，后改为有 10 米长的助跑，直至 1908 年才取消助跑距离限制。20 世纪初期，所谓“芬兰式”技术占据主导地位，其技术特点是采用直线助跑和“弧线”引枪，并以“交叉步”代替过去的单足跳，以加大用力距离。这种技术比以往提高了助跑速度，促进了人体力量潜能的进一步发挥，有利于助跑与投掷方向的一致性，有利于对标枪飞行的控制，大大提高了运动成绩，为现代掷标枪技术的建立奠定了基础。

时代变迁、科技发展、训练水平的提高，以及场地器材的改良和规则的变化无不带动着掷标枪技术的改进与创新。20 世纪 50 年代，美国赫尔德兄弟研制出被称作“赫尔德雪茄烟”的新式木制标枪，20 世纪 60 年代诞生于瑞典的“桑德维克”铝合金标枪，都在不断追求高滑翔性能标枪上有所创新和突破，这无不对投掷技术的改进和运动成绩的提高产生了推动作用。1964 年塑胶跑道的问世，为运动员更好地发挥运动机能，改进技术创造了良好条件。许多运动员一改以往的“高跳步”投掷步技术，而采用低平快速的投掷步技术，充分利用塑胶跑道有利于速度发挥的特点，加快下肢动作速度，避免身体重心过大起伏，提高最后用力的效果。1980 年匈牙利运动员帕拉吉采用了大幅度转体动作的掷标枪技术取得成功，创造了 96.72 米的世界纪录。这种所谓“大超越、大转体”的用力技术，其优势在于在最后用力动作前大幅向右转体，加大了最后用力的幅度和力量，以提高投掷远度。以英国选手巴克利为代表，尤其一些女运动员，采用了“少超越—高位引枪”的技术形式，表现为投掷步各步身体后倾较小，高于肩部引枪，以此来发挥助跑水平速度，加快助跑与最后用力的衔接，加快翻肩鞭打用力动作。综上可见，人们对掷标枪技术的改进与创新从未停止过，并将继续进行下去。

(一) 掷标枪的技术原理与结构

和任何投掷运动一样，掷标枪首先必须遵循抛物体运动的一般规律才能将标枪掷得更远。物体抛射运动原理 $S=V_0^2.\sin2\alpha/g$ 告诉我们，在决定投掷远度(S)的因素中，器械的出手初速度(V_0)是最主要的因素，它的变化将对投掷远度产生决定性影响。同时，器械的出手角度(α)、出手高度以及空气动力学因素也都会对投掷远度产生一定的影响。

掷标枪技术还必须符合人体运动链动量传递的生物力学原理。投掷时身体的用力表现为人体大环节首先发力，依次向小环节和末梢环节加速用力，依次制动传递，使其动量不断增加，最终作用于器械，才能使器械产生较高的出手初速度。从完整的掷标枪技术来看，出手初速度的获得尽管有助跑阶段预先加速的贡献，但更主要是通过良好的最后用力技术所获得。在最后用力的过程中，人体各环节成为一个完整的开放性运动链，参与用力的各环节肌肉群自大而小、自下而上依次用力和制动，实现动量传递，末梢高速的合理用力顺序。图 9－1 为身体主要环节和标枪在最后用力时的速度变化，充分体现了最后用力动作的客观存在和技术要求。

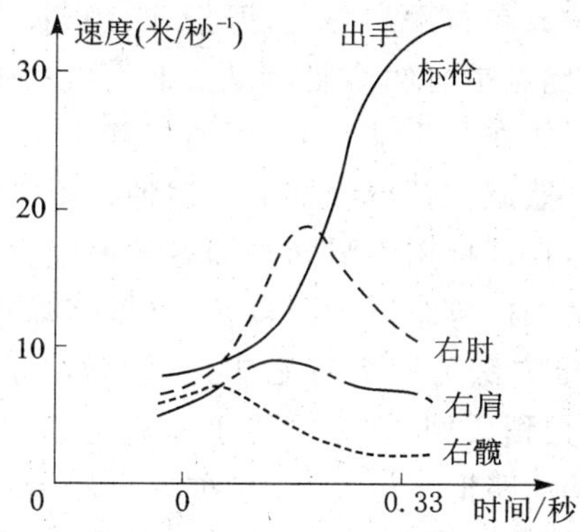

图 9－1　身体主要环节和标枪在最后用力时的速度变化

引自:《田径运动教程》人民体育出版社，1999 年。

除以上原理和规律以外，我们还应看到，实际掷标枪运动与实验室抛物体运动测试是有所不同的，第一，标枪的出手点和落地点并不在同一水平面上，从出手点至落地点的连线与水平面形成一夹角，称为地斜角，尽管其作用不大，但也会影响到计算的准确性。第二，投掷标枪是在非真空的自然条件下进行的，各种环境因素对器械运动的影响是多方的和复杂的。第三，不像抛物实验时所用的刚体，标枪的形状有着明显的流线体器械特性，复杂多变的空气动力学作用既可能对标枪的飞行远度产生积极影响，也可能成为投掷失利的罪魁祸首。因此在实际运用抛物体运动原理时，既要符合原理的基本要求，又要考虑在实际过程中复杂多变的影响因素。

掷标枪是一个技术复杂的快速力量性运动项目，它有着其独特的动作技术体系。它是一个由不同技术阶段和动作环节所组成的有机整体，其中有周期性运动，也有非周期性运动。为了教学训练方便及理论研究的需要，根据不同动作阶段的特征和技术任务，通常将掷标枪的完整技术划分成标枪的握持、助跑、最后用力、标枪出手后的身体平衡和器械的飞行几个动作技术阶段。

由于标枪器材的本质特点和运动场地的不同，掷标枪不仅有着投掷项目的共同规律，更具有其明显的个性技术特征。集中表现在快速的直线性助跑，动作位移大、速度快，器械出速极高，用力结构与用力方式独特等方面。因此，快速的鞭打能力、良好的柔韧性与协调性、较高水平的跑跳能力等都是学习掌握好标枪技术的良好条件与基础。

(二) 掷标枪技术的要领(以右手掷标枪为例)

由上可知，掷标枪的完整技术是一个连续不断的动作过程，为了便于学习掌握和分析，可将其分为握枪与持枪、助跑、最后用力和标枪出手后维持身体平衡四个部分。

1. 标枪的握持

(1) 握枪。通常采用的握枪方法有两种，一是拇指与食指握法，二是拇指与中指握法。

拇指与食指握法：将标枪斜放在右手掌心上，拇指和食指握紧标枪线把上端，其余手指自然握在线把上。这种握枪法的优点是自然简便，手指、手腕相对放松，适于初学者采用。

拇指与中指握法：将标枪斜放在右手掌心上，用拇指和中指握紧标枪线把上端，食指自然斜放在枪身上，无名指和小指自然握在标枪线把上。这种握枪方法目前被广泛采用，其优点是能够充分利用中指较长的特点，在标枪出手瞬间更加有效地施力于标枪，不仅有利于提高标枪出手的初速度，同时也有助于增加标枪绕纵轴的自转，以提高标枪在空中飞行的稳定性。

(2) 持枪。通常采用的持枪方法为肩上持枪法，具体做法是：身体朝投掷方向自然站立，右手握枪，右臂弯曲上举，手腕稍稍后仰，将标枪持于右肩上方；持枪手置于头部右侧上方，肘关节自然朝前略向外展，枪尖朝前略低于枪尾；非投掷臂自然抬起或下放置于体侧；两眼平视，身体保持自然放松。这种肩上持枪的方法动作自然，简单易学，易于对标枪的掌控，有利于持枪助跑向投掷步引枪动作的平稳过渡。

(3) 另外还有一种不太常见的肩下持枪法，这种方法是右手握枪，手臂自然下垂，先将标抢置于身体右侧下方，枪尾朝前，枪尖朝后；然后在助跑的过程中，持枪手臂逐渐举起成肩上持枪姿势。这种方法的优点是运动员开始时的动作更为放松自然，有利于助跑加速和身体协调。但因为是在跑动中完成动作，所以动作相对复杂，不易掌握与控制，只有一些优秀运动员或技术熟练者会采用。

2 助　跑

助跑的作用主要是使"人体—标枪"系统在最后用力前获得一定的预先速度和动量，同时通过助跑中的一系列动作为最后用力的最大发挥创造有利条件。一般来讲，助跑投掷成绩往往要比原地投掷成绩远得多，可达 20～30 米，这充分说明了助跑对掷标枪技术的重要性。

掷标枪的助跑为直线形助跑，一般包括预助跑和投掷步助跑两个阶段，也称作第一阶段助跑和第二阶段助跑。通常运动员在助跑的起点会设置一个标志，为第一标志点；在进入投掷步阶段时设置另一个标志，为第二标志点。掷标枪助跑的距离长短因人而异，一般来讲，多在 20～30 米之间。通常女子稍短于男子，初学者短于优秀运动员。预助跑从第一标志点起到第二标志点止，一般跑 8～14 步。投掷步阶段从第二标志点起到投掷步最后一步左脚着地止，根据运动员采用的投掷步的步数不同，距离也会有所不同，目前采用4步投掷步和6步投掷步技术者最为常见。标枪出手后，运动员右脚向前的缓冲距离一般在2米左右。图9－2为掷标枪助跑阶段划分示意图。

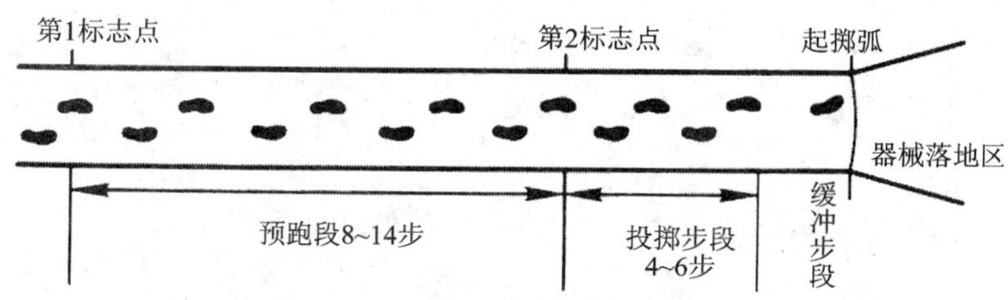

图9－2　掷标枪助跑阶段划分示意图

（1）预助跑阶段。助跑开始前，运动员面对投掷方向，两脚自然前后站立；左脚在前，踏在第一标志点的延长线上，做好持枪动作；然后迈右腿开始助跑；也可以向前走或小步慢跑几步，以左脚踏上第一标志点的延长线开始进入助跑。前一种助跑方法步点稳定，有利于准确踏上第二标志点；而后一种方法动作放松，易于身体静止向助跑过渡，有利于助跑速度的发挥。

预助跑动作是周期性动作，跑动时，下肢动作与平跑动作基本相同，要求跑得放松自然，富有弹性和节奏，保持直线性，步点稳定；持枪臂控制好标枪，随跑的节奏自然小幅前后摆动，非投掷臂自然协调摆动，调控平衡。预助跑应在逐渐加速中流畅地进入投掷步阶段。

（2）投掷步阶段。投掷步是掷标枪技术的重要阶段，对助跑与最后用力的连接起桥梁作用，它是掷标枪技术的专门助跑阶段。在此阶段中，运动员既要保持较高的助跑速度，还要完成引枪、交叉步和超越器械等一系列技术动作，实现由助跑向最后用力的过渡和衔接。其技术重要性不言而喻。下面以4步投掷步技术和直接向后引枪方法为例，简述投掷步阶段的技术要领。

第一步：预助跑结束时，当左脚踏上第二标志点延长线，即开始投掷步助跑阶段。此时，右腿积极前摆，同时上体开始向右转动，持枪臂开始伸展，沿标枪纵轴向后引枪；左肩向标枪靠拢，左臂自然摆向胸前，目视前方；右脚着地时，髋部正对投掷方向，持枪臂尚未伸直，标枪靠近身体。

第二步：右脚落地后，身体继续随之前移，右腿蹬地，左腿积极前摆，向前迈出，上体继续向右转动，持枪臂继续向后伸展引枪。左脚在着地时，上体已转至侧对投掷方向，右臂伸直完成引枪动作，右手约同肩高，枪头靠近右眉，躯干与地面基本上保持垂直，两眼注视投掷方向。

第三步：也称交叉步，是投掷步中最关键的一步。当第二步左脚着地后，随着人体向前运动，在左腿积极蹬地的同时，右腿屈膝，以大腿带动小腿快速前摆，形成积极的下肢蹬摆配合动作；同时左臂自然摆至胸前，帮助左肩内扣和加大躯干向右扭转的幅度，使肩轴与髋轴形成交叉扭紧状态；随着下肢的快速向前动作，躯干后倾逐渐加大；紧接着左脚蹬离地面，在短暂的腾空中，左腿快速向前超过右腿，为左脚尽快着地支撑创造条件；随后是右脚以脚跟外侧先着地，并迅速过渡到全脚掌支撑，右脚尖与投掷方向约成45°角。此时躯干后倾角（躯干中轴与垂直面之间的夹角）约为20°～25°，右臂充分后伸位于肩轴延长线上。如图9－3所示。

图9－3　投掷步第三（交叉步）动作示意图

第四步：这一步是助跑向最后用力过渡的衔接步。由于第三步的幅度与腾空相对较大，右脚着地后，右腿屈膝缓冲，减小制动，加快身体重心前移；当身体重心前移超过右脚支撑点时，右腿应积极用力蹬地，推动髋部向投掷方向前移和转动，左腿快速下插以脚跟内侧首先着地，完成强有力的制动支撑。左脚着地位置在右脚前方偏左约20～30米处，脚尖内扣与投掷方向约成20°角。此时上体仍保持向后倾斜的姿势，为最后用力创造条件。从历史上看，运动员根据个人特点和场地条件的变化，曾出现过“高跳式”、“平跑式”、“混合式”等投掷步动作形式。实践发现，采用“混合式”投掷步技术的运动员目前更为多见，因为它兼顾了前两者的优点，使运动员能更好地发挥其速度力量水平。

投掷步各步步长有着一定的比例关系，由于超越了器械动作的要求，第三步最大，而第四步为双支撑步，即最后用力步，要加快助跑向最后用力的过渡和衔接，快速有力地完成最后用力动作，所以步长一般较短。良好的投掷步步长关系一般应表现为第一步长，第二步较长，第三步最长，第四步最短。

投掷步节奏是掷标枪助跑的显著特点。良好的投掷步助跑节奏，对于运动员完成技术动作至关重要，它主要体现在完成各步动作的时间、准确性，以及身体一系列动作的协调配合上，它与各步的步长也密切相关。优秀运动员通常表现出第一、二步较快，第三步稍慢，第四步最快的节奏特点，见表9－1。

表9－1　优秀标枪运动员投掷各步步长与时间（前苏联资料）

投掷步	步长/厘米	步时/秒
第1步	195～250	0.30～0.38
第2步	135～170	0.26～0.30
第3步	180～250	0.30～0.45
第4步	135～180	0.18～0.26

3. 最后用力

最后用力是掷标枪技术最重要的动作阶段，它是身体爆发式用力的主要过程，是动量快速传递于器械的关键。最后用力技术的好坏对于投掷成绩起着决定性作用。从投掷步第三步右脚着地，身体重心前移超过支撑点垂直面，右腿转入蹬转动作，即开始最后用力动作。随着右脚的蹬转，右髋向投掷方向加速运动，使髋轴超越肩轴并牵引着肩轴向投掷方向转动。左脚着地形成的制动与支撑，为上体向投掷方向运动创造了条件。左臂屈肘积极摆向身体左下方，左肩适当压低并有效制动，右胸前挺带动投掷臂向上转动，前臂和手腕向上翻转，当上体转至正对投掷方向时，形成所谓"满弓"动作姿势，即此刻瞬间投掷臂仍伸展留在身后，与肩同高，与躯干几乎成直角，右腿、右髋、右胸和右臂的连线相似一张"弓"形，如图 9-4 所示。

图 9-4 "满弓"动作示意图

"满弓"姿势瞬间即逝，随即转入屈体挥臂的"鞭打"动作，身体重心逐渐移向左腿，迫使左腿微屈支撑；胸部继续前挺带动投掷臂上臂向前，继而带动前臂，使肘关节被动弯曲；当上臂移至肩部上方时，左腿快速有力地蹬伸，被拉长的腹部肌群强有力地收缩，胸部和右肩带动上臂向前并快速完成伸肘、挥前臂和甩腕的掷枪动作（如图 9-5 所示），使全身力量通过投掷臂、手腕和手指的动作作用于标枪纵轴上。整个动作快速有力，酷似鞭子甩打一样。标枪离手瞬间，手腕和手指的积极甩动，保证了标枪沿纵轴顺时针旋转飞进，以提高飞行的稳定性。标枪出手的适宜角度一般为 29°～36°。

图 9-5 掷标枪最后用力动作示意图

4. 标枪出手后身体平衡的维持

最后用力动作积极向前，快速有力，为了避免标枪出手后人体因动作惯性继续向前运动而造成越线犯规，所以在标枪出手后，右腿应及时向前跨出一大步，并顺势向左侧改变运动方向，屈膝降低身体重心，积极制动，减缓人体向前的冲力，两臂协调配合，维持身体平衡。

二、掷标枪技术的教学重点与难点

掷标枪项目器材、场地、规则等方面的不同，形成了掷标枪独特的技术结构，相比之下，它是田径投掷类项目中技术较为复杂的一项运动。经多年的教学训练实践，以及理论研究证明，要使学生较好的学习掌握掷标枪技术，必须认真分析与研究其技术特点，认清技术重点，狠抓教学难点，才能达到事半功倍的教学效果，继而为技术的改进与能力的提高打下良好基础。

如前所述，在掷标枪的完整技术中，最后用力环节的重要性不言而喻，它决定着整个技术的完成效果。大量教学实践表明，必须把最后用力技术作为掷标枪技术教学的重点，贯穿于整个教学过程中。在最后用力技术的教学中，首先应使学生明确正确的身体用力顺序和正确的发力时机。学习掌握以大肌群大环节带动小肌群小环节，以下肢带动上肢，依次发力，依次制动，最后完成肩、臂、手的快速用力投枪动作。应学习在动态中掌握合理的发力时机，同时注重整个身体动作的协调配合，特别是用力与支撑动作的配合。

根据标枪流线型的器械特点，在教学中应要求学生在掌握最后用力动作时，注重对标枪位置和姿态的控制，处理好人与标枪的关系，重点加强肩带、投掷臂、手腕、手指沿标枪纵轴鞭打用力动作能力的培养。实践证明，这是正确掌握最后用力技术不可忽视的环节。在教学中常见一些学生只顾身体大肌群环节的用力动作，而忽视小肌群环节对标枪的控制和正确的用力动作，导致投掷效果欠佳的现象出现。因此，在教学中应加强对标枪控制能力和标枪器械感的培养，学会沿标枪纵轴鞭打用力的技术。

尽管最后用力是掷标枪技术最重要的环节，是教学的重点，但助跑的意义和作用也不能忽视。研究表明，“人体—标枪”系统在助跑中不仅可获得一定的预先速度和动量，同时还能为最后用力创造有利的身体用力条件。那么这种预先速度和动量能否有效地运用到最后用力环节上，主要取决于助跑与最后用力的衔接，因此，助跑与最后用力的有机结合是掷标枪技术教学的关键与难点。在教学中应始终强调助跑投掷步与最后用力技术的紧密衔接，它不仅关系到助跑速度和动能的有效运用，同时也影响到人体超越器械动作的形成和积极快速的投掷技术的效果。助跑与最后用力的紧密有效衔接是衡量技术的完整性和技术综合效益发挥的关键。在实际教学中，这一技术环节往往成为学生学习掌握的难点，经常出现顾此失彼现象，因此必须通过不同形式和手段大量练习，加以强化，使学生逐步掌握在快速助跑中不停顿地完成高质量的最后用力动作。

第二节　掷标枪技术的教学步骤

正确的教学程序与步骤，合理的教学方法与练习手段，是学生学习掌握掷标枪技术的重要保证。根据掷标枪技术的特点，各技术阶段的重要性，以及技术任务的不同，在教学中必须遵循从易到难，从简到繁，循序渐进，突出重点与难点的教学原则，合理地设计安排教学程序与步骤。(文中阐述的技术动作均以右手投掷为例)。

一、建立正确完整的掷标枪技术概念

在技术教学开始时,应充分利用教学条件,通过讲解、示范、观看技术图片、录像等教法手段,主要从以下方面使学生对掷标枪运动有一定的了解和认识,帮助学生建立正确完整的技术概念。

(1) 简介掷标枪运动的起源与演变,技术变革与发展趋势。

(2) 初步了解掷标枪完整的技术过程,以及各阶段的动作特征,初步建立起掷标枪的技术概念。

(3) 结合学生已有的运动生物力学知识和标枪的器材、场地特点,重点介绍在掷标枪时人体反关节运动、沿标枪纵轴用力和在快速跑动中不停顿地完成投掷等技术特点。

(4) 简介掷标枪项目的锻炼价值与意义,以及练习中的注意与安全事项。

二、学习掷标枪技术的辅助性练习

由于掷标枪技术较为复杂,特别是对肩、腰、髋等身体部位的力量、柔韧、灵活性的要求较高。因此,在教学初期,必须安排一定的辅助性练习,为进一步学习掌握技术动作、预防运动损伤创造良好的条件。

(一) 单人徒手练习

(1) 双臂交替振胸拉肩;

(2) 双臂肩绕环;

(3) 挺髋双手交替摸异侧脚跟;

(4) 单人背桥练习(如图 9-6 所示);

(5) 俯卧身体反转练习(如图 9-7 所示);

图 9-6 单人背桥练习

图 9-7 俯卧身体反转练习

(6) 原地转髋练习(如图 9-8 所示);

(7) 原地挺身跳练习(如图 9-9 所示);

(8) 前后交叉步跑练习等。

图 9－8 原地转髋练习

图 9－9 原地挺身跳练习

(二) 双人徒手练习

(1) 双人背桥练习(如图 9－10 所示)；

图 9－10 双人背桥练习

(2) 双人背对背拉肩练习(如图 9－11 所示)；

(3) 在同伴的帮助下做各种拉肩练习(如图 9－12 所示)；

图 9－11 双人背对背拉肩练习

图 9－12 同伴帮助拉肩练习

(4) 在同伴的帮助下做转肩翻肘练习；

(5) 双人倒立拉练习等。

(三) 肋木练习

(1) 扶肋木压肩；

(2) 双手拉肋木成背弓练习(如图 9－13 所示)；

(3) 单手拉肋木做翻肩满弓练习(如图 9－14 所示)；

(4) 肋木上双人顶肩练习等(如图 9－15 所示)。

图 9－13　背弓练习

图 9－14　翻肩满弓练习

图 9－15　双人顶肩练习

（四）持枪练习

（1）双手握枪肩绕环（如图 9－16 所示）；

（2）站姿或跪姿扛枪转肩练习（如图 9－17 所示）；

（3）扛枪转髋分腿转髋练习；

（4）右手握枪，左手握枪尖翻肩练习；

（5）单手持枪顶墙做翻肩翘肘练习（如图 9－18 所示）；

图 9－16　双手握枪肩绕环　　图 9－17　跪姿肩扛标枪做转肩

图 9－18　顶墙翻肩翘肘

（6）坐或跪姿，双手过头投实心球；

（7）坐姿开始，接抛来的球顺势仰卧，迅速反弹坐起将球投出；

（8）原地或上步投垒球或小石头等。

上述所举为在标枪技术教学中经常采用的辅助性练习手段，对于诱导技术学习，改进提高技术，增强专项能力均有良好的作用，供教学参考。当然，掷标枪辅助练习的内容是广泛的，手段也是多样的，期待广大教师根据教学的具体情况开拓创新。

三、学习最后用力技术

（一）学习标枪的握持方法

以教师讲解、示范为主，使学生明确标枪握持方法的基本要领，了解不同握持方法的优劣利弊。通过实际练习与错误纠正，帮助学生掌握正确的标枪握持方法。正确的标枪握持方法对于控制投掷方向、出手角度，以及末梢环节的有效用力十分重要，是学生学习与掌握正确的最后用力技术的基础，故此不能轻视。尤其是在初始阶段，应加强练习，形成正确的动作定型，并在以后的投掷练习和引枪练习中不断强化，熟练掌握。

（二）原地插枪练习

1. 原地正面插枪练习

正对投掷方向，左脚在前，右脚在后，约与肩宽站立；右手持枪于肩上，身体重心略后移至微屈的右腿上，枪尖低于枪尾，指向前下方几米处；插枪时，持枪臂略后上引，右腿蹬伸，主要以带肩带臂，沿枪纵轴快速鞭打，向前下方插枪。练习时应重点强调肩带和投掷臂的正确鞭打动作，注重对沿标枪纵轴用力能力的培养。

2. 原地侧面插枪练习

身体左侧对投掷方向，两脚左右开立略比肩宽，两脚尖和髋部朝向右前方，右膝弯曲，重心在右腿上，右手持枪，投掷臂向后伸开，左臂自然抬起，左肩内扣，头部略左转，目视投掷方向，枪尖位于右眉梢处，略低于枪尾。插枪时，右腿积极蹬转，带动身体向前，通过挺胸、转肩、带动投掷臂鞭打用力，将抢插向前下方。侧向插枪练习比正面插枪练习参与的肌群更多，动作幅度和力量更大，插枪远度也有所增加。

（三）学习原地掷标枪技术

同上练习，身体侧对投掷方向，两腿开立，身体重心落在弯曲的右腿上，身体略后倾，右手握枪，投掷臂向后放松伸直与肩轴基本一致，枪尖在右眉处，枪尖仰起，左臂自然抬起。开始投掷时，右腿提踵、压膝快速蹬转，推动髋和上体向投掷方向转动，在左腿积极支撑用力的配合下，挺胸、转肩、带动投掷臂快速鞭打，将标枪沿纵轴向前上方投出（如图 9－19 所示）。

图 9－19 原地掷标枪动作

从动作结构来讲，原地掷标枪最接近最后用力动作，所不同的是原地投枪从原地静止开始，而实际的最后用力技术则是在高速运动状态下进行的。因此原地掷标枪是学习和掌握最后用力技术的主要练习之一，也是教学的重点。练习时要突出身体右侧的用力方式，尤其是右腿的提踵压膝与蹬转送髋，转肩翻肘的鞭打动作，以及左侧的支撑用力配合。强调动作的快速性和连贯性。

（四）学习上步掷标枪技术

1. 上一步掷标枪

侧对投掷方向站立，右腿在前，屈膝支撑身体，右手持枪同上练习。左脚在后，脚尖点地于右脚跟处，左臂屈肘抬起，左肩内扣，头略转向投掷方向，上体略后倾。用力时，随着右腿的蹬转送髋，左腿积极前伸迈出，脚跟着地滚动支撑，不停顿地完成后续用力掷枪动作，出枪瞬间左腿应积极蹬伸。练习时应重点体会右侧正确发力的同时，左腿积极着地制动和蹬伸用力的动作配合。

2. 上两步掷标枪

在上一步投枪练习的基础上，增加一步进行练习。开始姿势与原地掷标枪动作基本相同，开始动作时，上体和投掷臂姿势保持不变，右腿向前迈出一步，带动身体前移，以右脚跟外侧首先着地，屈膝支撑向前滚动，当左脚离地向前跟进到右脚跟处时，继续完成上一步投枪动作。

四、学习投掷步掷标枪技术

(一) 学习交叉步掷标枪技术

侧对投掷方向站立，开始姿势与原地掷标枪动作基本相同。开始动作时，右腿向后蹬离地面，以大腿带动小腿屈膝向左腿前方摆动，带动身体向前移过左脚，左腿积极后蹬离地，人体在空中形成两腿交叉状态。随着身体向前，右脚跟外侧首先落地，顺势滚动，右腿屈膝缓冲支撑，当身体重心移过支点的瞬间，左脚积极前伸，即开始完成后续最后用力动作(如图 9 - 20 所示)。

图 9 - 20　交叉步掷标枪示意图

交叉步投掷练习是在动态中学习掌握和改进提高最后用力技术的重要练习。练习时应重点强调两腿摆、蹬、落、撑的动作协调与配合，初学者在开始练习时会有一定的难度，通常采用徒手或持其他器械等进行诱导性的辅助练习，以降低练习难度，帮助学生掌握技术。

(二) 学习引枪动作

1. 原地引枪练习

两脚并拢站立，右手握枪，持枪在肩上。动作开始时，右肩后撤，投掷臂顺势向后伸展引枪，左肩右扣，左臂协调抬起，枪尖上仰引置右眉处(如图 9 - 21 所示)。练习时要求左右侧动作协调连贯，沿标枪纵轴后引。

2. 走步中引枪练习

左脚在前，右脚在后自然站立，右手持枪在肩上；右腿前迈开始撤肩引枪，左脚继续前迈着地，完成引枪动作。练习时要求上下肢动作协调配合，在两步中完成引枪动作，可在行进间反复练习。

图 9-21 原地引枪练习示意图

3. 慢跑中引枪练习

在走步完成引枪练习的基础上，在慢跑中练习。要注意引枪前左臂的自然摆动，持枪臂和标枪随跑动协调摆动，引枪应在两步中完成，动作自然协调。

4. 快跑中引枪练习

进一步加快跑动速度，增加动作幅度，完成正确的引枪技术动作。

（三）学习引枪接交叉步动作

1. 走步中引枪接交叉步练习

面对投掷方向，左脚在前、右脚在后站立，成持枪姿势；右脚前迈开始引枪，两步完成引枪动作后，左腿积极后蹬；同时右腿屈膝用力前摆，身体略有腾空向前，完成下肢超越上体的交叉步动作，以右脚跟外侧着地向前滚动，屈膝支撑，左腿快速摆插着地制动，形成身体后倾的投枪前姿势。

2. 跑步中引枪接交叉步练习

在以上练习的基础上，跑动中完成引枪接交叉步动作（如图 9-22 所示）。练习时，应强调通过两腿积极快速的摆蹬，形成下肢超越上体，上体超越标枪的超越器械动作。同时应注意对标枪控制能力的培养。

图 9-22 引枪接交叉步动作示意图

（四）学习投掷步掷标枪技术

1. 徒手引枪、交叉步接翻肩挥臂模仿练习

在走步或跑步中徒手完成引枪和交叉步动作后，在左侧有力的支撑下，以正确的用力顺序，不停顿地完成最后用力动作。

2. 走步或跑步中完成投掷步掷标枪技术

持标枪完成投掷步掷标枪技术。在教学时应重点强调交叉步与最后用力动作的紧密衔接，并注意对标枪位置与方向的调控。在实际教学中，徒手模仿和持枪练习可根据情况交替反复进行，以加强本体的感觉，强化正确技术。在练习初期不宜过早地安排在正式标枪场地进行，以减轻学生的心理紧张感。

五、学习掷标枪的完整技术

(一) 学习短助跑掷标枪技术

1. 肩上持枪助跑练习

持枪于肩上，枪尖略低于枪尾，自然向前跑动(20～30 米)。要求跑动时速度适中，富有弹性；伴随跑的节奏，投掷臂前臂和右手持枪微微摆动，左臂于体侧自然摆动；上体放松，目视前方。

2. 徒手短助跑接投掷步掷枪模仿练习

助跑 4～6 步，接投掷步掷标枪模仿动作练习；助跑速度适中，开始时不宜过快。

3. 短助跑接投掷步投小垒球等轻器械练习

助跑 4～6 步，接投掷步投掷小垒球、小沙包等轻辅助器械；要求助跑速度适中，节奏由慢到快，强调交叉步与最后用力的衔接。

4. 短助跑接投掷步掷标枪练习

在上述练习的基础上，助跑 4～6 步，接投掷步掷标枪练习。

以上是学习短助跑投枪的主要练习，初学者在练习时要注意控制助跑速度，不宜太快，以便为投掷步和最后用力创造有利条件。随着对动作的掌握与熟练，可逐渐提高助跑速度，加快节奏。

(二) 学习全程助跑掷标枪技术

1. 8～10 步助跑接投掷步掷标枪的徒手模仿练习

练习时，初步调整确定助跑步点，更多强调下肢动作的配合，较连贯地完成完整技术动作。

2. 8～10 步助跑接投掷步投小垒球等器械练习

在上一练习的基础上，加强上下肢、左右侧的动作配合，形成加速、连贯、有力的完整掷标枪技术。

3. 8～10 步助跑接投掷步掷标枪练习

重点体会在助跑中人与标枪的关系，做好引枪、超越器械，以及最后用力掷枪环节动作。

在完整掷标枪技术教学时，不仅要求各技术阶段动作的正确性，更应强调完整技术的连贯性，注重对助跑速度与节奏的把握。

六、巩固与提高掷标枪技术

在基本掌握掷标枪的完整技术后，要不断巩固、改进与提高个人技术，发展专项投掷能力，应经常采用以下类别进行练习：

(1) 以固定的步数助跑投掷小垒球、小石头、小沙包等练习；

(2) 以固定的步数助跑投掷不同重量的标枪练习；

(3) 针对薄弱的技术环节，进行分解技术动作的强化练习；

(4) 与专项技术密切相关的专项力量练习；

(5) 专项技术所要求的专项速度练习等。

在巩固提高阶段，要特别注意教学的针对性，做到区别对待。在规范基本技术的同时，针对个人技术的薄弱环节，采用不同的教法手段。随着技术的熟练和能力的提高，应逐步提高跑速，选择合理的助跑速度和全程节奏，形成个人的技术风格。在教学后期，应逐步提高投掷的远度，使学生在较高练习的强度下，进一步巩固提升技术。

第三节 在掷标枪技术学习中易犯的错误动作及教学注意事项

运动技术的学习掌握是一个循序渐进的过程，是不断发现错误，纠正错误，再发现再纠正，力争完美的教学过程。因此，教师对专项技术的正确认识及在教学中注意的问题和对经验的积累，对于正确观察，及时发现学生的技术动作错误，采用适当的纠正措施与方法至关重要，它对整个教学效果将产生重要影响。

一、在掷标枪技术学习中易犯的错误动作

学生在学习掌握掷标枪技术的过程中，由于不同原因，难免出现技术动作上的各种错误和问题。因此，在教学中教师应认真观察，及时发现和纠正这些技术动作错误，避免形成错误的技术动作定型。掷标枪学习中所出现的错误动作多种多样，究其原因，因人因时各不相同，因此在教学时必须从实际出发，具体情况具体分析，选择合理有效的方法予以纠正。根据广大专项教师与教练员多年的教学训练实践，现归纳出如下常见的动作错误，并提出有针对性的纠正方法，以供参考。

(一) 握枪时食指握法的错误动作

错误动作表现：握枪时食指水平抵在标枪纵轴上。这一错误动作经常出现在教学初期，往往造成标枪出手时不能沿标枪纵轴用力，出现推枪现象。

主要产生原因：对于正确的标枪握持动作要领不够清楚，手腕手指过于紧张。

常用的纠正方法：讲清错误动作会造成的不良影响，进一步明确动作要领，反复练习正确的握持方法，并在插枪和轻投练习中加以体会。

(二) 引枪位置和方向不正确

错误动作表现：在学习掌握投掷步技术阶段，经常出现引枪时标枪离身体太远、投掷臂过

低或过高等错误动作。这些动作错误会直接影响最后用力时正确的翻肩和手臂鞭打动作。

主要产生原因：引枪时左肩和上体的右转协调配合不够，投掷臂过于紧张。也有可能是肩带的柔韧与灵活性较差所致。

常用的纠正方法：反复交替进行在原地、走步、跑步中的引枪练习。也可在他人的帮助下进行模仿，体会感觉动作细节与标枪方位变化的关系。同时，要有针对性地加强肩带柔韧与灵活性的专门练习。

（三）交叉步结束两脚着地右转过大错误动作

错误动作表现：交叉步结束时，两脚着地向右转动过大，有甚者，两脚方向与投掷方向垂直，这会导致右脚不能迅速进入提踵转蹬，丧失“人体—器械”系统的动量和用力时机。这一错误动作多发生在投掷步技术学习中，尤其是在想加大最后用力时更易出现。

主要产生原因：对超越器械动作的认识错误，身体过分右转和主动后倾，或因躯干、腰部柔韧性较差，造成肩轴与髋轴的交叉扭紧能力不足。

常用的纠正方法：进一步明确超越器械动作的作用和技术要领。反复进行投掷步技术练习，加强身体相关部位的柔韧性训练。

（四）交叉步左脚着地位置与动作方式错误动作

错误动作表现：在进行交叉步技术教学时，经常出现交叉步结束后左脚着地过于偏左或偏右，或用前脚掌落地支撑现象。这些错误将影响最后用力动作的配合与发挥，尤其是无法形成牢固有力的左侧支撑。

主要产生原因：忽视左侧支撑的重要性，对左脚着地动作细节认识不清，或因平时跑步的动作习惯等所致。

常用的纠正方法：通过徒手或持枪，进行分解或完整技术动作练习，反复体会左脚动作，加强动作细节。必要时可设置标记，规范两脚着地的位置与方向。

（五）最后用力动作前出现明显停顿

错误动作表现：在助跑掷标枪练习中最后用力前出现明显的停顿现象，造成助跑与最后用力动作脱节，无法较好地利用助跑的预先加速和动量，失去动作的连贯性和完整性，破坏了整个技术的加速节奏。

主要产生原因：主要是交叉步跳得过高，右脚着地后蹬转发力不及时，动作慢，或由于左脚着地支撑动作慢，最后用力步过大所致。

常用的纠正方法：通过分解与完整动作交替练习，减小交叉步上跳动作的高度，必要时可采用辅助信号或地面标记，调整投掷步节奏和步长。在练习中应强调下肢动作的快速启动和领先作用，加快右腿蹬送与左脚快落支撑动作的配合。

（六）最后用力时投掷臂向下拉肘错误动作

错误动作表现：在最用力技术教学中，出现掷枪时投掷臂肘关节下拉的动作错误，通常称作“拉枪”现象。这一错误动作直接影响到正确的最后用力动作顺序，导致不能沿标枪纵轴用力，往往使标枪出手后，仰角急剧变大，陡然下落。同时拉肘动作错误也极易造成肘部损伤。

主要产生原因：最后用力顺序和各环节动作要领不清，投掷臂太想用力，发力过早，以肩带臂、翻肩翘肘、鞭打用力的动作不正确。也可能是肩带灵活性和柔韧性不足所致。

常用的纠正方法：进一步明确最后用力的顺序和投掷臂动作要领，徒手或持较重的器械进行练习，强化用力时的翻肩翘肘动作。同时要采用大量的肩部柔韧与灵活性的辅助练习，发展肩带的专项能力。

（七）用力出枪时身体左倒错误动作

错误动作表现：在最后用力出枪瞬间，身体明显向左倾倒，造成身体无法在牢固支撑条件下完成用力的出枪动作，影响力量的发挥和动量的传递效果。

主要产生原因：对最后用力时身体左侧支撑的作用重视不够，左肩打开太早，左脚制动缓冲过长，没有及时转入蹬伸用力，不能形成身体左侧一致性的制动用力配合。

常用的纠正方法：明确技术概念，重视左侧支撑。通过最后用力的辅助练习，加快左腿的制动缓冲与支撑用力的动作转换。采用不同的限制方法，避免左肩打开过早，后撤过大，培养整体左侧支撑用力意识，提高左侧的支撑能力。

（八）助跑速度过快，节奏先快后慢错误动作

错误动作表现：在完整技术教学和巩固提高阶段，时常出现助跑速度过快、节奏先快后慢现象，造成练习时难以控制器械和自身动作，影响超越器械动作的形成和最后用力鞭打动作的效果。

主要产生原因：技术掌握处于泛化阶段，对于适合个人技术水平的助跑速度把握不好，过于想通过加快助跑追求投掷远度。

常用的纠正方法：明确技术水平与助跑速度之间的关系。根据不同学生的技术情况，选择相应的助跑速度，并随着技术能力的提高进行调整。在练习中可采用正确的节奏信号，强化由慢到快逐渐加速的技术节奏。

以上是常见的一些错误动作，在实际教学中可能会有别的情况出现，所以要认真观察，及时发现，分析原因，寻求正确的解决方法。

二、掷标枪技术教学注意事项

（一）重视发展身体的专项柔韧性与灵活性

在掷标枪技术教学中，应根据教学的任务与内容，有针对性地选择采用专项柔韧性与灵活性练习手段。这些练习不仅应在教学开始阶段大量采用，更应贯穿于整个教学过程。这对于有效地增加投掷动作幅度，增强肌群弹性势能，促进学习掌握技术，提高专项能力有着积极的作用。

（二）处理好分解动作教学与完整技术教学的关系

鉴于掷标枪技术的复杂性，在教学中一般采用由分解动作教学向完整技术教学过渡的教

学程序。尤其是在教学初期,采用分解动作练习、逐步掌握技术是完全必要的。但同时应该看到,掷标枪技术是一个完整的统一体,过多、过碎地分解动作教学势必会影响技术的客观完整性和连贯性。因此,在教学中处理好分解动作教学与完整技术教学的关系就显得尤为重要。在教学中要认真分析不同动作、不同阶段之间的因果关系和有机联系,始终贯彻整体连贯的技术指导思想。在教学一开始就应使学生建立起完整的技术概念。在进行分解动作教学时,不宜将学习动作分得过细、过碎,分解动作练习时间也不宜过长,注意前后动作间的衔接与联系,善于变换练习手段,以避免错误的动作定型,影响对完整技术的掌握。随着教学的深入,应尽快过渡到完整技术教学,使半完整或完整技术练习逐渐成为教学的重点。当然,即使在这一时期,也应根据教学情况,有针对性地安排一些分解动作练习,以改进基本技术、重点难点技术,以及个人薄弱环节技术,使分解教学与完整教学密切配合,相互促进。

(三) 重视初学者对沿标枪纵轴用力技术的掌握

在最后用力技术教学中,在狠抓用力顺序、用力结构的同时,始终不能忽视对沿标枪纵轴用力技术的掌握,它关系到人体力量是否正确地作用于标枪,关系到投掷效果,乃至学生的兴趣与信心。由于掷标枪技术对肩带、躯干等柔韧与灵活性要求较高,初学者不易达到,在教学中不宜过分苛求“满弓”技术规范,在符合基本要求和快速用力的条件下,应首先抓住沿标枪纵轴用力这一技术关键,以保证良好的投掷效果,然后在此基础上再去逐步改进和完善。

(四) 选择适宜的助跑速度与技术节奏

多年教学训练实践与研究表明,掷标枪的助跑速度并非越快越好,它是由个人的技术熟练程度和专项能力水平,以及个人的技术风格所决定的。选择合理适宜的助跑速度与技术节奏,是完成一系列技术动作的重要前提。在教学中要根据教学对象的差异,教学阶段的不同,对助跑速度和技术节奏应提出不同的要求,并适时予以调整,保证技术动作的顺利完成。

(五) 发展专项投掷能力,有针对性地改进技术

在教学中发现,学生不能很好地掌握技术的原因有时并非技术概念的问题,而是专项素质与能力的缺乏。因此,有针对性地发展专项素质和投掷能力是掷标枪技术教学不可忽视的环节。在教学中应经常采用投掷不同形状或不同重量器械的练习,以达到既增强专项能力,又改进提高技术的目的。如投掷较重的标枪、铁球、实心球等练习可以增强专项力量,并对掌握正确的最后用力动作顺序有帮助。而采用轻标枪、小垒球、小石头等进行练习,则可以提高投掷臂的鞭打动作速度,并有利于掌握正确的出手动作和良好的器械感。因此,有针对性地变换器械进行投掷练习对于掷标枪技术教学有着特殊的意义。

(六) 加强安全措施,培养安全习惯

由于投掷距离相对较远,标枪受技术和外界因素(如风力、风向等)的影响较大,在教学中伤害事件的偶发概率相对增大。因此,在教学中必须高度重视安全问题,在教学组织、手段选用、练习安排、示范观察等方面都要充分考虑安全因素。同时,在教学中应向学生传授相关的经验和安全防护措施,使学生形成良好的安全习惯。

思考题：

1. 结合掷标枪的起源与发展，简述掷标枪技术的演变与特点。
2. 试运用技术原理分析掷标枪最后用力技术，并简述动作要领。
3. 掷标枪技术教学的重点与难点是什么？为什么？
4. 试述掷标枪技术教学的步骤。
5. 掷标枪技术教学中有哪些常见的错误动作？如何纠正？

第十章 田径技术教学设计

本章提要：本章在田径运动技术理论与教学训练实践的基础上，着重对田径技术教学设计的基本原则、基本内容和方法步骤，以及不同类型的教学设计等进行了分析与阐述。通过学习，使学生初步了解田径技术教学设计的基本原则，掌握田径技术教学设计的基本内容和步骤，初步掌握不同类型田径技术教学设计的基本特点与设计要求，结合所学知识和实际需要进行不同类型的教学设计。

田径技术教学设计是指以教学论和运动技能形成理论为基础，运用系统科学的方法分析田径技术教学过程的基本问题，科学制定教学目标、教学任务、教学内容、教学程序、教学步骤和教学方法，并为实现该目标对所采取的一切方法和手段进行规划与设计，进而实现该目标的过程，这一过程我们总称为田径技术教学设计。田径技术教学设计是教师与学生共同对教学过程的预先规划、设计，也是教学活动顺利实施的前提和基础，主要包括确立教学指导思想，科学制定教学目标，设计教学内容、教学方法及教学手段，建立教学效果评价指标与评价方法等。

第一节 田径技术教学设计原则

田径技术教学设计的基本原则有全面与重点结合原则、辅助练习与完整技术动作相一致原则、共性与个性结合原则、短期与长期教学设计目标相衔接原则、多样性原则、可行性原则。

一、全面与重点结合原则

全面与重点结合原则是指在进行田径技术教学设计中对教学过程所包括的各项内容有所区别，在认真分析主要影响因素和次要影响因素的基础上，重点突出主导性因素的设计，而不是对所有教学内容均衡布局。

二、辅助练习与完整技术动作相一致原则

辅助练习与完整技术动作相一致原则是指在田径技术教学设计中，"辅助性练习动作"的设计应与完整技术动作表现出的动作结构、用力结构相一致；"多个辅助性练习动作"的连接设计应与完整技术动作表现出的各环节技术要求相一致；"辅助性练习动作的速度与力量"应与完整技术动作相一致。如掷标枪是投掷臂（手、前臂、上臂）与胸部动作的联动运动，因此，在设计掷标枪技术教学设计中，就应设计与此动作结构、用力结构一致的辅助练习手段，如模仿最后用力技术动作做一些原地或上步挥臂摆动轻器械、投掷木棍、橡皮球或铁棒等。

三、共性与个性结合原则

共性与个性结合原则是指在田径技术教学设计中不仅应要考虑到影响大多数学生运动技能形成的共性问题，还应该考虑到学生存在着不同运动能力的个性化问题，只有这样才能取得良好的教学效果。共性与个性结合原则实际上是针对在教学过程中普遍性与特殊性、统一性与灵活性、因材施教等原则而提出的，是“一般与特殊”的反映。

四、阶段目标与整体目标相衔接原则

阶段目标与整体目标相衔接原则是指整体目标由不同的阶段目标所组成，整体目标需要通过各阶段目标来实现。在田径技术教学设计中贯彻阶段目标与整体目标相衔接原则，要求教师一定要根据教学的整体目标提出不同阶段的子目标。

五、多样性原则

所谓多样性是指田径技术教学设计的手段与方法要全面、系统，既要有包括上肢的，也要有练习下肢和躯干以及全身的综合练习；既要有练速度的，也要有力量、耐力、柔韧等素质练习；既要有体能性练习也要有技能性练习和趣味性练习，这样才能避免教学过程的枯燥、单调和乏味，有利于调动学生练习的兴趣和积极性。另外，在田径技术教学设计中，贯彻多样性原则时要注意处理好教学手段多样性与教学效果之间的关系，不要盲目地追求教学手段的多样化，而应着重重视教学手段的针对性和有效性。

六、可操作性原则

所谓可操作性原则是指在田径技术教学设计中的内容、教学手段与方法要具有实施的条件，要便于实际应用和开展。否则，再好的设计如果没有必要的条件也不可能达到预期的教学效果。因此，贯彻可操作性原则的基本要求是要根据教学单位的人、物、财、空间和时间等方面的实际情况，做出实用、合理可行的设计。

第二节　田径技术教学的设计内容

一、田径技术教学设计框架与主体内容

田径技术教学设计的主要内容包括确立教学指导思想，科学制定教学目标，设计教学内容、教学方法及教学手段，建立教学效果评价指标与评价方法等(如图 10－1 所示)。其中，确立正确的教学指导思想、制定合理的教学目标是前提，设计科学的教学内容是核心，制定有效的技术教学方法和手段是保障，建立科学、有效的教学效果评价指标和方法是检查田径技术教

学设计是否合理的重要手段。

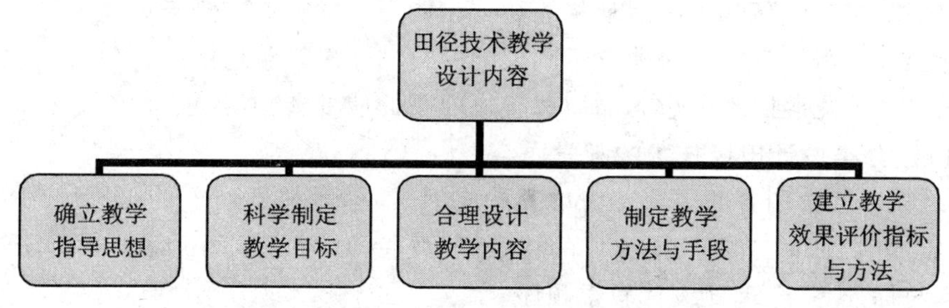

图 10－1　田径技术教学设计框架图

（一）确立正确的教学指导思想

正确的教学指导思想是指通过教学对学生的运动技能、生理和心理等方面产生积极影响的一种理论认识。这种理论认识通过语言、文字和行为而形成后，它为教学过程指明学习的方向和行动目标。在田径技术教学中所有的教师都面临着同一个难题：即如何安排一堂对学生来说学习难度适中、负荷安排恰如其分的教学课。一些优秀教师曾指出：单一的、思路狭窄的教学指导思想难以引导学生形成良好的运动习惯和学习动机，更无法培养其运动爱好。

（二）设计合理的教学目标

教师组织学生进行的任何技术教学都具有明确的目标和预期效果，由于教学目标的设计具有预测意义，因而有经验的教师在开展教学的过程中会为学生设计若干个学习平台，并在每个平台上又设计若干个学习领域和步骤。这些小平台上设计的学习内容，在目标上既不能要求过高但也不能过低，否则就失去了设计意义。从教学过程来看，它包括以下几个方面：

1. 运动技能初学阶段

在教学初期，教师的首要任务是引导学生形成学习兴趣，激发学习动机，该阶段的学习内容要浅显、易学、难度低，教学目标的设置也要低一些，对技能完成的标准要下调，在教法应用方面多以鼓励和表扬为主，最大限度地帮助学生建立自信心，引导学生积极主动地练习。

2. 运动技能泛化阶段

在初步掌握基本运动技能后及时地适当增加练习难度和要求，让一部分运动能力较好的学生先期体验到克服困难后实现预定目标的成就感，使其充分发挥榜样和示范作用。在此阶段，由于学生对运动技能掌握得还不够牢固，所以容易受外界因素干扰并使运动技能受到影响。因此，此阶段的学习内容要尽可能地集中一些，手段要有针对性，及时纠正错误动作，使其多体验正确的技能运动感知觉，同时还要设法避免其他相似或相近运动技能的负面迁移和干扰，尽快建立稳固、正确的运动技能。

3. 运动技能分化阶段

运动技能的分化是达到运动技能自动化的必由之路，此阶段的学习指导要尽可能地体现个性化特征，在保证安全的条件下允许学生根据自我的感知觉创造性地进行一些自主练习，体验不同运动技能的细微差别，提高运动技能的分化能力。尤其是在教学的过程中，教师一定要注意突出个别指导，帮助学生尽快建立运动技能的自动化感知觉，并通过创设各种复杂条件和困难环境，培养学生克服困难的意志品质和解决问题的应变能力。

(三) 分层、分类设计田径技术的教学内容

设计田径技术教学内容时要充分考虑其构成因素、单元教学内容的组成结构以及课的内容顺序等因素，与此同时还要根据项目的特点、气候特点、年级、学习难度、教学任务、学生水平、考核内容与标准等，合理地设计教学顺序。

从教学的实际情况来看，田径技术教学的内容主要是围绕以下五个方面展开的，见表 10－1 所列。

表 10－1 田径技术教学的内容与目标

教学内容	教学目标
技能教学	通过对学生运动技能发展水平的评价，检查教学效果，并预测学生的运动特长
体能教学	通过在教学过程中学生所表现出来的速度、力量、耐力、柔韧、灵敏等运动发展水平，分析学生存在的主要问题，以此来确定体能教学的重点
心理教学	通过在教学过程中学生所表现出来的团队精神、协作精神，以及爱心、热情、积极性、主动性、规则意识、自觉性、包容性等品质，分析学生存在的主要问题，以此来确定心理教学的重点
健康教学	通过在教学过程中学生承受各种负荷刺激时所表现出来的机体疲劳与恢复程度，来评价学生的健康状况及可能的风险，并对可能存在的身心健康风险提供预防措施，保障学生的身心健康发展
营养教学	每周应监控学生的体重变化，注意各种能量和营养素的摄入，确保学习和锻炼所需的能量和各种营养保持在合理水平，增强身体机能的恢复能力和健康水平

1. 技能教学

技能教学是各级学校体育教学的主要任务之一，掌握了良好的技能不仅能够培养学生积极参加体育运动的兴趣和热情，还能为终生体育奠定坚实的运动基础。因此，在技能教学时要根据年级的逐级递增，合理地分配好各项教学内容，在内容方面要体现多样化，在难度方面体现出由易到难，在技能掌握方面呈现出由简单到复杂的螺旋式上升，在承受运动负荷刺激方面呈现出由低到高的特点。

2. 体能教学

体能教学也是各级学校体育教学的重要任务之一，良好的体能不仅能够为进一步提高运动技能奠定良好的物质基础，还对增进健康具有十分重要的作用。在体能教学的过程中，教师要注意增加趣味性教学内容的安排，尤其是在身体素质练习方面不仅要注重速度、耐力和力量素质的教学，还要加强柔韧和灵敏素质的教学；在身体机能教学方面，既要加强有氧代谢的能

力，也要加强无氧代谢的能力。

3. 心理教学

体育运动对于调节学生的心理和培养坚毅、顽强的意志品质等方面，具有其它课程无法替代的独特作用和价值。实践表明，通过参加适宜的体育运动不仅能够培养学生自觉遵守规则的意识和纪律意识，还能培养正确的生活态度和价值观，尤其是通过参加各项体育运动还能够有效地培养阳光的心态和良好的承受挫折能力。可以说，体育运动是最好的、最健康的、最有效的心理调节手段之一，它不仅能够增强体质，而且能够促进心理的健康发展。因此，在体育教学中要注意培养学生的团队精神和协作意识，注重对其心态的培养。

4. 健康教学

健康教学是体育课的重要任务之一，它侧重于对学生身心健康等方面的教育与预防，引导学生珍爱生命、关注健康、重视生活质量的提高和改善。通过健康教育使学生明白，良好的体能是促进健康的物质基础，良好的心理状态则是促进健康的精神保障，多样化的运动技能则是增进健康的必要手段。

5. 营养教学

科学的饮食对保持营养平衡和增进健康具有极其重要的作用，不良的饮食习惯不仅会导致过度肥胖或营养不足，还会导致其他疾病的发生。因此，加强营养教育已成为当前中小学体育教学极为重要的内容之一。要引导学生形成正确的饮食习惯，学会如何补充身体所需要的能量物质，学会自我监控和调整身体机能，学会摄取各种维生素、微量元素等。

综上所述，田径技术教学内容设计不仅要考虑到学习内容的性质与特点，还要考虑到各项内容之间的正迁移和负迁移的影响程度，只有这样才能较好地分配好各项教学内容的时数和比例。

（四）田径技术教学方法的设计

田径技术教学方法主要包括讲解法、示范法、集体教学法、分组教学法、正误对比法、教学比赛法和练习法。其中，在教学初期主要以讲解法、示范法、集体教学法为主，该阶段的教学重点是培养学生的学习兴趣和建立正确的技术动作表象，通过一定次数的分解练习使学生明确正确技术动作的环节和技术要求；在泛化阶段，主要以正误对比法和练习法为主，通过一定次数的重复练习和正误对比，重点加强运动技能的熟练程度，体验正确技术动作的感知觉；在分化阶段，主要以教学比赛法和练习法为主，通过各种完整练习法、持续练习、间歇练习、变换练习、循环练习等方法，进一步提高运动技术的分化能力，努力形成运动技能的自动化。

（五）田径技术教学效果综合评价指标的设计

田径技术教学效果的评定应该考虑具体的评定内容与指标、评定时间和评定标准。通过客观、可靠的效果评定，及时、准确地把握田径技术教学过程的全部信息，从而达到对田径技术教学过程的有效控制，并以此来进一步检查田径技术教学设计的科学性。

二、田径技术教学内容设计的要点

(一) 田径技术教学设计要体现层次性和逻辑性

田径技术教学设计应从宏观—中观—微观。教学设计分为多年教学设计、年度教学设计、学期教学设计、周教学设计及课教学设计等。宏观设计的主要内容包含项目布局、确定年度教学任务及目标、划分教学单元和教学阶段、分配教学内容序列、拟定教学时数、设计教学阶段的衔接、设计教学方法与手段等;中观方面的设计重点主要是单元教学计划的设计,它设计的重点包括周教学内容设计、各周教学内容之间的衔接等;微观方面的设计主要是课教学设计,它包括教学内容、教学方法、练习负荷和教学内容排列顺序等。

在宏观、中观和微观的设计过程中,教学设计应层层递进,层次分明;同时要考虑纵向和横向教学设计的内在联系,使其环环相连,紧密衔接。纵向教学设计能反映由大到小、由抽象到具体的层次关系,以及教学内容、负荷特点、教学方法手段的系统性;而横向教学设计能反映年度之间、学期之间、周之间、课之间在教学内容、负荷安排、教学方法手段等方面的衔接性和互补性。

(二) 田径技术教学设计要体现目标之间的连贯性

田径技术教学设计的总教学目标要符合学生的现实水平和未来发展的可能。因此,在对总教学目标进行设计时,必须考虑项目特点及学生的现实状态、运动能力和现有的教学条件等因素。教学总目标应适宜,它在整个全程教学设计的实施过程中具有统领作用。

在田径教学设计的总目标下,首先应该设计好目标群,围绕目标群设计出教学内容群,从而以保证田径技术教学设计总目标的完成。总教学目标和目标群的达成度应该具有预见性,总教学目标和目标群的具体设置,应当具有操作性和观察性,目标群之间应体现一定的连贯性。

(三) 田径技术教学设计要体现前瞻性

田径技术的教学内容、练习负荷和教学方法与手段的设计都应该体现一定的前瞻性,各类教学计划与内容也应做到整体协调。鉴于学生的成长是一个逐步发展的过程,其运动能力的发展不仅体现在身体素质上,而且还体现在运动技能的提高上。因此,要更加重视培养学生终生体育的意识和积极参加体育活动的兴趣与习惯,把田径运动技能与身体素质的可持续发展联系起来,把学生的身体锻炼和心理调节紧密结合起来,把体育文化渗透到提高生活质量中去,引导学生做一个体魄强健、心理健康、心态阳光、生活习惯健康的新一代公民。

(四) 田径教学设计要体现一定的灵活性

田径技术教学设计需要具有较强的稳定性和连续性,这是保障田径技术教学活动有序运行的前提。但是在具体的田径技术教学过程中,由于教学活动涉及到的可变因素较多,其稳定性也是相对的。因此,在进行田径技术教学设计时要注意体现一定的弹性,以便在教学条件和教学环境发生变化时,能够根据具体情况对原有的教学设计进行适当的修改和调整,以保证教学目标的实现。

第三节　田径技术教学设计范例

按照教学过程时间跨度的长短，田径技术教学设计可以分为多年教学设计、年度教学设计、学期教学设计、周教学设计和课教学设计五种类型。

一、多年教学设计

随着现代教育教学水平的不断提高，抓好各个年龄阶段的体育教学已成为一项十分重要的工作，尤其是科学地制订多年教学设计是不断提高教学质量的重要保障。

（一）多年教学设计的阶段划分（见表 10－2）

表 10－2　多年教学设计的阶段划分

教学阶段	主要教学任务	教学年限	教学重点内容及顺序	教学负荷特点
儿童阶段	培养儿童对田径运动的兴趣，发展走、跑、跳、投、攀、爬等基本技能	3～6 岁	以游戏的形式开展各种走、跑、跳、投、攀、爬等活动，着重发展协调性、柔韧性等基本素质	采用小负荷、间歇性练习方式
小学阶段	培养团队意识和运动兴趣，发展协调能力和基本运动技能	小学 1～6 年级	以游戏的形式开展各种走、跑、跳、投、攀、爬等活动，培养学生的遵守规则意识和协作意识，重点发展协调能力和柔韧素质	采用中小负荷、间歇性和重复性练习方式
初中阶段	学习田径基本技术，挖掘自我运动潜能	初中 1～3 年级	学习跑和徒手跳跃等基本技术，着重在身体素质发展敏感期大力发展速度、协调、灵敏等素质	采用中等负荷、重复性和循环性练习方式
高中阶段	学习相对复杂的田径技术，提高持续运动能力，培养成就感	高中 1～3 年级	学习 1～2 项跳跃和投掷等相对复杂的田径技术，着重在身体素质发展敏感期大力发展力量和耐力等素质	采用中等以上负荷、重复性和循环性练习方式

（二）多年教学设计的原则与步骤

1. 多年教学设计的原则

（1）科学性原则；

（2）系统性原则；

（3）有效控制原则；

（4）可操作性原则。

2. 多年教学设计的步骤

(1) 多年教学指导思想的设计;

(2) 确定多年教学任务和总教学目标;

(3) 划分教学阶段,确定各阶段教学任务与目标;

(4) 分配教学内容;

(5) 选择教学方法与手段;

(6) 规划各阶段的练习负荷;

(7) 确定各阶段教学效果的评价指标和内容。

3. 多年教学设计的方法

(1) 借鉴法;

(2) 经验总结法;

(3) 创新法。

(三) 多年教学设计范例(见表 10-3)

表 10-3 多年教学设计范例(短跑项目)

阶 段	年 龄	教学任务	教学内容	教学方法	教学手段
儿童阶段	3～6 岁	培养儿童对田径运动的兴趣,发展走、跑、跳、投、攀、爬等基本技能	1. 跑类游戏 2. 跳跃类游戏 3. 投掷类游戏 4. 攀爬类游戏	1. 游戏法 2. 讲解与示范法 3. 重复练习法 4. 模仿法等	1. 10～20 米迎面接力跑 2. 15～30 米绕杆跑 3. 徒手的单/双腿跳跃游戏 4. 单/双手的投准或掷远游戏 5. 模仿动物攀爬动作的游戏等
小学阶段	小学 1～6 年级	培养团队意识和运动兴趣,发展协调能力和基本运动技能	以游戏的形式开展各种走、跑、跳、投、攀爬等活动,培养学生的遵守规则意识和协作意识,重点发展协调能力和柔韧素质	1. 游戏法 2. 讲解与示范法 3. 重复练习法 4. 比赛法 5. 正误对比法等	1. 各类徒手游戏 2. 各类负重游戏 3. 变向/变速的各种跑 4. 单/双脚的高跳/远跳练习 5. 单/双手的投准或掷远练习等 6. 各种身体素质练习
初中阶段	初中 1～3 年级	学习田径的基本技术,挖掘自我运动潜能	学习跑和徒手跳跃等基本技术,着重在身体素质发展敏感期大力发展速度、协调、灵敏等素质	1. 讲解与示范法 2. 重复练习法 3. 循环练习法 4. 比赛法 5. 集体练习法等	1. 游戏 2. 跑类专门练习 3. 跳类专门练习 4. 投掷类专门练习 5. 身体素质练习 6. 1～2 个专项技术练习等

续表 10-3

阶　段	年　龄	教学任务	教学内容	教学方法	教学手段
高中阶段	高中1～3年级	学习相对复杂的田径技术，提高持续运动能力，培养成就感	学习1～2项跳跃和投掷等相对复杂的田径技术，着重在身体素质发展敏感期大力发展力量和耐力等素质	1. 讲解与示范法 2. 重复练习法 3. 观察与分析法 4. 模仿练习法 5. 个别指导法等	1. 游戏 2. 跑类技术练习 3. 跳类技术练习 4. 投掷类技术练习 5. 身体素质练习等

二、年度教学设计

年度教学设计是由2个学期组成的，学期教学内容与进度服从于年度教学计划中所规定的内容和教学时数，同时它也决定着单元教学计划的设计与安排。

（一）年度教学设计的原则与步骤

1. 年度教学设计的原则

（1）连续性原则。不同年级的教学内容要有一定的连续性，能促进学生身心发展和运动技能发展呈现螺旋型上升。

（2）全面性原则。每个年级的教学内容既要有一定的身体素质练习，也要有一定的运动技能练习；既要能促进身体的发展，也要促进心理的发展，内容要体现出全面性。

（3）发展性原则。每个年级的教学内容都要安排一定量的身体素质练习，以保证身体机能的正常健康发展，开展的各种体育活动要有利于促进学生心理的健康发展和良好品质的形成，要体现出促进学生全面发展的特征。

（4）指导性原则。多年教学设计要有一定的前瞻性和灵活性，教学内容和教学时数安排不宜过于具体，要体现出一定的宏观指导性。

2. 年度教学设计的步骤

（1）对年度教学进行分层划分；

（2）对不同年度的教学内容进行单元划分，并初步确定各学期的教学目标与内容；

（3）确立年度教学指导思想；

（4）明确各年度的教学内容与进度；

（5）选择教学方法与手段；

（6）规划各年度的练习负荷；

（7）确定各年度教学效果的评价指标和内容。

(二) 年度教学设计范例(见表 10－4)

表 10－4 高一年级年度教学设计范例(跳远项目)

阶 段	教学任务	教学内容	教学方法	教学手段
第一学期	学习各种跳跃技术动作	1. 跑类和跳跃类游戏 2. 跳跃练习 3. 速度素质练习 4. 协调性练习	1. 讲解与示范法 2. 重复练习法 3. 模仿练习法 4. 正误对比法 5. 集体练习法等	1. 跑格练习 2. 步频练习 3. 单/双腿向上的高跳练习 4. 单/双腿向前的远跳练习 5. 单/双腿连续跳跃练习等
第二学期	初步掌握跳远的基本技术和基本技能	1. 跑类和跳跃类游戏 2. 提高助跑准确性练习 3. 增强起跳力量练习 4. 提高空中身体姿态的平衡性练习 5. 身体素质练习等	1. 游戏法 2. 讲解与示范法 3. 重复练习法 4. 比赛法 5. 个别指导法 6. 观察与分析法等	1. 助跑准确性练习 2. 起跳技术练习 3. 腾空技术练习 4. 落地技术练习 5. 完整跳远技术练习 6. 各项身体素质综合练习等

三、课教学设计

课教学是田径技术教学过程中最基本的组织形式也是贯彻落实各种教学设计的基础。根据教学课的性质可以将其分为新授课、复习课和考试课。根据教学课的基本任务可以将其分为单一和综合两种教学课。

(一) 课教学设计的原则与步骤

1. 课教学设计的原则

(1) 阶段性原则。不同年级和不同学期的教学内容安排要符合学生的生理和心理发展特征,负荷安排要有利于促进学生骨骼、肌肉和神经系统的发育和生长,要体现出一定的阶段性和年龄特征。

(2) 多样性原则。每个年级的教学内容和教学方法均要有一定的变化,要根据教学对象的变化和课的任务,灵活地采用多种多样的教学方法与手段。

(3) 实效性原则。针对不同年级的教学对象,在教学内容和教学方法选择方面要有一定的针对性,要根据教学对象的年龄差异、性别差异和生理差异,分别采用相应的教学方法和手段,以求达到预期的实效为目标。

2. 课教学设计的步骤

(1) 确定本次课教学的任务与目的;

(2) 确定教学课的内容;

(3) 安排教学课的结构与时间比例;

(4) 选择适宜的教学手段与方法；

(5) 确定适宜的教学负荷量和强度。

3. 课教学设计的程序

(1) 准备部分的设计。明确本次课的教学性质及属于哪个教学阶段。

(2) 基本部分的设计。依据本次课的教学任务与目的，设计合理的教学内容，选择适宜的教学方法和手段，确定合理的负荷量和强度，规划教学组织形式和队列、队形的调动。

(3) 结束部分的设计。根据本次课的练习内容确定适宜的恢复措施和手段，做好本次课教学小结，布置课后自主练习任务和下次课学习内容，安排值日生归还器材。

(二) 课教学设计范例

课教学设计范例(见表 10－5)

表 10－5　初三年级课教学设计范例(前抛实心球)

教学任务	1. 改进前抛实心球技术动作；2. 发展身体素质			总负荷	中　等	
课的部分	时间/分	教学内容和手段	教学方法及要求	教学负荷		组间歇时间/分
				教学强度/%	次数与组数	
准备部分	7	1. 整队集合 2. 宣布教学内容 3. 慢跑 1200 米 4. 柔韧性练习	4. 柔韧性练习方法 按照上肢→躯干→下肢顺序练习 要求：幅度由小到大	60	4×8 拍/组×1 组	1
		5. 徒手操 (1)行进间踢腿练习 (2)行进间转髋练习 (3)行进间压腿练习	5. 徒手操 要求：(1)按正踢→侧踢→后踢腿的顺序依次练习 (2)交叉步要求动作幅度大 (3)要求上体正直，手不扶膝	70	4×8 拍/组×1 组	1
		6. 专门性准备活动 (1)肩、肘、踝绕环	6. 专门性练习 要求：(1)动作频率逐渐加快 (2)幅度由小到大	80→90	4×8 拍×1 组	1
		(2)小步跑、高抬腿跑、后蹬跑和车轮跑			20 米往返×3 组	2

续表 10－5

教学任务	1. 改进前抛实心球技术动作；2. 发展身体素质			总负荷	中　等	
课的部分	时间/分	教学内容和手段	教学方法及要求	教学负荷		组间歇时间/分
				教学强度/%	次数与组数	
基本部分	33	1. 实心球练习 (1)原地前抛实心球	1. 实心球练习 (1)原地前抛实心球 要求：掌握正确用力顺序和技术要领。	80	6 次/组 ×1 组	1
		(2)上步前抛实心球	(2)上步前抛实心球 要求：掌握上步和最后用力的衔接。	90	6 次/组 ×1 组	1
		(3)双手持实心球站立，原地快速向前抛铅球	(3)双手持实心球站立，原地做快速的向前抛铅球 要求：掌握手掌快速拨球动作	90	5 次/组 ×2 组	2
		2. 身体素质教学 (1)双膝触胸跳	2. 身体素质教学 (1)双膝触胸跳 方法与要求：原地跳起，双腿屈膝触胸，动作到位	90	15 次/组 ×2 组	2
		(2)立卧撑练习	(2)立卧撑 方法与要求：俯卧和站立时，身体均要保持竖直，动作快速连贯	90	20 次/组 ×3 组	2
		(3)腹肌、背肌练习	(3)腹肌、背肌教学 方法与要求：动作要做到位	80	20 次/组 ×2 组	3
结束部分	5	慢跑(600 米)	按摩(在海绵垫上由同伴帮助按摩)			4
教学小结						

思考题：

1. 什么是田径技术教学设计？
2. 田径技术教学设计的原则有哪些？
3. 你认为应该从哪些方面进行田径技术教学设计？试举例说明。

参考文献

[1] 文超. 田径运动高级教程[M]. 北京:人民体育出版社,1994.

[2] 文超. 中国田径运动百年[M]. 北京:人民体育出版社,2006.

[3] 王志强. 对短跑新技术理论的综述与分析[J]. 武汉体育学院学报,1997(3):44-47.

[4] 郑贺. 短跑技术的发展趋势[J]. 河北体育学院学报,2002-3,16(1):23-25.

[5] 袁吉. 以 100m 为例对现代跑技术特点及发展势态的研究[J]. 吉林体育学院学报,2009,25(5):35-36.

[6] 吴浩. 现代短跑技术特征分析[J]. 西安体育学院学报,2002-4,19(2):124-125.

[7] 宋广林,孙健. 对现代短跑技术特征的研究[J]. 山东师范大学学报(自然科学版),2004-6,19(2):110-111.

[8] 张勇. 我国竞走技术的运动学特征与发展趋向[J]. 成都体育学院学报,2009,7(35):34-36.

[9] 段洪华. 中外优秀 110m 栏运动员若干技术特征的对比分析[J]. 福建体育科技,2003-6,22(3):37-38.

[10] 岳新坡,张本春. 论跨栏跑训练理论的几点创新[J]. 田径,2005(06):45-46.

[11] 倪俊嵘,贾树申. 110m 栏技术发展趋势及训练探讨[J]. 广州体育学院报,2002,22(2):60-62.

[12] 曾智伟. 110m 跨栏跑技术特点以及发展趋势浅析[J]. 井冈山学院学报(自然科学),2008-10,29(10):53-54.

[13] 王公印. 论世界男子跳远技术的发展趋势[J]. 济宁师专学报,2001-12,22(6):62-63.

[14] 张振. 当代男子三级跳远技术新发展[J]. 山西师大体育学院学报,2000-6,15(2):43-44.

[15] 毛兴海. 现代三级跳远技术的发展趋势[J]. 辽宁体育科技,2002-1,24(1):13-14.

[16] 车晓波,魏琳. 中外优秀男子链球运动员投掷技术的运动学分析[J]. 广州体育学院学报,2000-3,20(1):110-115.

[17] 黄昌美. 背向旋转掷铁饼技术的重点难点研究[J]. 体育世界(学术),2007(12):9-11.

[18] 张振. 当代男子三级跳远技术新发展[J]. 山西师大体育学院学报,2000-6,15(2):43-44.

[19] 丁伟. 现代跳远技术的特征综述[J]. 山西师大体育学院学报,2004-12,19(4):112-113.

[20] 陈纪阳.两种类型背越式跳高的技术特点与训练[J].福建师范大学福清分校学报,2004(2):78-79.

[21] 王代才.撑竿跳高技术的发展及其展望[J].成都体育学院学报,1994,3(20):26-31.

[22] 闫之朴.链球运动的历史沿革与发展趋势研究[J].体育科技文献通报,2009,17(1):113-116.

[23] 王娟.关于学校体育教育思想与实践的辩证思考[J].山东体育学院报,2000(3):70-71.

[24] 邓星华.对我国学校体育思想发展走向的研究[J].武汉体育学院学报,1996(3):1-5.

[25] 范国梁.改革开放以来我国学校体育思想的演变[J].体育学刊,2005,12(5):81-83.

[26] 周林清.论 90 年代中国 4 大体育教学思想的特点与联结点[J].北京体育师范学院学报,1999-9,11(3):13-18.

[27] 曾飙.浅谈田径教学"三基"和"三会"能力的培养[J].赣南师范学院学报,1982(1):49.

[28] 卢聚贤.依据以人为本的理念探索体育院校田径教学改革[J].职业,2009(9):79.

[29] 杨靖.对"快乐体育"的再认识[J].南京体育学院学报,2002-8,16(4):55-56.

[30] 周立华.成功体育教学案例[M].北京:北京体育大学出版社,2004.

[31] 孙庆杰.高等学校教材《田径》[M].北京:高等教育出版社,1994.

[32] 文超.田径运动高级教材[M].北京:人民教育出版社,2003.

[33] 李鸿江.田径[M].北京:高等教育出版社,2000.

[34] 王明远,徐佶.跨栏跑技术研究的综述[J].广州体育学院学报,1995,15(1):32-39.

[35] 贴佐宽章,佐佐木秀幸.跨栏[M].李鸿江等译审.北京:人民体育出版社,2001.

[36] 汪静华,李宁.跨栏步与栏间跑的动作技术分析[J].武汉体育学院学报,2000,34(1):92-93.

[37]苏龙,操晓虎.对跨栏跑教学的探索和研究[J].安徽教育学院学报,2006-11,24(6):106-108.

[38] 董杰.对"跨栏"步技术要点的探讨[J].赤峰学院学报(自然科学版),2008-7,24(4):144-145.

[39] 张建平.跨栏教学的控制[J].山东体育学院学报,1998,(3)·14(39):62-64.

[40] 张建平.技术、理论同步教学在跨栏教学中的应用[J].山东体育学院学报,1999(3),15(43):38-40.

[41] 孙庆杰.田径[M].北京:高等教育出版社,2001.

[42] 王德明,吴惠民,蔡国军.专门性辅助练习在跨栏跑教学中的运用[J].上海体育学院学报,1997,第 21 卷增刊:147-148.

[43] http://q.lining.sina.com.cn/irun/bbs/topic.php? tid=14071405.

[44] http://blog.163.com/yl3101223@126/blog/static/890701042008628059344429/.

[45] 王港,徐向军.跨栏[M].北京:人民体育出版社,1997.

[46] 王传三,姚辉洲,常生.田径[M].广西:广西师范大学出版社,2000.
[47] 体育运动学校《田径》教材编写组.田径[M].北京:人民体育出版,1990.
[48] 詹建国.跨栏跑-现代跨栏跑技术与训练[M].北京:北京体育大学出版社,2004.
[49] 张贵敏.田径运动教程[M].北京:人民体育出版社,2007.
[50] 李鸿江.田径[M].北京:高等教育出版社,2008.
[51] 中国田径协会.中国田径教学训练大纲[M].成都:成都科技大学出版社,1999.
[52] 赵连甲.跳高训练法[M].北京:北京体育大学出版社,1996.
[53] 体育院、系教材.田径[M].北京:人民体育出版社,1984 年 4 月第 2 版.
[54] 全国体育学院教材.田径[M].北京:人民体育出版社,1991 年 5 月第 1 版.
[55] 李鸿江.跳远(田径运动教学训练实用丛书)[M].北京:人民体育出版社,1997.
[56] 李鸿江.田径(普通高等学校体育教育专业教材)[M].北京:高等教育出版社,2006.
[57] 席凯强.标枪(田径运动教学训练实用丛书)[M].北京:人民体育出版社,1997.
[58] 李鸿江.田径运动高级教程(研究生教学用书)[M].北京:高等教育出版社,2010.
[59] 郃崇禧.掷标枪技术的发展趋势[J].田径,2006,(1):45.
[60] 尹军.田径训练过程控制理论的研究[D].北京:北京体育大学出版社,2005.
[61] 田麦久.技术教学(体育学院通用教材)[M].北京:人民体育出版社,2000.
[62] 田麦久.论技术教学过程[M].成都:四川教育出版社,1988.
[63] 梁小莉.田径教学模式设计和模式化教学的控制 [J].广东轻工职业技术学院学报,2002,1(1):48-49.
[64] 谢慧松.业余田径教学计划制定与范例[M].北京:北京体育大学出版社,2005.
[65] 袁作生,南仲喜.现代田径运动科学训练法[M].北京:人民体育出版社,1997.
[66] 张英波.编著现代体能训练方法[M].北京:北京体育大学出版社,2006.
[67] 陈支越.浅谈铅球训练中易犯错误动作及其纠正[J].广西民族学院学报(自然科学版),2003(12):148-151.
[68] 陈支越.铅球教学中易犯错误动作进一步探讨[J].体育科技,2004(4):22-24,27.
[69] 王海臣,金红.背向滑步推铅球的技术要点及容易出现错误的重要环节[J].魅力中国,2010(11):159.
[70] 张英波,孙南译.跑!跳!投![M].北京:北京体育大学出版社,2009.